Fritz Edlinger (Hg.)
DER NAHE OSTEN BRENNT

Bibliografische Information der Deutschen Bibliothek:
Die Deutsche Bibliothek verzeichnet diese Publikation in der Deutschen
Nationalbibliografie. Detaillierte bibliografische Daten sind im Internet über
http://dnb.ddb.de abrufbar.

© 2016 Promedia Druck- und Verlagsgesellschaft m.b.H., Wien
Alle Rechte vorbehalten
Druck: CPI – Clausen & Bosse, Leck
Printed in Germany
ISBN: 978-3-85371-410-2

Fordern Sie unsere Prospekte an:

Promedia Verlag
Wickenburggasse 5/12
1080 Wien
Österreich

E-Mail: promedia@mediashop.at

Internet: www.mediashop.at
            www.verlag-promedia.de

Fritz Edlinger (Hg.)

DER
NAHE
OSTEN
BRENNT

Zwischen syrischem Bürgerkrieg
und Weltkrieg

Inhaltsverzeichnis

Syrien – Vom regionalen Konflikt zum Weltenbrand

Vor eineinhalb Jahren hatten wir in einem ebenfalls bei Promedia heraus-gebrachten Buch über Syrien für den Untertitel noch die Formulierung »Ein Land im Krieg« gewählt. Mittlerweile ist der Nahe Osten insgesamt zum Mittelpunkt und Schauplatz eines internationalen Konfliktes erster Ordnung geworden. Dem tragen wir mit der vorliegenden Publikation Rechnung. Sowohl die Faktoren, die letztlich dazu geführt haben, einen zunächst lokalen Konflikt innerhalb kürzester Zeit zu einem der welt-weit gefährlichsten regionalen Krisenherde werden zu lassen, als auch die direkte Beteiligung regionaler und internationaler Player in diesem »Bürgerkrieg« haben Syrien zum primären Austragungsort verschie-denster Interessenskonflikte und Machtkämpfe werden lassen. Anders als bei der verständlichen und durchaus berechtigten lokalen Rebellion 2011 geht es schon lange nicht mehr um die Durchsetzung politischer, sozialer und ökonomischer Reformen in Syrien, auch nicht mehr alleine und in erster Linie um den Sturz von Präsident Baschar al-Assad und die Beendigung der baathistischen Herrschaft. Längst prallen im Nahen Osten konkurrierende regionale und globale Konzepte aufeinander, die perfekt in das bereits lange vor 2011 von den USA definierte Ziel nach einem regime change in Syrien passen.[1] Das Schicksal der knapp 23 Mil-lionen Syrerinnen und Syrern[2] steht nicht mehr im Vordergrund, weder

---

1. Für diese Tatsache gibt es zwei höchst eindrucksvolle Belege: ein Interview von Amy Goodman in »Democracy Now« mit dem prominenten früheren US-Viersterne-General Wesley Clarke vom 2. März 2007 (siehe dazu www.youtube.com/watch?v=ukAFbalTo Oc&feature=youtube.be; oder: http://de.wikipedia.org/wiki/Wesley_Clark) sowie ein Interview des Fernsehsenders LCP mit dem früheren französischen Außenminister Roland Dumas vom 18. Juni 2013 (http://youtu.be/ukAFbalToOc).
2. Die Bevölkerung Syriens belief sich nach Angaben der Weltbank 2013 auf knapp 23 Millionen. Diese dürfte sich inzwischen auf knapp über 20 Millionen reduziert haben.

bei der Allianz der internationalen Dschihadisten (und deren Promotoren und Financiers) noch bei dem um sein Überleben kämpfenden Regime. Syrien ist nach mehr als fünf Jahren brutalen und verheerenden Kriegs ein weitgehend zerstörtes Land, dessen Zukunft als einheitliches Staatswesen höchst ungewiss ist; ganz abgesehen von den unvorstellbaren menschlichen, sozialen, kulturellen und letztlich auch materiellen Schäden. Nach den Schätzungen des »Syrian Center for Policy Research« (SCPR) beläuft sich die Zahl der Todesopfer auf rund 470.000, die Zahl der Verletzten wird mit knapp 2 Millionen angegeben, über vier Millionen SyrerInnen haben das Land verlassen, weitere 6,4 Millionen sind innerhalb Syriens auf der Flucht. Ohne die infolge von Kampfhandlungen zerstörten Werte zu berücksichtigen, werden die Verluste der syrischen Wirtschaft seit 2011 auf 254 Milliarden US-Dollar geschätzt.[3] Die für den Wiederaufbau der zerstörten Infrastruktur notwendigen Kosten werden nach Angaben des Weltbank-Chefs Jim Yong Kim mit 150 Milliarden US-Dollar veranschlagt, andere Experten gehen von 180 Milliarden US-Dollar aus. Was aber noch weitaus schwerer wiegt, ist die bereits weit fortgeschrittene Zerstörung der kulturellen und zivilisatorischen Fundamente Syriens und weiter Teile des Nahen Ostens, die immerhin über eine Jahrtausende lange Tradition verfügen. Die Zerstörung von Kulturdenkmälern durch dschihadistische Terroristen, wie man sie auch aus Afghanistan, Irak und Mali kennt, richtet das Schlaglicht auf einen höchst bedenklichen und bedrohlichen Aspekt des gesamten Konfliktes: die gezielte Vernichtung von zivilisatorischen und kulturellen Traditionen und die Unterwerfung unter eine fanatische, intolerante und letztlich inhumane Gesinnung. Dass ein beträchtlicher Teil der syrischen Bevölkerung diese Denkweise völlig ablehnt, bewiesen der mutige Einsatz des Chefs der Antikenverwaltung in Tadmur/Palmyra im August 2015,

---

3. »Syria. Confronting Fragmentation! Impacht of Syrian Crisis Report«. Quarterly based report (2015).« Syrian Centre for Policy Research (SCPR), February 2016. Siehe www. scpr-syria.org.

aber auch die Jubelszenen der Menschen in der vom Islamischen Staat befreiten nordsyrischen Stadt Manbidsch ein Jahr später.

Syrien ist ähnlich wie der Irak nach wie vor ein multiethnischer und multireligiöser Staat. Dieser Charakter ist durch den gegenwärtigen Krieg aufs Höchste gefährdet. In einem Staat der Daesh und al-Nusra-Fanatiker würden christliche, drusische und andere religiöse Minderheiten (wie natürlich auch die Alawiten und Schiiten) keinerlei Zukunft haben, aber auch ethnische Minderheiten wie die Kurden könnten kaum überleben.

In diesem Zusammenhang möchte ich zunächst auf zwei Beiträge in diesem Buch hinweisen: Nikolaus Brauns beschreibt das höchst interessante und weit über Syrien hinaus bedeutsame Selbstverwaltungsexperiment der Kurden in Nordsyrien (Rojava), Johannes Auer analysiert die Situation der Christen in Syrien, welche sich in einer höchst bedrohlichen Situation befinden. Beiden Gruppen wird ein gewisses Naheverhältnis zum Assad-Regime nachgesagt. Dies hat wohl weniger mit Sympathien mit dessen autokratischem und korruptem Charakter zu tun, als mit der nackten Existenzangst im Falle der Machtübernahme der radikalen Dschihadisten.

Die weiteren Beiträge dieses Buches behandeln wichtige Aspekte des Konfliktes, wobei in den meisten Texten auch auf die überregionalen Dimensionen eingegangen wird. Norman Paech befasst sich ausführlich mit den völkerrechtlichen Auswirkungen, wobei er massive Kritik an den in den internationalen Beziehungen herrschenden Doppelstandards übt. Werner Ruf analysiert in einem Beitrag ausführlich Grundlagen, Ideologie, Strategie und Taktik des Islamischen Staates und in einem zweiten Text die Dimension des ganzen Konfliktes als regionalen Stellvertreterkrieg. Tyma Kraitt wiederum gibt einen guten Überblick über die historische Entwicklung Syriens seit dem Zerfall des Osmanischen Reiches, die Machtübernahme der Baath-Partei und den konsequenten Aufbau der Dominanz der alawitischen Minderheit, die sie durchaus differenziert sieht. Rüdiger Lohlker beschreibt die professionellen Propagandamethoden der Dschihadisten im Internet. Gerhard Mangott und Murat Çakır erläutern die Motive und Strategien von zwei wichtigen externen Akteuren, nämlich von Russland und der Türkei. Weitere Analysen wie etwa über die Rolle der Golfstaaten und des Iran, aber auch über Libanon und Jordanien mussten leider aus Platzgründen unterbleiben, werden aber zum Teil in den Beiträgen von Paech und Ruf mitbehandelt. Ähnliches trifft auch auf die Position der USA zu, die aber in einer Reihe von Beiträgen, z.B. in jenem von Hannes Hofbauer, angesprochen werden. Hofbauer beschäftigt sich in seinem umfangreichen Aufsatz mit dem »Krieg gegen den Terror«, der letztendlich die gesamte Welt, also den Süden wie auch den Norden, unsicherer gemacht hat. Karin Leukefeld, die als langjährige Nahost-Korrespondentin Syrien sehr genau kennt, beschreibt die einseitige Berichterstattung der europäischen, besonders der deutschsprachigen Medien.

Das zentrale Anliegen dieses Buches ist es, die internationalen Aspekte des Konfliktes zu behandeln, denn diese haben in den mehr als fünf Kriegsjahren an Bedeutung gewonnen. Eines ist im Laufe der Jahre auch zunehmend klar geworden: Eine Lösung des Konfliktes, wie sie auch immer aussehen mag, wird ohne einen internationalen Konsens kaum möglich sein. Letzteres trifft natürlich auch auf ein Problem zu, das zuletzt vor allem Europa mehr und mehr beschäftigt hat, die Bewältigung der Flüchtlingsströme aus Syrien.

Zur Übersetzung von Eigennamen und sonstigen Bezeichnungen aus dem Arabischen haben wir uns – wie auch bei früheren Publikationen – entschlossen, bei Eigennamen anstelle der arabischen Transkription eine eingedeutschte Schriftweise zu verwenden (mit Ausnahme des Beitrags von Rüdiger Lohlker).

Somit möchte ich abschließend dem Promedia Verlag und seinem Programmleiter Hannes Hofbauer für die Initiative zur Herausgabe dieses Bandes danken. Die Ereignisse in der gesamten Nahost-Region seit dem sogenannten Arabischen Frühling, die unterschiedlichen Betrachtungsweisen und Interessen, vor allem aber auch die recht manipulative und einseitige Berichterstattung in westlichen Mainstream-Medien machen eine Beschäftigung mit dieser Weltregion notwendig. Damit versuchen wir, einen Beitrag zu einer umfassenden, möglichst wahrheitsgetreuen Darstellung zu leisten. Den Autorinnen und Autoren dieses Buches danke ich ganz besonders, dass sie sich an dieser aufklärerischen Mission beteiligt haben.

Fritz Edlinger
Wien, im August 2016

Der Syrienkrieg – ein regionaler Stellvertreterkonflikt

Werner Ruf

Der Niedergang der USA

Die nachhaltige Präsenz der USA im Nahen Osten beginnt in den 1930er-Jahren, als US-amerikanische Ölfirmen mit der Aufschließung der Energiereserven auf der arabischen Halbinsel begannen. 1944 wurde unter Führung von Standard Oil of California (Socal) die Arabian American Oil Company (Aramco) gegründet, an der der saudische Staat 1973 25 % übernahm, 1980 erwarb er 100 % des Firmenkapitals.[4] Um sich den freien Zugang zum iranischen Öl zu sichern, organisierten die USA gemeinsam mit Großbritannien 1953 den Putsch gegen die Regierung Mohammad Mossadegh im Iran. Doch noch drei weitere Jahre blieb der Nahe Osten unter dem beherrschenden Einfluss der alten imperialistischen Mächte Großbritannien und Frankreich. Ihren Niedergang besiegelte die Suez-Krise von 1956, als nach der Verstaatlichung des Suez-Kanals durch den ägyptischen Präsidenten Abdel Nasser Israel – nach geheimer Absprache mit London und Paris – Ägypten angriff, während Großbritannien und Frankreich zur »Sicherung« des Kanals bereitstanden. Gemeinsames Ziel der Operation war der Sturz Nassers, mit dem Frankreich auch einen wichtigen Unterstützer des 1954 begonnenen algerischen Befreiungskrieges zu beseitigen hoffte. Trotz der zeitgleich stattfindenden Ungarn-Krise, bei der sich die Sowjetunion und die USA gegeneinander in Stellung brachten, übten die beiden gemeinsam massiven Druck auf Paris und London aus und zwangen die Aggressoren zum Rückzug. Gamal Abdel Nasser feierte einen politischen Sieg, der ihn zum Idol der arabischen Welt machte.

---

4. Fundinguniverse (2003): Saudi Arabian Oil Company History. http://www.fundinguniverse. com/company-histories/saudi-arabian-oil-company-history/ [05-05-16].

Ihren Dominanz-Anspruch formulierten die USA unmittelbar nach Ende der Suez-Krise in der Eisenhower-Doktrin vom 5. Januar 1957. Darin erklärte Washington, dass es kommunistischer Unterwanderung oder Bedrohungen durch die Sowjetunion insbesondere in Nahost »mit allen zur Verfügung stehenden Mitteln« (also gegebenenfalls auch mit Atomwaffen) begegnen würde. Dies war eine klare Warnung an Nasser, aber auch an die säkularen, sich sozialistisch nennenden Regime in Damaskus und Bagdad, keine Bindungen mit der Sowjetunion einzugehen. Zugleich signalisierten die USA mit der Verkündung dieser Doktrin auch gegenüber ihren westlichen Verbündeten, wer der Hegemon in der Region war.

Den beginnenden Ausstieg der Sowjetunion aus der Weltgeschichte vermochten die USA zu nutzen, um ihren hegemonialen Anspruch in der Region durchzusetzen, indem sie die Besetzung und Annexion Kuwaits durch den Irak im August 1990[5] nutzten, um diesen bis dahin nützlichen Stellvertreter im Bemühen um die Destabilisierung der Islamischen Republik Iran mit Krieg zu überziehen und ihm über den Sicherheitsrat der Vereinten Nationen ein Embargo aufzuerlegen, das die Ökonomie und die Sozialsysteme des Landes ruinierte.[6]

Acht Jahre nach Ende der Amtszeit von George Bush Senior zog 2001 dessen Sohn George W. Bush ins Weiße Haus ein. Dieser berief in sein Kabinett und seinen Beraterstab vor allem Mitglieder des *Project for a New American Century* (PNAC), das 1997 gegründet worden war[7]. Unter

---

5. Belegt ist, dass die US-Botschafterin in Bagdad, April Glaspie, in einem Gespräch mit Saddam Hussein unmittelbar vor der irakischen Offensive erklärte, die USA hätten keine Position zu interarabischen Konflikten wie dem zwischen Irak und Kuwait. http://www.globalresearch.ca/gulf-war-documents-meeting-between-saddam-hussein-and-ambassador-to-iraq-april-glaspie/31145 [18-06-16].
6. Sponeck, Hans-Christof von (2015): Irak. Die Sanktionspolitik des UN-Sicherheitsrats und die humanitäre Ausnahmeregelung. In: Kraitt, Tyma (Hg.): Irak. Ein Staat zerfällt. Hintergründe. Analysen. Berichte. Wien 2015. S. 77-94.
7. Kagan, Donald/Schmitt, Gary/Donnelly (1997): Rebuilding America's Defenses. http://www.informationclearinghouse.info/pdf/RebuildingAmericasDefenses.pdf [0605-16].

ihnen waren der mit der Öl-Industrie eng verbundene Dick Cheney, Donald Rumsfeld, Paul Wolfowitz und sieben weitere der insgesamt 25 Gründungsmitglieder dieses neo-konservativen Think Tanks. Das Gründungsmanifest trägt den Titel »Rebuilding America's Defenses«. Insgesamt konzentriert sich das Programm des PNAC so gut wie ausschließlich auf militärische Fragen. Eine Hochrüstung ohnegleichen sollte die Überlegenheit der USA für mindestens das kommende Jahrhundert sichern. Die Konzentration auf militärische Fähigkeiten kennt keinerlei Rücksichtnahme auf das bestehende Völkerrecht oder auf humanitäre Grundsätze. Im PNAC-Papier steht zu lesen: »Fortgeschrittene Formen der biologischen Kriegführung, die spezifische Genotypen ›anzielen‹ können, dürften biologische Kriegführung aus dem Bereich ›des Terrors‹ zu einem politisch nützlichen Instrument transformieren.«[8]

Diese militärischen Allmachtsfantasien korrelieren mit hegemonialen Visionen wie der des Kolumnisten Charles Krauthammer, der unter dem Titel »Der unipolare Augenblick« 1991 nach Auflösung der Sowjetunion die Etablierung einer US-amerikanischen Weltherrschaft ohne jede Rücksichtnahme gefordert hatte. Im Wortlaut schrieb er: »Unsere beste Hoffnung auf Sicherheit ... ist Amerikas Stärke und die Willenskraft, eine unipolare Welt zu führen und ohne Scham die Regeln der Weltordnung festzulegen und sie auch durchzusetzen.«[9]

Selbstverständlich hatten der Nahe Osten und die Energieversorgung in den Grundsatzüberlegungen dieser Kreise wie auch des PNAC einen hohen Stellenwert. In der Sprache von PNAC-Mann Donald Kagan liest sich das folgendermaßen: »Amerikas globale Führungsaufgabe und seine Rolle als Garantiemacht des derzeitigen Großmachtfriedens ruht auf der Sicherheit der amerikanischen Heimat und auf der Sicherung eines günstigen Machtgleichgewichts in Europa, dem Mittleren Osten und der

---

8. A. a. O. S. 60.
9. Krauthammer, Charles: The Unipolar Moment. In: Foreign Affairs, Vol. 70 1/1991. S. 23-33.

umliegenden Energie produzierenden Region und Ostasien; sowie der allgemeinen Stabilität des internationalen Systems von Nationalstaaten gegenüber Terroristen, organisiertem Verbrechen und anderen ›nichtstaatlichen Akteuren‹.«[10]

Diese Konzepte (und ihre Vordenker) dürften Pate gestanden haben bei George W. Bushs »Krieg gegen den Terror«: Eine rein militärische, gnadenlose Bekämpfung all dessen, was als »terroristisch« identifiziert wurde.

Doch scheint es, dass die Kriege in Afghanistan und im Irak, die Interventionen in Libyen und die vielfältige Unterstützung von Stellvertretern in großen Teilen der Welt – darunter nicht zuletzt in Syrien – zu Lasten der ökonomischen Infrastruktur des Hegemons gehen. Kein geringerer als der mehrfache Präsidentenberater Zbigniew Brzezinski[11] hat den Niedergang der USA vom Zerfall der Infrastruktur wie Straßen, Eisenbahnen und Flughäfen über das Erziehungswesen und die Universitäten bis zur Zunahme der Arbeitslosigkeit in einer detaillierten Untersuchung dramatisch beschrieben. Diese Beschreibung erinnert an die meisterhafte Arbeit des britischen Historikers Paul Kennedy[12] über den Aufstieg und Fall der großen Reiche, deren ökonomische Substanz durch »militärische Überdehnung« ruiniert wird.

Der regionale Hexenkessel

Die USA

Diese Diagnose impliziert keineswegs, dass sich Washington umgehend aus der Region zurückgezogen hätte. Nach dem »arabischen Frühling« visierten die USA einen Partnerwechsel an und blieben zunächst ih-

---

10. Kagan a. a. O., S. 4.
11. Brzezinski, Zbigniew: Strategic Vision. America and the crisis of global power. New York 2012.
12. Kennedy, Paul: Aufstieg und Fall der großen Mächte. Ökonomischer Wandel und militärischer Konflikt von 1599 bis 2000. Frankfurt 1987.

rem schon gegenüber Tunesien und Ägypten formulierten Motto »Wir wollen diesen Wandel« treu.[13] Auf dieser Linie liegt die Äußerung der US-Außenamtssprecherin Victoria Nuland Anfang Juli 2011, die USA würden sich darauf konzentrieren, »unsere Unterstützung den Syrern vor Ort zu geben, die sich organisieren und deutlich sagen, dass sie einen Wechsel wollen«.[14]

Der US-Botschafter in Damaskus, Robert Ford, mischte sich aktiv in das Geschehen vor Ort ein, wobei er aus seiner Unterstützung für die Rebellion kein Hehl machte.[15] Auch hier zielte die Politik der USA auf einen *regime change*, der den Sturz Baschar al-Assads zum Ziel hatte und zugunsten der Muslimbrüder ausgehen sollte.

Unter dem Motto »Assad muss weg« hofften die USA, eines der letzten relativ unbotmäßigen Regimes in der Region zu beseitigen. Ihr Hauptanliegen war die Schwächung des Iran, der seit der Revolution im Jahre 1979 als der zentrale Gegner in der Region angesehen wurde. Hauptziel war die Zerschlagung der »schiitischen Achse«, die vom Iran über Syrien bis zur libanesischen Hisbollah reicht. An diesem Punkt trafen sich die Interessen der USA mit denen Israels, der Türkei und Saudi-Arabiens. Um nicht nach den verlorenen Kriegen in Afghanistan und im Irak abermals an vorderster Front kämpfen zu müssen, schien die alte Politik des Stellvertreterkrieges nahe zu liegen: die muslimischen (sunnitischen) Vormächte Saudi-Arabien, Katar und die Türkei erschienen geradezu als natürliche Verbündete, die vor Ort das Kampfgeschehen übernehmen bzw. durchführen (lassen) konnten.

13. Philip Crowley, Sprecher des US-Außenministeriums, erklärte bei einem Besuch in Algier am 18. Februar 2011: »Der Wandel ist notwendig. … Wir haben nicht gezögert, die universellen Rechte des algerischen Volkes zu betonen. Wir haben dasselbe in Tunesien getan … (und) in Ägypten und wir sind dabei, dasselbe in der ganzen Region zu tun. Wir ermutigen diesen Wechsel und wir wollen einen friedlichen Wandel.« (Interview mit der algerischen Tageszeitung Liberté, 19. Februar 2011).
14. Leukefeld, Karin: Flächenbrand. Syrien, Irak, die arabische Welt und der Islamische Staat. Köln 2015, S. 54.
15. A. a. O., S. 53.

Russland

Syrien ist für Russland nach dem Ende des Kalten Krieges der letzte verbliebene und verlässlich erscheinende Partner in der Region. Tausende russische Experten sind nicht nur im militärischen, sondern auch im zivilen Bereich in Syrien tätig. Von höchster Priorität ist für Russland auch seine Marinebasis in der syrischen Hafenstadt Tartus. Sie ist die einzige Basis der russischen Flotte außerhalb ihres Territoriums und in warmen Gewässern. Wenn Russland ein *global player* bleiben will, muss es im Konflikt um Syrien Präsenz zeigen und seinem Partner Schutz bieten. Die Entwicklung des Konflikts und die Beteiligung zahlreicher dschihadistischer Gewaltakteure stellen in der Wahrnehmung Russlands auch eine Gefahr für die eigene Sicherheit dar, kämpfen in Syrien doch viele Dschihadisten aus den muslimischen ehemaligen Sowjet-Republiken, die fanatisiert und kampferfahren in ihre Heimat zurückkehren könnten.

Die Türkei

Ankara verfolgt vielfache Interessen im Konflikt. An erster Stelle steht die Verhinderung der Entstehung einer Autonomie oder gar einer Staatlichkeit in den kurdischen Gebieten Syriens, die sich von der Kontrolle durch Assad weitgehend befreit haben. Die Entstehung staatlicher Strukturen in den kurdischen Gebieten eines zerfallenden Syriens würde einen Präzedenzfall für die Zukunft der kurdischen Gebiete der Türkei darstellen und dem kurdischen Autonomiestreben dort gewaltigen Auftrieb geben. Diese Gefahr wird von Ankara als umso höher eingeschätzt, als die syrisch-kurdischen Volksbefreiungskräfte PYD eng mit der türkisch-kurdischen Arbeiterpartei PKK zusammenarbeiten.

Die den Muslimbrüdern nahe stehende islamistische AKP befindet sich auf der Linie »westlicher Werte«, da sie die neuen Partner des Westens in der Region (Tunesien, Ägypten bis zum Sturz Mursis) unterstützt und den Umbau dieser Gesellschaften entlang neoliberaler Konzepte vorantreibt. Zugleich verfolgt die Türkei als Mitglied der NATO eigene Großmachtinteressen, mit denen sie sich in einer Art Nachfolgerolle des Osmanischen Reiches sieht.[16] In diesen Kontext passt, dass die Türkei seit 2012 die vorwiegend im Nordwesten Syriens lebenden Turkmenen mobilisiert und aufgerüstet hat. In Ankara wurde 2013 eine »Turkmenische Gesetzgebende Versammlung« ins Leben gerufen. Die turkmenischen Milizen kämpfen zwar auch gegen die Truppen Assads, ihre Hauptaufgabe ist aber wohl, den Vormarsch der syrisch-kurdischen PYD im Nordwesten zu stoppen.[17]

Ein weiterer, bisher kaum thematisierter Aspekt sind die Kohlenwasserstoffreserven an der Küste der Levante, die vom US Geological Survey auf 1,7 Mrd. Fass Öl und auf 122 Trillionen Kubikmeter Gas geschätzt werden.[18] Diese Öl- und Gasfelder erstrecken sich von der Küste des Gaza-Streifens über die Grenzen Israels und des Libanon bis vor die Küste Syriens. Vor allem Israel, das bisher über solche Ressourcen nicht verfügt, zeigt massives Interesse, aber auch die Türkei könnte durch die Verwirklichung ihrer neo-osmanischen Gebietsvorstellungen und die Aneignung von Teilen Syriens Zugriff auf einen Teil dieser Ressourcen erhalten. Ohnehin führen wichtige Pipelines für die europäische Energieversorgung durch die Türkei, die damit ihre geopolitische Schlüsselposition noch ausbauen könnte. Die Türkei selbst hat einen ständig wachsenden Energiebedarf, verfügt aber bisher nicht über eigene Ressourcen.

16. Çakır, Murat: Neo-Osmanische Träume. Über das Werden einer Regionalmacht. Artikelsammlung. Berlin 2014: Rosa-Luxemburg-Stiftung.
17. Kulow, Karin: Dilemmata türkischer Syrien-Politik. In: Ossietzky 10/2016, S. 360-362.
18. Pelaghias, George Christian (2012): Major Gas Finds in Eastern Mediterranean – A Source of New Supply and Conflicts in South East Europe. https://www.energimyndigheten.se/contentassets/ed09a5b8fd074f8894ac2eb8ac86ea11/summary-erpic.pdf [05-05-16].

Saudi-Arabien

Die wahhabitische Despotie sieht sich nach dem Sturz mehrerer säkularer Diktaturen in der Region als gestärkte Regionalmacht. Als Bedrohung begreift sie folgerichtig den Iran, der als starkes Glied der »schiitischen Achse« ihr Hauptfeind ist. »Assad muss weg« ist daher ein strategisches Ziel auch der saudischen Politik. Die Verbreitung des wahhabitisch-salafistischen Islam war schon seit den Kämpfen in Afghanistan in den 1980er-Jahren zentrales Instrument saudischer Außenpolitik, mit der Riad seinen Einfluss in der arabisch-islamischen Welt von unten zu stärken suchte. Die Unterstützung der Dschihadisten in Syrien ist daher die Fortsetzung dieser konsequenten Linie saudischer Außenpolitik. Die wahhabitische Propaganda beschränkt sich keineswegs auf die islamische Welt. Auch in den westlichen Hauptstädten unterhält Saudi-Arabien Ausbildungsstätten wie zunächst in Bonn, dann in Berlin, wo die »King Fahd-Akademie« eine Schule und eine Moschee unterhält, in der auch zum »Heiligen Krieg« aufgerufen wird.[19] Das Gewähren-Lassen der saudisch-wahhabitischen Agitation durch die deutschen Behörden ist nur durch die wechselseitigen Wirtschaftsinteressen erklärbar, die sich im Kauf von Öl und im Verkauf von Rüstungsgütern manifestieren. Vom damaligen Außenminister Guido Westerwelle und dem Ex-Verteidigungsminister Thomas de Maizière wurde dieses Verhältnis auf die Formel gebracht: »Saudi-Arabien ist ein Anker der Stabilität«. Salafistische Propaganda oder Menschenrechte müssen dafür im Ranking nach hinten rücken, *regime change* kommt in solchen Fällen nicht in Betracht.

Entscheidend im Syrien-Konflikt ist jedoch, dass die Saudis dort dschihadistische Milizen wie den »Islamischen Staat« von Anfang an massiv unterstützten, vertritt dieser doch in radikalster Weise die wahhabitische Lehre, die in Saudi-Arabien Staatsreligion ist. Allerdings nutzen

---

19. Rasche, Ute: König-Fahd-Akademie verherrlicht Kampf gegen »Ungläubige«. In: Frankfurter Allgemeine Zeitung vom 26. Juni 2004.

die Dschihadisten taktisch geschickt die Widersprüche zwischen der reinen Lehre und der sozialen Praxis des Königshauses mit seinen über 6000 Prinzen, von denen Fotos in westlichen Spielhallen und bordell-ähnlichen Einrichtungen in der arabischen Welt kursieren. Als Prototyp eines Rentenstaates hat Saudi-Arabien eine Bevölkerung von mehr als 30 Mio. Menschen aus seinen Exporteinnahmen zu ernähren. Dies hat dazu geführt, dass im Jahre 2016 erstmals mit einem Haushaltsdefizit von 86 Mrd. US-Dollar zu rechnen ist und große Investitionsvorhaben im Bereich der Infrastruktur gestoppt werden mussten.[20] Hinzu kommt der kostspielige Krieg im Jemen, der kaum noch zu gewinnen ist. Die jüngsten Anschläge des »IS«, die ohne Unterstützung innerhalb der saudischen Gesellschaft nicht möglich wären, zeigen, dass das Regime alles andere als ein »Anker der Stabilität« ist.

Katar

Auch das Emirat Katar hat ein unmittelbares Interesse am Konflikt in Syrien.[21] Bereits 2009 hatte Katar Damaskus vorgeschlagen, eine Pipeline zum Export seines Gases in Richtung Türkei zu bauen, die in der Türkei an die großen Transportlinien in Richtung Europa angeschlossen werden sollte. Die Pipeline sollte über Saudi-Arabien und Jordanien durch Syrien verlegt werden. Es mag der »schiitischen Achse« zu verdanken sein, dass die syrische Regierung einem Projekt den Vorzug gab, das für eine Bausumme von 10 Mrd. Dollar iranisches Gas über den Irak durch Syrien Richtung Türkei führen sollte. Das Abkommen über diese sogenannte »Islamische Pipeline« wurde im Juli 2011 geschlossen, als der Krieg in

---

20. Abougabal, Hossam/ Khan, Sarmad (28. Dezember 2015): Saudi Arabia to run $ 87bn budget deficit in 2016. In: Middle East business intelligence. http://www.meed.com/sectors/government/saudi-arabia-to-run-87bn-budget-deficit-in-2016/5001038.article [06-01-16]
21. Escobar, Pepe: Syria: Ultimate Pipelineistan War (2015). http://www.counterpunch.org/2015/12/08/syria-ultimate-pipelineistan-war/. [05-05-16].

Syrien bereits begonnen hatte. Bei der syrischen Entscheidung mag die Nutzung eigener Ressourcen im Offshore-Bereich des Mittelmeers und die Hoffnung, mit dem iranischen Partner leichter handelseinig über die mögliche Einspeisung dieses Gases in die »Islamische Pipeline« zu werden, eine Rolle gespielt haben. Nachdem in der Folge des Atomabkommens mit dem Iran Anfang 2016 die Sanktionen aufgehoben sind, hat dieses Projekt geo-strategische Bedeutung – und wäre ein Grund für die EU, auf ein Ende des Krieges in Syrien hinzuarbeiten. Ob den USA an einer zunehmenden Unabhängigkeit der Energieversorgung Europas gelegen ist, ist eine andere Frage, die hier nicht weiter verfolgt werden kann.

Katar und sein TV-Sender *Al Jazeera* unterstützen die Muslimbrüder, die von Saudi-Arabien als Erzfeinde des Wahhabismus und des Salafismus gesehen werden. Dieser Konflikt, der vor allem durch die Predigten eines der führenden Muslimbrüder, Youssef Qaradaoui, auf *Al Jazeera* befeuert wird, gipfelte vor zwei Jahren in der Abberufung des saudischen Botschafters aus Doha.[22]

Iran: der große Gegenspieler?

Seit der Revolution des Jahres 1979 galt der Iran als der große Feind und Gegenspieler des Westens im Allgemeinen und Israels im Besonderen. Mit der Revolution von 1979 hatten die Ayatollahs in Teheran gezeigt, welche mobilisierende Kraft dem Islam innewohnen kann. Der Krieg, den Saddam Hussein stellvertretend für die Golfmonarchien und die USA gegen das Land führte, zeigte den Machthabern in Teheran zugleich ihre Isolation in der sie umgebenden Staatenwelt. Da war das syrische Regime als Partner naheliegend, denn es war der Erzfeind der sich gleichfalls auf die Wurzeln der Baath-Partei berufenden irakischen

---

22. Roberts, David B.: Qatar and the Brotherhood. In. Survival, Vol 56, N. 4 (2014), S. 23-31.

Diktatur. Mit Damaskus einte Teheran nicht nur die Gegnerschaft zum Irak, sondern zugleich eine virulente anti-israelische Rhetorik, die jedoch in beiden Fällen mehr an die innere Öffentlichkeit gerichtet war, als dass sie tatsächlich aggressive Absichten gegen Israel intendierte. Die sicherste Grenze Israels war die mit Syrien. In der Gesamtschau verhielt sich der Iran gegenüber dem Westen eher defensiv. Die gemeinsame Grenze mit Afghanistan blieb während der seit 2001 andauernden Intervention des Westens ruhig. Teheran kam auch den schiitischen Glaubensbrüdern der Hazara in Afghanistan trotz ihrer Verfolgung durch die Taliban nicht zur Hilfe.

Der über Jahre medial befeuerte Streitpunkt war das iranische Atomprogramm, das sehr wahrscheinlich – auch – militärische Zwecke verfolgte. Doch auch hier zeigt sich die Doppelbödigkeit westlicher Berichterstattung: Längst verfügen nicht nur Israel, sondern auch Indien und Pakistan über »die Bombe« – im Falle Pakistans sogar über eine »islamische«. Richtig ist, dass die drei letztgenannten Länder nie dem Atomwaffensperrvertrag beigetreten sind – Iran dagegen schon, da der Schah diesen Vertrag unterzeichnet hatte, dennoch aber insgeheim ein Nuklearprogramm verfolgte, was ihm von seinen westlichen Protektoren gestattet wurde.[23] So bleibt bei der Fixierung auf das iranische Nuklearprogramm ein Beigeschmack, der die These unterstützt, dass es weniger um das iranische Nuklearprogramm ging als um die Ächtung, Isolierung und Schwächung der iranischen Position im regionalen Machtgeflecht. Genau dies scheint sich mit der Unterzeichnung des Atomabkommens mit dem Iran durch die fünf ständigen Mitglieder des UN-Sicherheitsrats und Deutschland zu ändern: Die Sanktionen gegen das Land werden aufgehoben, der Iran darf zurückkehren in die Position eines »normalen« Staates. Damit wird die politische Kooperation mit dem Regime der Mullahs, das gegen den »Islamischen Staat« gebraucht wird und dessen Truppen seit zwei

---

23. Tilgner, Ulrich Die Logik der Waffen. Westliche Politik im Orient. Zürich 2012, S. 44f.

Jahren effizient im Irak kämpfen, wieder möglich. Genau einen solchen Kurswechsel des Westens sehen Saudi-Arabien und Israel als Gefahr, verlören sie dadurch doch ihre Monopolstellung als Partner der USA.

Israel

Nach außen erscheint es, als ob Israel sich in diesem Konflikt zurückhält. Doch hat es in unmittelbarer Nachbarschaft einen ernst zu nehmenden Feind: die libanesische Hisbollah. Seit dem Abzug der israelischen Armee aus dem Libanon im Jahre 2000 war es an der libanesisch-israelischen Grenze immer wieder zu Schießereien mit dem bewaffneten Arm der libanesischen Schiiten gekommen. Im Juli 2006 hatte eine Einheit der Hisbollah zwei israelische Soldaten gefangen genommen. Israel beantwortete dies mit einer groß angelegten Invasion des Libanon, bombardierte massiv Ziele im ganzen Land, insbesondere die schiitischen Viertel der Hauptstadt Beirut. Weit über 1000 Libanesen wurden getötet, zum größten Teil Zivilisten, da Israel offensichtlich auch Splitterbomben einsetzte.[24] Die Hisbollah überraschte durch ihre effiziente Kriegführung und durch Waffen, von denen behauptet wurde, sie seien vom Iran geliefert worden. Ohne sein Kriegsziel, die Zerschlagung der Hisbollah, erreicht zu haben, zog sich Israel nach erheblichen Verlusten schließlich am 14. August 2006 zurück.

Die Vernichtung der Hisbollah ist daher prioritäres Ziel der israelischen Politik. Als diese dem syrischen Regime gegen die dschihadistischen Gruppen zu Hilfe kam, bombardierte Israel immer wieder Ziele in Syrien, nach eigenen Angaben – wenn solche überhaupt gemacht wurden –, um Waffenlieferungen aus dem Iran zu vernichten. Zu diesen Angriffen bekannte sich öffentlich erstmals der israelische Ministerpräsident Netanjahu im April 2016, als er erklärte, Israel habe »dutzende Male« Ziele in Syrien angegriffen.[25] Es mag stimmen, dass Israel sich zu Beginn des

---

24. BBC News am 25. Juli 2008.
25. Frankfurter Allgemeine Zeitung am 14. Mai 2016, S. 6

Konflikts weitgehend zurückgehalten hat, da die Stimmung im Lande auf den Konsens hinauszulaufen schien: »Lasst die bösen Buben sich doch gegenseitig umbringen«.[26] Im selben Beitrag der *New York Times* zitiert die Autorin auch Nathan Thrall, einen Analytiker der *International Crisis Group* mit den Worten: »Die Verewigung des Konflikts dient voll und ganz den israelischen Interessen.«

In der Gemengelage feindlicher und vielleicht nützlicher Parteien scheint Israel inzwischen genau die mit al-Qaida verbündete Nusra-Front als zumindest zeitweise nützlichen Alliierten anzusehen.[27] Die Nusra-Front ist auf der syrischen Seite der Golan-Höhen stark, operiert also in unmittelbarer Nähe der Grenze dieses von Israel annektierten Gebiets. Dabei wird sie mittlerweile offensichtlich von Israel unterstützt.[28] Unbestritten scheint auch, dass verwundete Nusra-Kämpfer in israelischen Krankenhäusern behandelt werden.[29]

Die Drusen siedeln auf beiden Seiten der Grenze. Sie sind die einzige nichtjüdische Minderheit in Israel, die in der israelischen Armee Wehrdienst leistet. Bemerkenswert ist, dass keine der dschhadistischen Gruppen in Syrien bisher jemals Israel angegriffen hat. Damit findet sich Israel mit Saudi-Arabien und den Golfstaaten, aber auch mit der Türkei in jener Front, die durch Unterstützung der Dschihadisten die »schiitische Achse« bekämpft und den Sturz Assads als entscheidenden Schlag gegen den Iran und die Hisbollah sieht. Dies bestätigt auch das von Amos Yadlin, einem langjährigen Militärberater der israelischen Regierung,

26. Rudoren, Jodi (5. September 2013): Israel backs limited Strike in Syria. In: New York Times, http://www.nytimes.com/2013/09/06/world/middleeast/israel-backs-limited-strike-against-syria.html?pagewanted=all&_r=0 [17-05-16].

27. Gross, Ariela (7. April 2015): Es geht um keinen Gottesstaat« http://www.ipg-journal. de/kurzinterview/artikel/es-geht-um-keinen-gottesstaat-866/ [14-05-16].

28. Salloum, Rania (2015, 22. Januar): Neue Front Golanhöhen: Israel unterstützt indirekt Dschihadisten. http://www.spiegel.de/politik/ausland/israel-golanhoehen-werden-zur-naechsten-front-a-1014237.html [06-05-16].

29. Silverstein, Richard (2015, 22. Juni): Israel's Dangerous Game with Syrian Al Nusra Islamists. http://www.globalresearch.ca/israels-dangerous-game-with-syrian-al-nusra-islamists/5458515 [05-05-16].

entwickelte Szenario: »Es geht darum, die Allianz mit den sunnitischen Staaten in der Region zu stärken, an erster Stelle mit Saudi-Arabien und der Türkei«.[30] Die Ausschaltung Syriens als Regionalmacht würde nicht nur die »schiitische Achse« sprengen, sie erscheint israelischen Regierungskreisen wohl als Ouvertüre für stabile Beziehungen mit den reaktionären Mittelmächten der Region.

Dabei setzt auch Netanjahu auf ethno-religiöse Spannungen, die den Konflikt mehr und mehr charakterisieren und eskalieren. Diese Politik passt durchaus zur israelischen Innenpolitik, betreiben doch die aufeinander folgenden, zunehmend rechts ausgerichteten Regierungen immer stärker die Transformation Israels in Richtung eines ethno-religiösen Staates. Zumindest indirekt leistet Israel damit einen Beitrag zur Ethnisierung und Konfessionalisierung der Region. Demgegenüber ist das Regime Assads (nach der Zerstörung des Irak und Libyens und abgesehen von der von den Saudis abhängigen ägyptischen Militärdiktatur) das letzte säkulare System der Region.

Fazit: Friedensperspektiven?

Kein Geringerer als der ehemalige UN-Generalsekretär Kofi Annan hatte im März 2012 als Sondergesandter seines Amtsnachfolgers Ban Ki-moon begonnen, eine Verhandlungslösung durch eine Konferenz, die unter dem Kürzel »Genf I« bekannt wurde, zu suchen. Das war der Zeitpunkt, zu dem die USA noch ernsthaft daran glaubten, im Verbund mit den Saudis und durch Unterstützung salafistischer Banden den Sturz des Damaszener Regimes erreichen zu können. Im August gab Annan auf und trat von seinem Amt zurück. Seinen Rücktritt begründete er mit mangelnder Unterstützung für seine Tätigkeit.[31]

---

30. Weiss, Philip (2015, 22. November): Israel isn't worried about ISIS. In: http://mondo-weiss.net/2015/11/israel-worried-about/ [14-05-16].
31. Spiegel online am 2. August 2012.

Zu Annans Nachfolger bestellte Ban Ki-moon Lakhdar Brahimi, einen algerischen Spitzendiplomaten, der seit 1994 im Dienste der Vereinten Nationen tätig ist. Er ist Autor des viel beachteten Brahimi-Berichts der UNO zu Friedensoperationen der Vereinten Nationen. Neben schier endlosen anderen Auszeichnungen ist er Träger des Hessischen Friedenspreises 2003. Brahimi versuchte auf den Vorarbeiten Kofi Annans aufzubauen, vor allem betonte er immer wieder, dass es keine militärische, sondern nur eine politische Lösung des Konflikts geben könne. Im Vorfeld einer 2014 geplanten Friedenskonferenz (dem sogenannten »Genf II«) hatte die syrische Regierung die von Brahimi benannten Rebellengruppen als Verhandlungspartner akzeptiert, die USA bestanden allerdings auf dem Rücktritt Assads als Vorbedingung. Der schließlich gefundene Kompromiss, den auch die syrische Regierung akzeptierte, sah vor, dass eine Übergangsregierung gebildet werden sollte, der sowohl Mitglieder der derzeitigen syrischen Regierung wie auch Mitglieder »der Opposition und anderer Gruppen« angehören könnten.[32] Diese Vereinbarungen wurden aber nie umgesetzt. Nach knapp zweijähriger Vermittlungtätigkeit trat auch Brahimi im Mai 2014 von seinem Amt zurück, wofür er keine Gründe nannte. Damit war auch die »Genf II« genannte Initiative beendet.

»Genf III« begann am 1. Februar 2016 unter Leitung des UN-Sondergesandten Staffan de Mistura. Auf einer Vorbereitungskonferenz in Riad am 10. und 11. Dezember 2015 wurden die Kräfte bestimmt, die an der Konferenz auf Seiten der Opposition gegen Assad teilnehmen sollten. Das von Saudi-Arabien unterstützte »Hohe Verhandlungskomitee«, in der außer dem »Islamischen Staat« und der mit al-Qaida verbündeten al-Nusra-Front alle anderen wichtigen dschihadistischen Gewaltakteure versammelt sind, weigerte sich bis Redaktionsschluss dieses Buches, mit Vertretern der Assad-Regierung zu verhandeln. Nicht vertreten

---

32. UN.org (2012, 30. Juni): Action Group for Syria. Final Communiqué. http://www. un.org/News/dh/infocus/Syria/FinalCommuniqueActionGroupforSyria.pdf[12-05-16].

sind ferner die syrischen Kurden der PYD. Erstmals soll der Iran an den Verhandlungen beteiligt werden.

Als bisher einziges Ergebnis wurde ein Waffenstillstand beschlossen und durch die Resolution 2254 des UN-Sicherheitsrats vom 18. Dezember 2015 international abgesegnet, der seither mehr schlecht als recht eingehalten wird. Verhandlungen zwischen den als Konferenzteilnehmer ausgesuchten Parteien konnten bisher nicht aufgenommen werden. Sollten die mittlerweile für den Spätsommer 2016 geplanten Verhandlungen je zustande kommen, werden sie wohl kaum zu einer Lösung führen: Ob die im »Hohen Verhandlungskomitee« unter saudischer Führung versammelten »Rebellengruppen« aufgrund der Rekrutierung ihrer Kämpfer und der ausländischen Unterstützung einen wesentlichen Teil des syrischen Volkes repräsentieren, darf bezweifelt werden. Zusammen mit dem Ausschluss der syrischen Kurden sorgt die Auswahl der Konferenzteilnehmer dafür, dass die ausländischen Interessen weiterhin stärker wiegen als die des syrischen Volkes. So scheint auch »Genf III« schon im Vorfeld gescheitert, die Bürgerinnen und Bürger Syriens bleiben Spielball und Opfer der Kriegsziele auswärtiger Mächte.

Die Schlacht um Damaskus – auf den Trümmern des Völkerrechts

Norman Paech

Der 17. März 2011 dürfte für Syrien ein historisches Datum werden, ein tiefgreifender Einschnitt in die Geschichte der seit 1963 von der Baath-Partei und dem Assad-Clan beherrschten Republik. Was mit einer Demonstration für die Freilassung verhafteter Kinder in der südsyrischen Stadt Daraa wie die Fortsetzung des »arabischen Frühlings« begann, ist inzwischen in einen blutigen Krieg umgeschlagen. Der Ausgang ist ungewiss, selbst wenn sich das politische Ende von Präsident Baschar-al-Assad und der Einparteienherrschaft, das schon so gut wie besiegelt schien, nun doch weiter hinauszuzögern scheint.

Die Auseinandersetzungen haben schon lange den Rahmen eines innersyrischen Aufstandes gegen die Regierung in Damaskus gesprengt und die Grenzen zu den Nachbarländern überschritten. Die Flüchtlinge, die in dramatisch ansteigenden Zahlen das Land in Richtung Libanon, Jordanien, Türkei und Irak verlassen, haben eine Situation heraufbeschworen, die dem UN-Sicherheitsrat in vergleichbaren Fällen die Legitimation verschaffte, Maßnahmen zur Wiederherstellung des Friedens gemäß Art. 42 UN-Charta zu ergreifen. 1981 war dies der Fall, als er den im Norden des Irak lebenden Kurden zu Hilfe kam und sie vor den Angriffen Saddam Husseins mit der Einrichtung eines »safe haven« schützte.[33]

---

33. UNSR Resolution 688 (1991) vom 5. April 1991.

Eine »unappetitliche Tradition gewaltsamer Interventionen«

Dieser Konflikt hat allerdings, anders als die ersten Aufstände in Tunesien und Ägypten, schon frühzeitig die Einmischung fremder Staaten erfahren. Vor allem die USA, Türkei, Katar und Saudi-Arabien, und auch Israel haben sich mit finanzieller und logistischer Hilfe sowie politischen und wirtschaftlichen Sanktionen, aber auch mit Waffenlieferungen und der Einschleusung von Söldnern unterschiedlicher Herkunft eindeutig auf die Seite der Aufständischen geschlagen und damit die weitere Internationalisierung des Konfliktes betrieben. Insbesondere haben die beiden größten Organisationen, der Islamische Staat (IS) und die al-Nusra-Front, ihre militärischen Erfolge, abgesehen von ihrer brutalen Kriegsführung, vor allem der geheimen Unterstützung durch die genannten Staaten zu verdanken.[34] Obwohl sie von der UNO als Terrororganisationen eingestuft werden, hält die Unterstützung bis Redaktionsschluss dieses Buches im Frühsommer 2016 an,[35] um sie für den immer noch nicht aufgegebenen Regimewechsel in Damaskus zu benutzen. Inzwischen ist darüber hinaus weitgehend geklärt und vielfach belegt, dass die Interventionen in Syrien zur Destabilisierung der Regierung schon lange vor den Demonstrationen im Frühjahr 2011 begonnen hatten. Wie Robert F. Kennedy Jr. jüngst mit Hinweis auf den sogenannten Bruce-Lovett-Report von 1957 erklärte, blickt »Amerika (…) auf eine unappetitliche Tradition an gewaltsamen Interventionen in Syrien zurück.«[36] Die CIA begann bereits ein Jahr nach

---

34. Vgl. Nafeez, Ahmed I., How the West Created the Islamic State, in: www.counterpunch.org/2014/09/12/how-the-west-created-the-islamic-state; Scheben, Helmut, Syrien ein Krieg um Gas und Öl, vom 2. Dezember 2015, in: www.infosperber.ch/Politik/Syrien-ein-Krieg-um-Gas-und-Oel.
35. Vgl. Lüders, Michael, Interview zu Syrien, Deutschlandfunk vom 12. Februar 2016; New York Times vom 21. Juni 2012, www.nytimes.com/2012/06/21/world/middleeast/cia-said-to-aid-in-steering-arms-to-syrian-rebels.html?_r=0.
36. Kennedy. Robert F., Warum die Araber uns in Syrien nicht haben wollen, in: politico.eu vom 23. Februar 2016, deutsch: www.nachdenkseiten.de/wp-print.php?p=32213. Vgl.

ihrer Gründung, 1949, mit der aktiven Einmischung in Syrien und betrieb außerdem Umsturzpläne in Jordanien, Iran, Irak und Ägypten. In den umfangreichen Monographien vom Tim Weiner[37], John Prados[38] und dem Artikel von Mathew Jones[39] ist nachzulesen, wie die USA mit allen erdenklichen Mitteln, die weder vor Bestechung, Verrat, Kriegsdrohung, Waffenlieferungen, Gewalt noch Mord und Attentaten zum Schüren von Unruhe und Aufstand zurückschrecken, den Umsturz in Syrien versuchten. Einen vergleichbaren Erfolg wie den Sturz Mossadeghs im Iran konnte die CIA in Syrien nicht vorweisen, dennoch war dies eine blutige Geschichte, die nicht nur den hehren Zielen der offiziellen Politikpropaganda von Demokratie, Freiheit und Menschenrechten, sondern auch dem völkerrechtlichen absoluten Interventionsverbot des Art. 2 Ziff. 7 UN-Charta widersprach.

So begann der aktuelle Konflikt auch nicht erst im Jahr 2011, sondern schon viele Jahre zuvor. Ein Bericht von Mitarbeitern des US-Kongresses datiert den Beginn der Umsturzpläne in das Jahr 2003, unmittelbar nach dem Irak-Krieg, als die US-Administration die Regierung in Damaskus als zu links einschätzte.[40] Kennedy sieht hingegen schon in dem Vorschlag Katars im Jahr 2000, eine 1.500 km lange Pipeline durch Saudi-Arabien, Jordanien, Syrien und die Türkei zu bauen, die ersten Anzeichen des Krieges gegen Baschar al-Assad. Katar, das Standort zweier großer amerikanischer Militärbasen und des Hauptquartiers der US-Streitkräfte für

---

auch Gowans, Stephen, What US Congress Researchers Reveal about Washington's »Regime Change« Designs on Syria, in: Global Research, vom 11. Februar 2016.

37. Weiner, Tim, CIA – Die ganze Geschichte, Fischer, 2008.

38. Prados, John, Save for democracy – the Secret Wars for the CIA, Ivan R. Dee Publisher, 2006.

39. Jones, Mathew, The Preferred Plan: The Anglo-American Working Group Report on Covert Action in Syria, 1957, in: Intelligence and National Security 19 (2004), 3, S. 401-415.

40. Prados, Alfred B., Sharp, Jeremy M., Syria: Political Conditions and Relations with the United States after the Iraq War, Congressional Research Service, Feb. 2005; Percinic, Zlatko, Wie die USA und ihre Alliierten Syrien dem Untergang geweiht haben, https:// deutsch.rt.com/international/39149-wie-usa-und-ihre-alliierten/.

den Mittleren Osten ist, wollte das Embargo gegen Teheran nutzen, da der Iran die gigantischen Naturgasvorkommen des gemeinsamen South Pars/North Dome-Gasfeldes wegen des Embargos selbst nicht exportieren konnte. Auch Russland, das 7 % seiner Gasvorkommen nach Europa verkauft, sollte mit dem Pipeline-Zugang nach Europa aus dem Markt geworfen werden, was für Moskau eine existentielle Bedrohung darstellt. Als Damaskus im Jahr 2009 aus dem Projekt ausstieg und stattdessen eine »islamische Pipeline« von Iran über Syrien nach Libanon vorschlug, war klar, dass hier eine Achse Russland, Iran, Syrien gegen das sunnitische Katar, USA und Saudi-Arabien aufgebaut werden sollte. Dokumente, die Wikileaks freigab, bezeugen, dass die CIA unmittelbar nach der Absage Baschar al-Assads mit der Finanzierung von oppositionellen Gruppen in Syrien begann.[41]

Schon im Dezember 2003 hatte US-Präsident George W. Bush den sogenannten »Syria Accountability and Lebanese Sovereignty Restoration Act« unterzeichnet, der u.a. den Export militärischer Ausrüstung und sogenannten Dual-use-Güter nach Syrien untersagte. Mit dem »USA Patriot Act« und dem »International Emergency Economic Powers Act« wurden die Verbindung zur Handelsbank Syriens unterbrochen und die Guthaben von Syrern, die sich an der »feindlichen Politik gegen die USA« beteiligten, eingefroren. Schließlich wurden mit dem »Foreign Operations Appropriation Act« 6,6 Mio. US-Dollar für ein »Programm zur Unterstützung der Demokratie und Menschenrechte in Syrien« bewilligt, »sowie unspezifizierte Beträge zusätzlicher Fonds«, wie es in dem Kongress-Report von Prados und Sharp heißt. Ob militante oder »gemäßigte« Islamisten oder die Muslimbruderschaft (Ahwan Muslimeen), mit allen versuchte die US-Administration das Regime von Baschar al-Assad zu unterminieren.[42] Die damalige Außenministerin Hillary Clinton machte in einer E-Mail vom 31. Dezember 2012 nur einen, aber

---

41. Kennedy, R. F., »Warum die Araber uns in Syrien nicht wollten, (Anm. 4).
42. Zagorin, A., Syria in Bush's cross hair, in: Time vom 19. Dezember 2006.

ihr sehr wichtigen strategischen Aspekt für diese Politik deutlich, als sie schrieb: »Der beste Weg, um Israel behilflich zu sein, mit der wachsenden nuklearen Leistungsfähigkeit des Iran klarzukommen, ist es, der syrischen Bevölkerung zu helfen, das Regime von Baschar al-Assad zu stürzen.«[43] Dass dabei die deutsche Bundesregierung nicht abseits stand, geht aus ihrer Antwort auf die Kleine Anfrage der LINKEN im Bundestag hervor, nach der Berlin »Kontakte zu einer Vielzahl von Gruppen und Individuen, die sich in Opposition zum syrischen Regime befinden,«[44] unterhält. Außerdem beteiligte sich die vom Bundeskanzleramt und vom Auswärtigen Amt finanzierte »Stiftung Wissenschaft und Politik« (SWP) im Jahr 2012 an dem Projekt »The Day After«, in welchem die politische und wirtschaftliche Neuordnung Syriens nach dem Sturz der syrischen Regierung konzipiert wurde.[45]

All diese Aktivitäten operieren in einer Grauzone des völkerrechtlichen Interventionsverbots nach Art. 2 Ziff. 7 UN-Charta. Nur soweit sie mit Gewalt und der Aufforderung zur Gewalt, z. B. zum gewaltsamen Umsturz, gegen das Gewaltverbot des Art. 2 Ziff. 4 UN-Charta verstoßen, wird man ihnen mit eindeutigen juristischen Maßstäben begegnen können. Die üblichen subversiven und Undercover-Aktivitäten von Geheimdiensten, »Diplomaten«, Stiftungen und Instituten bewegen sich zumeist unter der Schwelle des juristisch Verfolgbaren.

Der UN-Sicherheitsrat kann auf Grund der unüberbrückbaren Meinungsdifferenzen zwischen den Veto-Mächten USA, Frankreich und

---

43. Wikileaks, UNCLASSIFIED U.S. Department of State Case No. F-2014-20439 Doc No. C05794498 Date: 11/30/2015; Percinic, Zlatko, Wie die USA und ihre Alliierten Syrien dem Untergang geweiht haben, (Anm. 8); Leukefeld, Karin, Syrien schlagen, um Iran zu treffen, in: Junge Welt vom 6. Juli 2016, S. 3.

44. Deutscher Bundestag, Antwort der Bundesregierung auf die Kleine Anfrage der Fraktion DIE LINKE im Deutschen Bundestag – Drucksache 18/7114 vom 16. Dezember 2015.

45. www.german-foreign-policy.com/de/fulltext/58386, german-foreign-policy.com/de/ fulltext/58394, german-foreign-policy.com/de/fulltext/58409, german-foreign-policy. com/ de/fulltext/58411.

Großbritannien auf der einen und Russland und China auf der anderen Seite derzeit keine Maßnahmen zur Sicherung des Friedens treffen. Die Mission des UNO-Vermittlers Kofi Annan konnte keinen Erfolg haben. Assad war nicht bereit, die Forderung der Aufständischen nach seinem Rücktritt zu erfüllen, und der militante Flügel der Aufständischen lehnte einen Waffenstillstand und eine politische Lösung des Konfliktes mit der Regierung Assad[46] kategorisch ab. Sein Nachfolger Staffan de Mistura bastelt mit kaum größerem Erfolg aber umso geduldigerer Zähigkeit an einem »Genfer« Übereinkommen der Mächte vor Ort, um wenigstens die militärische Konfrontation zu beenden und das Flüchtlingselend zu stoppen. Die UN-Generalversammlung hat zwar eine eindeutige Verurteilung der Regierung mit großer Mehrheit verabschiedet,[47] ihr fehlt aber die Geschlossenheit, verbindliche Resolutionen zur Überwindung der Krise zu erlassen.

Inzwischen hat sich der Kriegsschauplatz in den Norden Syriens verlagert, wo mit dem »Islamischen Staat« (IS) eine Bedrohung für den gesamten Nahen und Mittleren Osten auf den Plan getreten ist. Sein Ursprung geht auf den Sturz Saddam Husseins und die Zerstörung

---

46. Sowohl der Informationsminister wie auch Präsident Assad hatten politische Gespräche über Reformen im Rahmen eines nationalen Dialogs mehrmals seit 2011 angeboten. Am 26. März 2012 akzeptierte Syrien den Friedensplan, den der UN-Sicherheitsrat am 21. März in einer einstimmigen Erklärung verabschiedet hatte. Er enthielt einen Waffenstillstand und den Beginn eines Dialogs zwischen beiden Seiten.

47. Draft Resolution A/66/L57 vom 31. Juli 2012, verabschiedet am 3. August 2012 mit 133 Stimmen bei 12 Ablehnungen und 31 Enthaltungen: »1. *Condemns* the increasing use by the Syrian authorities of heavy weapons, including indiscriminate shelling from tanks and helicopters, in population centers and the failure to withdraw its troops and the heavy weapons to their barracks, contrary to paragraph 2 of Security Council resolution 2042 (2012) and paragraph 2 of Council resolution 2043 (2012); 2. *Strongly condemns* the continued widespread and systematic gross violations of human rights and fundamental freedoms by the Syrian authorities and pro-government militias, such as the use of force against civilians, massacres, arbitrary executions, the killing and persecution of protestors, human rights defenders and journalists, arbitrary detention, enforced disappearances, interference with access to medical treatment, torture, sexual violence, and ill-treatment, including against children, as well as any human rights abuses by armed opposition Groups.«

Bagdads durch die USA im Frühjahr 2003 zurück. Zahlreiche Soldaten der alten Saddam-Garde, die keine Verwendung in der neuen irakischen Armee finden konnten, sammelten sich um »Al Qaida im Irak«[48] und entwickelten sich unter Aufnahme weiterer heimatloser Söldner aus Afghanistan, Tschetschenien, den Golfstaaten aber auch aus Libyen und der Türkei zu einer zunehmend gewalttätig agierenden Terrororganisation. Mit den Mitteln des Terrors und nicht ohne Duldung und militärische und logistische Unterstützung durch die Geheimdienste der USA, Saudi-Arabiens und der Türkei[49] gelang es ihnen, im Norden des Irak weite Gebiete mit der Metropole Mossul unter ihre Gewalt zu bringen. Sie konnten ihre Eroberungen auf den Norden Syriens ausdehnen und ihre Operationszentrale in Raqqa einrichten.

Die entlang der syrisch-türkischen Grenze siedelnden Kurden (Rojava) haben sich als wirksamster Gegner des IS herausgestellt, mit dem sie derzeit in heftige militärische Auseinandersetzungen verwickelt sind. Nach anfänglichem Zögern haben sich die USA im September 2014 entschlossen, auch in Syrien militärisch gegen die Truppen des IS vorzugehen, wie sie es bereits im Irak begonnen hatten. Frankreich ist ihnen 2016 nach dem Attentat von Paris gefolgt. Beide Staaten verfolgen jedoch nach wie vor den Regimewechsel in Damaskus, was sie nicht nur mit der Türkei, sondern auch mit der überwiegenden Zahl der Terrorgruppen verbindet. Russland hingegen hatte sich schließlich 2015 entschlossen, an der Seite der syrischen Truppen gegen diese militanten Kräfte vorzugehen. Dieser Schritt widersprach zwar den Zielen und Intentionen aller bisher in dem Konflikt aktiven Staaten, da er die Regierung in Damaskus stabilisierte, eröffnete aber wohl zum ersten

---

48. Vgl. Steinberg, Guido, Der nahe und der ferne Feind. Die Netzwerke des islamischen Terrorismus, München 2005; Herrmann, Reiner, Die Hydra des Dschihad, Frankfurter Allgemeine Zeitung vom 9. September 2014.
49. Vgl. »Vom Westen befreit«, German-Foreign-Policy.Com vom 20. August 2014 und »Von Kurdistan nach Alawitestan, German-Foreign-Policy.Com vom 25. August 2014 mit weiteren Nachweisen.

Mal die reale Chance für die Aushandlung und Durchsetzung eines Waffenstillstandes.

Die rechtliche Lage in Syrien

In dieser Situation, die immer noch von den Waffen bestimmt wird, obwohl sich alle Seiten einig sind, dass eine militärische Lösung unmöglich ist, sollen einige völkerrechtliche Fragen erörtert werden, die zunächst die unmittelbare Konfrontation der Aufständischen mit der syrischen Regierung bis zur Verlagerung des Krieges durch den IS nach Nordsyrien und die Intervention dritter Staaten betreffen. Sie stellen sich immer dann, wenn ein interner Konflikt auf die Nachbarländer übergreift oder durch die Intervention anderer Staaten internationale Dimensionen erhält.

Die fast einhellige Verurteilung der syrischen Regierung für ihr gewaltsames Vorgehen gegen Demonstranten und Aufständische legt zunächst die Frage nahe, ob überhaupt Gewalt gegen die eigene Bevölkerung – von der gewaltsamen Auflösung der ersten Demonstrationen im März 2011 mit Verhaftungen und mindestens fünf Toten am 17. März bis zum Einsatz schwerer Waffen in den Kämpfen um Homs, Damaskus und Aleppo – erlaubt ist. Dabei bleibt die umstrittene Frage, ob die Demonstranten von Anfang an bewaffnet waren oder erst als Reaktion auf das gewaltsame Vorgehen von Polizei und Armee sich bewaffnet haben, außer Betracht.[50] Für die Frage des Gewalteinsatzes der Regierung ist sie ohne Belang.

Das zwingende Gewaltverbot des Art. 2 Ziff. 4 UN-Charta bezieht sich nur auf die Gewaltanwendung der Staaten »in ihren internationalen Beziehungen«. Das bedeutet, dass die Anwendung von Gewalt in den staatlichen Grenzen prinzipiell erlaubt ist und nur den Beschränkungen des innerstaatlichen Rechts unterliegt. Dieses muss sich wiederum inner-

---

50. Vgl. dazu Guilliard, Joachim, Syrien, der gefährliche Mythos einer »friedlichen Revolution«, in: Junge Welt vom 1. Juli 2012, S. 10.

halb des Rahmens der anerkannten Menschenrechte bewegen. D. h., dass die Gewaltanwendung in keinem Fall schrankenlos ist, selbst wenn das innerstaatliche Recht den Einsatz von Gewalt weitgehend erlaubt. Das Recht auf Leben und Gesundheit, die Achtung der Menschenwürde, das Folterverbot etc. sind auch dann zu beachten, wenn sie im innerstaatlichen Recht nicht berücksichtigt werden.

In der aktuellen Auseinandersetzung in Syrien kommt eine weitere Beschränkung hinzu, die Organisationen wie Amnesty International[51] oder Human Rights Watch[52], aber auch das Internationale Komitee vom Roten Kreuz (IKRK) und die UNO immer wieder einfordern: die Beachtung des humanitären Völkerrechts. Die Berufung auf das Völkerrecht ist in diesem Fall möglich und geboten, weil die gewaltsamen Auseinandersetzungen zwischen den Aufständischen und der Regierung allmählich die Formen eines bereits internationalisierten Bürgerkrieges angenommen haben, den die gängige völkerrechtliche Terminologie eines »nicht-internationalen bewaffneten Konflikts« kaum mehr zutreffend umschreibt.[53] Die Aufständischen haben bei aller Fraktionierung und Zersplitterung[54] zumindest mit der »Freien Syrischen Armee«, dem IS und der al-Nusra-Front einen Grad der Organisation und eine militärische Kampfkraft erreicht, die es ihnen erlaubt, ihre militärischen Aktionen nicht nur sporadisch, sondern dauerhaft und effektiv gegen die

---

51. Im April 2012 veröffentlichte Amnesty International einen 67-seitigen Report »Deadly Reprisals« über willkürliche Tötungen und andere Missbräuche der syrischen Streitkräfte.
52. Im Juni 2011 hatte bereits Human Rights Watch einen 60-seitigen Report über schwere Menschenrechtsverletzungen durch syrisches Militär und Polizei mit Beispielen systematischen Tötens und Folterns veröffentlicht. Am 3. Juli 2012 berichtete sie erneut über systematische Folterung an Gefangenen und Verbrechen gegen die Menschlichkeit.
53. Vgl. Janik, Ralph, »Keiner sagt: Uns ist das Völkerrecht egal«, Interview mit Gudrun Harrer vom 22. Mai 2016, http://derstandard.at/2000037322997//Keiner-sagt-Uns-ist-das-Voelkerrecht-egal.
54. Vgl. The Telegraph vom 9. November 2011, »Syrian Opposition pelted with eggs in Cairo«; Los Angeles Times vom 9. August 2012, »Syria rebels moving ahead and apart«.

Regierungstruppen zu führen. Die Gefechte um Homs, Damaskus und Aleppo lassen kaum mehr Zweifel daran, dass aus den Aufständischen eine Kriegspartei geworden ist. Sie erhalten Zulauf von Politikern und Militärs und sind in der Lage, zumindest zeitweilig Teile des syrischen Territoriums unter ihre Gewalt zu bringen – dennoch ist der IS trotz seines Namens kein Staat, aber das Land befindet sich im Kriegszustand.[55]

Die Einmischung von außen könnte es allerdings nahelegen, bereits von einem »internationalen bewaffneten Konflikt« zu sprechen. Aber die Beteiligung ausländischer Kräfte an einem Bürgerkrieg macht diesen noch nicht zu einem internationalen Konflikt. Selbst die massive militärische Präsenz ausländischer Truppen im Afghanistan-Krieg und die Beteiligung ausländischer Mujaheddin an den Aktionen der Taliban haben die UNO nicht veranlasst, von einem »internationalen bewaffneten Konflikt« zu sprechen, obwohl es dafür gute Gründe gäbe. Die ausländische Einmischung in das syrische Kriegsgeschehen ist selbst mit der Bombardierung der Stellungen des IS in Raqqa, Afrin und Kobanê (Ain al-Arab) immer noch geringer als in Afghanistan, sodass auch dieser Konflikt noch nicht »international« im Sinne des humanitären Völkerrechts ist.

Bombardierung von Wohnvierteln, wahllose Exekutionen, Folter

Der Unterschied ist bedeutsam, da die völkerrechtlichen Schutzvorschriften für die Aufständischen als Kriegspartei schwächer sind als in internationalen bewaffneten Konflikten. Erst nach dem Zweiten Weltkrieg haben im Jahr 1949 die vier Genfer Abkommen in gleichlautenden Artikeln drei Mindeststandards für den Schutz von Zivilisten

---

55. Im Juli 2012 hat das IKRK den Konflikt als Bürgerkrieg eingestuft, wie vorher im Juni 2012 schon der Chef der Beobachtermission der Vereinten Nationen (UNSMIS) Hervé Ladsous. Anders noch am 15. Februar 2012 Claus Kress in einem Interview mit Genocide Alert.

und »Mitglieder der Streitkräfte, die die Waffen gestreckt haben«, aufgestellt. Sie verbieten vor allem Angriffe auf das Leben, ob Tötung oder grausame Behandlung und Folterung, die Festnahme von Geiseln, die erniedrigende und entwürdigende Behandlung sowie Verurteilungen und Hinrichtungen ohne rechtsstaatliche Gerichtsverfahren. 1976 ist der Schutz durch das »Zweite Zusatzprotokoll zu den Genfer Konventionen« erweitert und präzisiert worden. Es regelt das Verbot des Aushungerns, den Schutz von Anlagen, die gefährliche Kräfte enthalten, wie Staudämme und Kernkraftwerke, und den Schutz von Kulturgütern und Kulturstätten. Doch erreichen die Schutzvorschriften nicht den gleichen Umfang wie die im »Ersten Zusatzprotokoll« für internationale bewaffnete Konflikte vereinbarten Regeln. Der Grund lag in der Furcht vieler Staaten, dass ein umfassenderer Schutz der Zivilbevölkerung die Aufständischen in den neuen unabhängigen Staaten ermuntern oder auch als Legitimation für Gewaltakte gegen Staatsorgane aufgefasst werden könnte. Dennoch besteht kein Zweifel, dass die Bombardierung oder der Raketenbeschuss von Wohnvierteln, die wahllose Exekutierung oder Folterung von Gefangenen schon nach den allgemeinen Vorschriften des Menschenrechtsschutzes absolut verboten sind und eine strafrechtliche Ahndung vor dem Internationalen Strafgerichtshof in Den Haag hätte nach sich ziehen müssen.[56] Selbst wenn Art. 4 Abs. 1 des »Internationalen Paktes über bürgerliche und politische Rechte« von 1966 den Vertragsstaaten das Recht gibt, »im Falle eines öffentlichen Notstandes, der das Leben der Nation bedroht und der amtlich verkündet ist«, Maßnahmen zu ergreifen, die ihre Ver-

---

56. Bisher sind nur Forderungen nach einer Einschaltung des Internationalen Strafgerichtshofes gegen Assad laut geworden. Die Tatsache, dass die unter dem Namen »Freunde Syriens« zusammengeschlossenen Staaten bisher noch kein Strafverfahren gegen die Kriegsführung der Aufständischen gefordert haben, ist ein weiteres Zeichen für die Instrumentalisierung des Gerichtshofes für politische Ziele. Syrien hat zwar das Römische Statut unterzeichnet, aber noch nicht ratifiziert. Dennoch könnte der UN-Sicherheitsrat ein Verfahren gegen Assad über die Generalanwältin beim Internationalen Strafgerichtshof (IStGH) in Gang bringen.

pflichtungen aus dem Vertrag außer Kraft setzen, so nimmt Abs. 2 des Artikels gerade jene Schutzrechte, um die es in diesem Konflikt geht, von dieser Notstandsregelung aus.[57] Die Verurteilung des Einsatzes schwerer Waffen durch die UN-Generalversammlung zielt auf deren oftmals unkontrollierbare Zerstörungskraft, die keinen Unterschied zwischen Kombattanten und Zivilisten macht. Sie richtet sich auch gegen die schon zum Standard gewordene »Abbuchung« ziviler Opfer als sogenannte Kollateralschäden. Zu betonen bleibt allerdings, dass diese Verbote nicht nur für die Regierungstruppen, sondern ebenso für die Aufständischen als Kriegspartei gelten. Sie gleichfalls zu verurteilen, ist zwar eine ständige Forderung der russischen Delegation in der UNO, ist jedoch von den unter dem Namen »Freunde Syriens« firmierenden Unterstützerstaaten der Aufständischen bislang verhindert worden.

Welche Einmischung ist erlaubt?

Kann man Assad also vom Standpunkt des Völkerrechts keinen grundsätzlichen Vorwurf machen, dass er gegen die Aufständischen auch mit militärischer Gewalt in den genannten Grenzen vorgeht, so ist die nächste Frage, wer mit welchen Mitteln die Kriegsparteien unterstützen, d.h. sich einmischen darf. Allmählich unbestritten ist, dass vor allem die beiden arabischen Staaten Katar und Saudi-Arabien sowie die Türkei die Aufständischen finanziell unterstützen, damit diese sich Waffen etc. beschaffen und wohl auch Kämpfer, d.h. Söldner aus fremden Staaten, bezahlen können.[58] Zugegeben hat auch die Obama-Administration, dass sie mit Hilfe der CIA Aufgaben der Logistik und Kommunikation

---

57. Syrien hat den Pakt 1969 ratifiziert, bisher aber nicht den Notstand ausgerufen.
58. Am 2. April 2012 überwiesen nach SPIEGEL ONLINE die Staaten des Golf-Kooperationsrates 100 Mio. Dollar an die Freie Syrische Armee. Aus Großbritannien kamen 30 Mio. Dollar, Deutschlandfunk vom 10. August 2012. Über den Waffenschmuggel an die Aufständischen in Syrien informiert German-Foreign-Policy.Com vom 19. Juni 2012, »Schmuggelkontrolleure«.

für die Aufständischen von der türkischen Grenze aus übernommen hat. Inwieweit sie Waffen liefert, ist unbekannt. Inzwischen greift die US-Luftwaffe Stellungen des IS in Syrien an. In Rojava hat sie von den Kurden einen Flugstützpunkt eingeräumt bekommen. Inwieweit darüber hinaus US-Bodentruppen in Syrien aktiv sind, ist bisher lediglich Gegenstand von Spekulationen.

Eine neue und dramatische Wende nahm der Konflikt, als bekannt wurde, dass in den Gefechten Giftgas eingesetzt wurde. Ziemlich schnell setzte sich die Überzeugung durch, dass diese tödlichen Gase nur vom Assad-Regime eingesetzt worden sein konnten, da, wie allgemein bekannt, das Regime über umfangreiche Lager von chemischen Waffen verfügte. Im Juni 2013 teilte die US-Administration mit, dass nun alle Zweifel an dem Einsatz der Giftgase beseitigt seien und damit die von Präsident Obama bezeichnete »Rote Linie« überschritten sei. Der Präsident habe beschlossen, nunmehr die Opposition auch militärisch stärker zu unterstützen.[59] Seitdem gilt der Einsatz des Giftgases durch die Truppen Assads in der westlichen Öffentlichkeit trotz zahlreicher abweichender Indizien als bewiesen. Die minutiöse Auseinandersetzung des US-amerikanischen Journalisten Seymour Hersh mit den zur Verfügung stehenden Fakten und Informationen verschiedener Geheimdienste,[60] die zu dem eindeutigen Ergebnis kommt, dass die Giftgaseinsätze nicht aus den Lagern Assads stammen konnten, sondern über die Türkei mit der al-Nusra-Front nach Syrien gelangten, wird faktisch nicht zur Kenntnis genommen. Allerdings hat Obama seine Drohung, in einem derartigen Fall auch militärisch gegen Assad vorzugehen, nicht wahrgemacht. Bestätigt wurden die Feststellungen von Hersh im Oktober 2015 durch die Erklärungen zweier Abgeordneter der Republikanischen

---

59. Vgl. Hamburger Morgenpost vom 14. Juni 2013.
60. Hersh, Seymour M., Whose Sarin?, London Review of Books vom 8. Dezember 2013, und The Red Line and the Rat Line, London Review of Books, v. 4. April 2014. Vgl. auch Leukefeld, Karin, Einsatz von chemischen Waffen aus Libyen, in: Junge Welt vom 11. August 2012, S. 7.

Volkspartei (CHP) im türkischen Nationalparlament, dass sie aus einem staatsanwaltlichen Untersuchungsverfahren in Adana über Dokumente verfügen, die unzweifelhaft den Transport von Sarin aus der Türkei nach Syrien beweisen.[61]

Sicher ist zudem, dass Waffen mit Wissen der türkischen Regierung über die Grenze nach Syrien zu den Aufständischen gebracht werden. Die Türkei nimmt nicht nur Flüchtlinge (derzeit über 2,5 Mio.[62]) in ihrem Grenzgebiet auf, sondern bietet den Aufständischen dort auch Zuflucht und Training sowie in Istanbul und Ankara ein Forum für ihre politische Darstellung und Werbung um Unterstützung. Inwieweit die CIA und andere Geheimdienste (der israelische Mossad z.B.) direkt in Syrien aktiv sind, lässt sich nur vermuten, es fehlen jedoch konkrete Anhaltspunkte.

Seit August 2012 verdichten sich die Nachrichten, dass Iran das Assad-Regime nicht nur ökonomisch, sondern auch mit der Entsendung von Elitetruppen und der Bombardierung von IS-Stellungen unterstützt.[63] Nach geltendem Völkerrecht ist eine Regierung befugt, einen anderen Staat um bewaffnete Hilfe zur Bekämpfung von Aufständischen zu bitten.[64] Zwar ist eine derartige Einladung vielfach missbraucht worden, um eine völkerrechtswidrige Intervention zu legitimieren, wie dies von Seiten der USA bei der Besetzung Grenadas 1981 der Fall war und der Sowjetunion bei ihrem Einmarsch 1979 in Afghanistan. Auch Frankreich hat sich bei seinen Einmischungen in Afrika verschiedentlich auf eine dubiose Einladung berufen. Davon bleibt jedoch grundsätzlich das Recht einer legalen Regierung unberührt, militärische Hilfe eines anderen Staates zu erbitten.

---

61. Paech, Norman, Sarin in Syrien, in: Ossietzky 1 und 2, 2016.
62. Nach Angaben des UNHCR sind derzeit 2.733.044 Flüchtlinge in der Türkei registriert, http://data.unhcr.org/syrianrefugees/country.php?id=224.
63. Vgl. FOCUS vom 7. Dezember 2014.
64. Das gleiche gilt für eine stillschweigende Billigung durch die syrische Regierung, wenn Iraner sich wirklich an den Kämpfen beteiligen, die iranische Regierung aber ein Hilfeersuchen ausdrücklich verneint.

Russisch-syrischer Freundschaftsvertrag und türkische Drohungen

Der Vorwurf an Russland, Syrien nicht nur politisch im UN-Sicherheitsrat abzuschirmen, sondern auch mit Waffen zu versorgen und seit dem 30. September 2015 mit den syrischen Truppen gemeinsam gegen die Terrorgruppen zu kämpfen, ist völkerrechtlich ohne Grundlage. Zunächst können Russland und Syrien auf einen Freundschaftsvertrag vom 25. Oktober 1979 verweisen, der immer noch gültig ist. In ihm ist zwar keine militärische Beistandspflicht enthalten, wohl aber eine militärische Zusammenarbeit, die auch Waffenlieferungen einschließt. Zudem kann sich Russland für seinen aktiven militärischen Einsatz auf die Zustimmung aus Damaskus berufen, wo Baschar al-Assad immer noch als legaler Regierungschef von der UNO anerkannt wird. Zweifel an seiner Legitimität, wie sie von Marc Weller geltend gemacht werden, sind für diese Frage rechtlich ohne Bedeutung.[65]

Die Türkei hat jedoch in jüngster Zeit offen mit einer Intervention im Norden Syriens gedroht. Forderungen nach einer Intervention zugunsten der Aufständischen hatte es schon lange zuvor in den USA gegeben,[66] und die Botschafterin der USA bei der UNO, Susan Rice, hatte die Möglichkeit einer Intervention ohne Mandat des UN-Sicherheitsrats angedeutet, wenn dieser weiterhin durch das Veto der Russen und Chinesen blockiert werde.

Die Drohung Ankaras hat jedoch einen besonderen Hintergrund und hängt mit den im nördlichen Grenzgebiet lebenden Kurden zusammen. Diese standen seit Jahrzehnten in Opposition zum Assad-Regime, von dem sie diskriminiert wurden. Allerdings schlossen sie sich dem

---

65. Vgl. Weller, Mark, Striking ISIL: Aspects oft he Law on the Use of Force, https//www. asil.org/print/2475, der die Zustimmung von Baschar al-Assad wegen mangelnder Legitimation nicht gelten lassen will.

66. Vgl. etwa den republikanischen Senator John McCain am 5. März 2012 in einer Rede vor dem US-Senat.

bewaffneten Kampf der »Freien Syrischen Armee« nicht an. Schon im April 2011 verkündete die Regierung in Damaskus, nun allen Kurden die syrische Staatsbürgerschaft zu erteilen, die sie bis dahin vielen von ihnen verweigert hatte.[67] Im Juli 2012 überließ dann Damaskus den Kurden die Aufrechterhaltung der Sicherheit und Ordnung in ihrer Region, welche diese in sieben größeren Ortschaften übernahmen. Das war ein großer Schritt in die geforderte Selbstverwaltung und löste in Ankara sofort Ängste aus, dass nach dem Norden des Irak hier ein weiteres autonomes Gebiet entstehen könnte, welches den Autonomiebestrebungen im eigenen Land neuen Auftrieb verschaffen würde. Außerdem befürchtet man, dass ein neues Rückzugsgebiet für die PKK entstehen könnte. Angesichts der wieder aufgeflammten Kämpfe im Südosten des eigenen Landes, wo die Armee in den letzten Monaten einen Krieg gegen die kurdische Bevölkerung entfesselt hat,[68] ist diese Sorge nicht unbegründet. Sie reicht allerdings nicht aus, eine Intervention in den Norden Syriens zu rechtfertigen. Selbst die Drohung mit einer solchen Intervention ist nach dem eindeutigen Wortlaut des Art. 2 Ziff. 4 UN-Charta, der schon die Androhung von Gewalt verbietet, völkerrechtswidrig.

Kein Recht auf Intervention

Dieses Verbot ist allerdings in der Gewöhnung an die permanenten Gewaltandrohungen gegen Iran untergegangen und fast schon in Vergessenheit geraten. Auch humanitäre Motive oder die vielbemühte »Responsibility to Protect« reichen weder zur Legitimation einer Intervention noch ihrer Androhung aus.[69] Darauf hat schon der Internationale

---

67. Vgl. Der Standard vom 7. April 2011, »Reform: Kurden erhalten Staatsbürgerschaft«.
68. Vgl. die Strafanzeige gegen Erdoğan u. a. wegen Kriegsverbrechen und Verbrechen gegen die Menschlichkeit beim Generalbundesanwalt vom 27. Mai 2016, http://www. mafdat.org.de/.
69. Claus Kress spricht in seinem Interview mit Genocide Alert am 15. Februar 2012 lediglich von einer »völkerrechtlichen Grauzone«.

Gerichtshof (IGH) in seinem Nikaragua-Urteil von 1986 mit eindeutigen Worten hingewiesen: »Die Vereinigten Staaten mögen ihre eigene Einschätzung hinsichtlich der Achtung der Menschenrechte in Nikaragua haben, jedoch kann die Anwendung von Gewalt keine geeignete Methode sein, die Achtung der Menschenrechte zu überwachen oder zu sichern. Hinsichtlich der ergriffenen Maßnahmen (ist festzustellen), dass der Schutz der Menschenrechte, ein strikt humanitäres Ziel, unvereinbar ist mit der Verminung von Häfen, der Zerstörung von Ölraffinerien oder mit der Ausbildung, Bewaffnung und Ausrüstung von Contras. Das Gericht kommt zu dem Ergebnis, dass das Argument, das von der Wahrung der Menschenrechte in Nicaragua hergeleitet wird, keine juristische Rechtfertigung für das Verhalten der Vereinigten Staaten liefern kann.«[70] Dieses Urteil – von der US-Administration nie richtig akzeptiert – hat die US-Außenministerin Clinton nicht davon abgehalten, mit ihrem türkischen Amtskollegen Ahmet Davutoğlu über effektivere Maßnahmen zur besseren Unterstützung der Aufständischen und die Einrichtung einer Flugverbotszone à la Libyen zur schnelleren Beseitigung der Assad-Regierung zu beraten.[71] Beide werden um die völkerrechtlichen Probleme derartigen Handelns und die unveränderte Ablehnung der Russen und Chinesen wissen. Sie rechnen jedoch mit der Gefolgschaft der übrigen NATO-Staaten und mit der Erfahrung, dass selbst schwerste Kriegsverbrechen, wie sie mit dem Irakkrieg begangen wurden, keine Sanktionen auslösen werden.

Dies weiß auch die israelische Regierung aus Erfahrung mit der strafrechtlichen Folgenlosigkeit ihres letzten Gaza-Krieges. Dennoch ist auch ihr die hier eindeutige Rechtslage entgegenzuhalten, wenn sie auf die Ankündigung der syrischen Regierung, chemische Waffen gegen

---

70. IGH ICJ Reports1968, § 268, S. 135. Zur Untauglichkeit der »Responsibility to Protect«, eine militärische Intervention ohne völkerrechtliches Mandat zu begründen, vgl. Paech, Norman, Libyen und das Völkerrecht, in: International II/2012, S. 20 ff.
71. Vgl. FAZ vom 13. August 2012, S. 2.

denjenigen einzusetzen, der Syrien angreife, mit einer Interventionsdrohung antwortet.[72] Abgesehen davon, dass der Einsatz von chemischen Waffen absolut verboten und auch nicht zur Verteidigung erlaubt ist, rechtfertigt dies in keinem Fall eine Intervention.

Aus der Diskussion um den Konflikt über die Urananreicherung durch Iran wissen wir, dass allein die Möglichkeit oder Wahrscheinlichkeit, in den Besitz von Massenvernichtungswaffen zu gelangen, keine präventive Intervention rechtfertigt, so sehr uns auch die israelische und US-amerikanische Regierung dieses Verbot vergessen machen möchten. Als die israelische Luftwaffe 1981 den von den Franzosen gebauten Atomreaktor Osirak in Tuwaitha nahe Bagdad zerstörte, verurteilte der UN-Sicherheitsrat diesen Angriff umgehend als schwere Verletzung des Völkerrechts.[73] In den Debatten im Frühjahr 2003 vor dem Irak-Krieg hat der UN-Sicherheitsrat noch einmal in seiner Resolution 1441 betont, dass es kein militärisches Interventionsrecht eines einzelnen Staates gegen die vermutete oder bewiesene Produktion von Massenvernichtungsmitteln durch einen dritten Staat gibt, auch wenn diese Aktivitäten gegen das Völkerrecht verstoßen. Die in der Nationalen Sicherheitsstrategie der USA von 2002 verankerte und 2006 bestätigte Strategie der präventiven Selbstverteidigung ist mit dem Völkerrecht nicht vereinbar, darüber herrscht weitgehende Einigkeit.[74]

Das Recht auf kollektive Selbstverteidigung?

Die USA können sich für ihre Kampfeinsätze in Syrien ebenso wenig auf ein Mandat des UN-Sicherheitsrats gem. Art. 42 UN-Charta wie auf Selbstverteidigung gem. Art. 51 UN-Charta berufen. Obama hat mehr-

---

72. Inzwischen wurde diese Androhung von der syrischen Regierung bestritten. Vgl. Leukefeld, Karin, »Einsatz von chemischen Waffen aus Libyen«, in: Junge Welt vom 11. August 2012, S. 7.
73. UNSR Resolution 487 vom 19. Juni 1981.
74. Vgl. Ipsen, Knut, Völkerrecht, 2004, § 39 Rz. 30.

fach erklärt, dass er nicht mit Assad sprechen werde, um seine Zustimmung für die US-amerikanische Intervention zu erhalten. Insofern ist es abwegig, von einer mutmaßlichen Zustimmung Assads zu sprechen, da die Bekämpfung des IS doch offensichtlich auch in seinem Sinne sei. Die Angriffe auf Stellungen des IS in Syrien sind eine Verletzung der syrischen Souveränität und daher völkerrechtswidrig. Sie können auch nicht mit dem »Recht auf kollektive Selbstverteidigung, das heißt der Selbstverteidigung für einen anderen Angegriffenen, den die Satzung ausdrücklich vorsieht«,[75] gerechtfertigt werden. Gemeint ist der Irak, zu dessen Verteidigung mit militärischen Mitteln die USA von der Regierung in Bagdad ausdrücklich ersucht worden sind. Die Verteidigung des Irak gibt zwar in begrenzten Fällen ein Recht der Verfolgung des Feindes auf benachbartes Territorium. Allerdings besteht dieses Recht zur Verletzung fremden Territoriums nur in grenznahen Gebieten und nicht in einem Ausmaß, wie es die USA im Kampf gegen den IS in Anspruch nehmen.

Wie man die Sache auch dreht und wendet, die ganze Konstruktion des Rechts auf Selbstverteidigung steht auf sehr wackeligen Füßen, selbst wenn heute allgemein anerkannt wird, dass es ein Verteidigungsrecht nicht nur gegen den Angriff von Staaten, sondern auch von nicht-staatlichen Akteuren gibt. Soweit sich die Staaten auf die Zustimmung der irakischen Regierung für ihr militärisches Eingreifen im Irak berufen

---

75. So Bothe, Michael, Gedeckt vom Völkerrecht, Interview mit Sandra Schulze, Deutschlandfunk vom 25. September 2014. Siehe auch Kreß, Claus, Hilfe in der Not. Die Terroristen des »Islamischen Staats« dürfen bekämpft werden – auf Einladung oder im Rahmen von Selbstverteidigung und humanitärer Intervention, Frankfurter Allgemeine Zeitung vom 8. Januar 2015, S. 6, ist der Legitimierung der US-Intervention im Rahmen kollektiver Selbstverteidigung gem. Art. 51 UNO-Charta zugeneigt. Er muss sich dazu allerdings eine kaum der Realität entsprechenden »Verteidigungssituation« konstruieren, wenn er schreibt: »Die Vereinigten Staaten leisten dem Irak auf dessen Ersuchen hin in Syrien gemeinsam mit einer Reihe von Koalitionspartnern militärischen Beistand gegen einen bewaffneten Angriff, den der ›IS‹ von syrischem Staatsgebiet aus gegen den Irak durchführt.« Kreß äußert sich allerdings nicht zu der Konsequenz seiner Auffassung, dass dann auch die übrigen etwa 60 Staaten, die die USA zu ihren Koalitionspartnern im Irak zählen, und insbesondere die Türkei, unter dem Vorwand der »kollektiven Selbstverteidigung« in Syrien einfallen könnten.

können, ist dagegen nichts einzuwenden.[76] Nicht aber so für die Bombardierungen in Syrien, wo sich nur Russland auf die Zustimmung der syrischen Regierung berufen kann. Die Berufung auf das Recht zur kollektiven Selbstverteidigung zugunsten eines Staates ist jedoch ohne Zustimmung des angegriffenen Staates nicht möglich.

Der »unwillige und unfähige« Staat – eine neue Doktrin?

Die USA haben zur Rechtfertigung ihres militärischen Einsatzes gegen den IS in Syrien einen Brief an den Generalsekretär der UNO gesandt, in dem sie mit einer neuen Doktrin aufwarten: »Staaten müssen in der Lage sein, in Übereinstimmung mit dem unveräußerlichen Recht auf individuelle und kollektive Selbstverteidigung, wie es in Art. 51 UN-Charta steht, sich selbst in Situationen wie dieser zu verteidigen, in denen die Regierung eines Staates, von dem die Bedrohung ausgeht, unwillig oder unfähig ist, die Benutzung ihres Territoriums für einen Angriff zu verhindern. Das syrische Regime hat gezeigt, dass es nicht in der Lage oder nicht willens ist, diese »safe havens« wirksam zu bekämpfen.«[77] Diese Ansicht, auf die sich auch der Wissenschaftliche Dienst des Deutschen Bundestages für den Einsatz der Tornado-Flugzeuge in Syrien stützt,[78]

---

76. Vgl. Schmidt-Radefeldt, Roman, Völkerrechtliche und verfassungsrechtliche Grundlagen des Bundeswehreinsatzes im Irak; Wissenschaftliche Dienste des deutschen Bundestages, WD2 – 3000 – 243/214. August Pradetto hingegen beurteilt den Einsatz der Bundeswehr im Irak als verfassungswidrig und nicht völkerrechtskonform, in: DIE ZEIT Online vom 30. Januar 2015, »Dieser Einsatz ist gefährlich, falsch, illegal.«
77. Die US-Botschafterin bei der UNO, Samantha Power, in einem Brief vom 23. September 2014 an UN-Generalsekretär Ban Ki-moon, http://justsecurity.org/15436/war-powers-resolution-article-51-letters-force-syria-isil-khorasan-group/; Vgl. Tzouvala, Ntina, TWAIL and the »Unwilling or Unable« Doctrine: Continuities and Ruptures vom 17. März 2016, https://www.asil.org/blogs/symposium-twail-perspectives-icl-ihl-and-intervention-twail-and-%E2%80%9Cunwilling-or-unable%E2%80%9D-doctrine.
78. Wissenschaftliche Dienste des Deutschen Bundestags, »Staatliche Selbstverteidigung gegen Terroristen«, WD2-3000-203/15, S. 12.

hat bereits weite Resonanz in der Literatur erhalten.[79] Sie ist schlicht ein weiterer Versuch, durch die Bildung neuen Völkergewohnheitsrechtes das strenge Gewaltverbot der UN-Charta aufzuweichen und Staaten die militärische Intervention in fremde Staaten auch ohne Mandat des UN-Sicherheitsrats zu ermöglichen. Es ist einsichtig, dass dieser Weg nur für jene Staaten interessant ist, die über das militärische Potenzial verfügen, in schwächere Staaten einzufallen. Die Befürworter dieser neuen Doktrin kommen denn auch alle aus den Staaten des atlantischen Bündnisraumes.

Abgesehen davon, dass diese Position völkerrechtlich äußerst umstritten ist, da sie die Souveränität der Staaten aushöhlt und noch nicht als eine gesicherte Doktrin gelten kann,[80] liegen auch die tatsächlichen Voraussetzungen nicht vor. Nicht Syrien ist unwillig, den IS zu bekämpfen, sondern die USA und mit ihnen die Verbündeten weigern sich, mit Präsident Assad überhaupt über die Bekämpfung des Terrors zu sprechen. Die syrische Regierung hat auf die Mitteilungen von Großbritannien und Australien gegenüber dem UN-Sicherheitsrat vom 8. und 9. September

---

79. Deeks, Ashley, "Unwilling or Unable: Toward a Normative Framework for Extra-Territorial Self-Defense", Yearbook of International Law 52, 2012; Bethlehem, Daniel, Principles Relevant to the Scope of a State's Right of Self-Defense against an Imminent or actual Armed attack by Nonstate Actors, in: The American Journal of International Law, Vol 106:000, 2012, S. 1-7; Weller, Marc, Striking ISIL: Aspects of the Law on the Use of Force, https//www.asil.org/print/2475; Lorca, Arnulf Becker, Rules for the »Global War on Terror«: Implying Consent and Presuming Conditions for Intervention, 45 New York University, Journal of International Law & Politics, 45, 2012, 39 ff.; Dawood, I. Ahmed, Weak States Against the "Unwilling or Unable" Doctrine of Self-Defense, Journal of International Law and International Relations, 9, 2013, S. 12 ff. Kreß, Claus, The Fine Line between Collective Self-Defence and Intervention by Invitation: Reflections on the Use of Force against "IS" in Syria vom 17. Februar 2015, https://www.justsecurity.org/20118/claus-kreb-force-isil-syria/.
80. Vgl. Schwarz, Alexander, Die Terroranschläge in Frankreich – ein Fall für das Recht auf Selbstverteidigung?, http://www.juwiss.de/83-2015/; Heller, Kevin John, The Absence of Practice Supporting the »Unwilling or Unable« Test, in: Opinio Juris, Blog Archive The Absence of Practice Supporting the "Unwilling or Unable" Test – Opinio Juris; Dawood, I. Ahmed, Defending Weak States Against the "Unwilling or Unable" Doctrine of self-Defense (Anm. 47); Tzouvala, Ntina, TWAIL and the "Unwilling and Unable" Doctrine of Self-Defence (Anm. 44).

2015, dass sie militärische Aktionen gegen den IS auf syrischem Territorium beginnen, mit einem Brief vom 21. September 2015[81] eindeutig erklärt, dass diese Aktivitäten gegen internationales Recht verstoßen und sie Eingriffe fremder Staaten in ihre Souveränität nicht dulden werde. Hingegen hat sie der russischen Regierung ihre Zustimmung zum gemeinsamen Kampf gegen den IS gegeben und damit eindeutig ihren Willen zur Abwehr bekundet. Dass sie bisher nicht in der Lage war, den IS zu besiegen, ist kaum eine Kritik, die Syrien alleine trifft, sondern richtet sich an alle Staaten, die den Kampf gegen den IS aufgenommen haben. Man kann auch nicht davon sprechen, wie es mitunter jedoch getan wird,[82] dass die Bombardierung von IS-Stellungen im Interesse Syriens liege, und man deshalb von einer stillschweigenden Zustimmung ausgehen könne. Die USA haben ausreichend öffentlich und wiederholt verkündet, das Regime Assad beseitigen zu wollen, so dass sie sich nun kaum auf eine stillschweigende Zustimmung dieser Regierung berufen können, Bombardierungen im ganzen Land ohne Abstimmung mit Damaskus vorzunehmen.

Die Berufung auf ein kollektives Selbstverteidigungsrecht zugunsten Syriens ist daher nicht möglich und scheidet auch für den deutschen Einsatz aus.

Ein Mandat des UN-Sicherheitsrats?

Am 4. Dezember 2015 stimmte der deutsche Bundestag dem Antrag der Bundesregierung zum »Einsatz bewaffneter deutscher Streitkräfte zur Verhütung und Unterbindung terroristischer Handlungen durch die Terrororganisation IS« mit großer Mehrheit gegen die Stimmen der

81. Brief des syrischen Botschafters an den Generalsekretär der UNO und den Präsidenten des UN-Sicherheitsrates vom 21. September 2015, DOC UNSR S/2015/719.
82. So allerdings Kreß, Claus, The Fine Line between Collective Self-Defence and Intervention by Invitation: Reflections on the Use of Force against "IS" in Syria, vom 17. Februar 2015, https://www.justsecurity.org/20118/claus-kreb-force-isil-syria/.

Fraktion DIE LINKE[83] zu. Die Bundesregierung stützt den Einsatz des Militärs u.a. auf die Resolutionen des UN-Sicherheitsrats 2170 (2014), 2199 (2014) und 2249 (2015). Allen drei Resolutionen sei die Feststellung gemeinsam, dass von der Terrororganisation IS eine Bedrohung für den Weltfrieden und die internationale Sicherheit ausgeht. In den Worten der Bundesregierung: Die Anschläge von Paris »sind ein Angriff auf Europa insgesamt, unsere Lebensart, unsere Kultur, unsere Werte. Die Anschläge, die Absage des Fußballspiels von Hannover, die Bilder aus Brüssel zeigen: die Bedrohung durch den islamistischen Terror ist in der Mitte Europas angekommen. Europa muss gegen diese Bedrohung zusammenstehen.«[84] Die Bundesregierung will damit nicht ein eigenes individuelles Verteidigungsrecht in Anspruch nehmen, sondern nur die Unterstützung für Frankreich als »Beistand unter Freunden« betonen. Allen Resolutionen ist ebenfalls gemeinsam, dass sie zwar unter Berufung auf das Kapitel VII der UN-Charta ergangen sind, aber kein Mandat für militärische Zwangsmaßnahmen gemäß Art. 42 UN-Charta enthalten. Sie enthalten Maßnahmen zur Kontrolle und Unterbindung der Finanzierung des Terrorismus, Einfrieren von Vermögenswerten, Waffenembargos, die Listung von Terroristen etc. Resolution 2249 verlangt ausdrücklich, dass diejenigen, die für Terrorakte, die Verletzung des humanitären Völkerrechts oder die Verletzung und den Missbrauch von Menschenrechten verantwortlich sind, zur Rechenschaft gezogen werden müssen. Das sind alles Maßnahmen im Rahmen des Art. 41, nirgends werden militärische Maßnahmen nach Art. 42 zur Verteidigung erwähnt.

Die Bundesregierung beruft sich jedoch vornehmlich auf den Wortlaut der Resolution 2249, in dem sie eine Ermächtigung für die Anwendung militärischer Gewalt als kollektive Selbstverteidigung zugunsten

---

83. Die Fraktion hat am 30. Mai 2016 Klage gegen die deutsche Bundesregierung und den Bundestag wegen des Einsatzes der Bundeswehr in Syrien vor dem Bundesverfassungsgericht erhoben.
84. Frank Walter Steinmeier, Ursula von der Leyen, Brief an die Fraktionsvorsitzenden im Deutschen Bundestag vom 30. November 2015, S. 2.

Frankreichs sieht. Resolution 2249 fordert in ihrem Absatz 5 sämtliche Mitgliederstaaten, die die Mittel dazu haben, auf, »alle notwendigen Maßnahmen in Übereinstimmung mit dem internationalen Recht (...) zu ergreifen, um auf dem Territorium, welches sich in Syrien und Irak unter der Kontrolle von ISIL, auch bekannt als Daesh, befindet, ihre Anstrengungen zu verdoppeln und zu koordinieren, um die terroristischen Anschläge insbesondere von ISIL zu verhindern und zu unterbinden (...) und den »safe haven«, den sie sich in bedeutenden Teilen Iraks und Syriens eingerichtet haben, zu beseitigen«. Dieses ist aber gerade dem Wortlaut nach keine Ermächtigung, militärische Mittel einzusetzen, da sie nirgends erwähnt werden. Auch diese Resolution beschränkt sich auf Maßnahmen, den Zustrom ausländischer Terroristen nach Irak und Syrien zu stoppen, die Finanzströme zu unterbinden und die vorangegangenen Resolutionen umzusetzen. Wie erwähnt, enthalten auch die Resolutionen 2170 (2014) und 2199 (2015) keine militärischen, sondern nur politische, ökonomische und polizeiliche Maßnahmen. Sie sind geradezu der Beweis, dass entgegen der Annahme der Bundesregierung die Unterstützung Frankreichs in seinem Kampf gegen den Terror im eigenen Land nur mit den Mitteln der zivilen Kräfte von Polizei, Finanz- und Grenzkontrollen etc. erfolgen darf. Die drei Resolutionen fordern und unterstützen zwar den Kampf und die Verteidigung gegen den IS, geben aber kein Mandat zum Einsatz von Militär.[85] Frankreich bleibt nach Lage des Rechts, will es dieses nicht brechen, nur die Alternative übrig, die Anschläge in Paris mit den Mitteln der Polizei und der nationalen Strafverfolgung zu bekämpfen.

---

85. So allerdings der Wissenschaftliche Dienst des Deutschen Bundestags in seiner aktualisierten Studie »Staatliche Selbstverteidigung gegen Terroristen«, WD2-3000-203/15, S. 15, 21. Er sieht in der »unable and unwilling-Doktrin« bereits eine gewohnheitsrechtliche Weiterentwicklung des Völkerrechts und nimmt dafür die Resolution 2249 (2015) des Sicherheitsrats zu Hilfe: »Die Resolution lässt sich in der Weise deuten, dass Staaten sich nunmehr auf ein Selbstverteidigungsrecht gegen ›IS‹ berufen können, ohne dabei auf ein (weiteres) Zustimmungsrecht seitens der irakischen oder syrischen Regierung rekurrieren zu müssen.«

Da die Schwäche ihrer Argumentation den Befürwortern des Militäreinsatzes im Bundestag durchaus bewusst war und sie sich der Unterstützung durch den UN-Sicherheitsrat für ihre Interventionspläne nicht sicher sein können, ist aus der CDU heraus der Vorschlag gemacht worden, derartige Auslandseinsätze der Bundeswehr nur mehr als Selbstverteidigung gegen den weltweiten Terror, der auch Deutschland unmittelbar bedrohe, nach Art. 87 a Abs. 2 GG[86] zu beurteilen: »Wenn man regelmäßig Art. 24 Abs. 2 GG[87] als Rechtsgrundlage heranzieht, führt das bei Nichtexistenz einer UN-Sicherheitsratsresolution dazu, dass wir entweder unsere Soldatinnen und Soldaten mit einer nicht tragfähigen Rechtsgrundlage entsenden und damit verfassungswidrig handeln oder den Einsatz nicht durchführen können.«[88] Das politische Manöver ist durchsichtig. Der Vorschlag, den der Fraktionsvorsitzende der CDU, Volker Kauder, unterstützt, soll den UN-Sicherheitsrat bei der Entscheidung über zukünftige Auslandseinsätze der Bundeswehr ausschalten und sein Gewaltmonopol nach Art. 39/42 UN-Charta durchbrechen. Der Terror in der Welt, ob beim Nachbarn Frankreich oder in Asien, wird als unmittelbare Drohung, ja als Angriff auf die Bundesrepublik interpretiert, um darauf auch ohne UN-Mandat militärisch in einem Land intervenieren zu können.

Die Völkerrechtswidrigkeit der militärischen Operation der USA und ihrer Verbündeten in Syrien zu betonen, ist trotz der begrenzten Hilfe für die bedrohten Kurden im Norden Syriens notwendig, um zu verhindern, dass derartige Interventionen als Beispiel auch für andere

---

86. Art. 87 a Abs. 2 GG: »Außer zur Verteidigung dürfen die Streitkräfte nur eingesetzt werden, soweit dieses Grundgesetz es ausdrücklich zulässt«.
87. Art. 24 Abs. 2 GG: »Der Bund kann sich zur Wahrung des Friedens einem System gegenseitiger kollektiver Sicherheit einordnen; er wird hierbei in die Beschränkungen seiner Hoheitsrechte einwilligen, die eine friedliche und dauerhafte Ordnung in Europa und zwischen den Völkern der Welt herbeiführen und sichern.«
88. So der CDU-Bundestagsabgeordnete Hendrik Hoppenstedt in einem Brief an den Außenminister in der Frankfurter Allgemeinen Zeitung, »Nicht Moskau über Auslandseinsätze entscheiden zu lassen«, vom 8. Februar 2016, S. 4.

Staaten, hier die Türkei, akzeptiert werden. Schon jetzt wird versucht, aus dieser zwar rechtswidrigen, politisch aber geforderten und akzeptierten Interventionspraxis ein neues Völkergewohnheitsrecht für zukünftige Überfälle zu konstruieren. Aus der faktischen Duldung der Intervention – was bleibt Damaskus auch anderes übrig – darf keine Zustimmung konstruiert und damit eine Legitimation für eine spätere Intervention gegen Damaskus gefolgert werden. Diese droht insofern, als sich beide Staaten, die USA und die Türkei, in diesem Fall einig sind, die Regierung Assad zu stürzen und durch eine folgsamere zu ersetzen. Die Gefahr besteht zudem, dass die Türkei ihre wiederholt geäußerte Absicht mit einer derartigen Intervention realisieren könnte, im Norden Syriens eine sogenannte Pufferzone einzurichten, um die kurdischen Gebiete unter ihre direkte Kontrolle zu bringen. Aus dem öffentlichen Bewusstsein ist allerdings die UN-Charta und das Völkerrecht schon derart weitgehend eliminiert, dass der Zweck, die notwendige Bekämpfung der Terrororganisation IS und gleichzeitig das Assad-Regime zu beseitigen, nicht nur die völkerrechtswidrigen Mittel heiligt, sondern den Verstoß gegen die UN-Charta aus dem Blickfeld geraten lässt. Man biegt und streckt die völkerrechtlichen Standards nach den eigenen politischen Plänen und am Ende bleiben Syrien, seine geschundenen Menschen und das Völkerrecht auf der Strecke.

Der »Islamische Staat« oder Daesh

Werner Ruf

Vorbemerkung

Die Literatur über den »Islamischen Staat« (IS), diese terroristisch agierende Organisation, beginnt Bibliotheken zu füllen. Darüber hinaus kommt dem Internet zunehmende Bedeutung zu, weil dort nicht nur aktuelle Nachrichten schnell auffindbar sind, dort finden sich ebenfalls umfangreiche wissenschaftliche Studien, die oft nicht mehr als Printausgaben erscheinen. Eine annähernd umfassende Darstellung dieses inzwischen transnational agierenden Gewaltakteurs habe ich in einer im August 2016 erschienenen Monographie versucht.[89] Der folgende Text beschränkt sich auf die schlaglichtartige Behandlung einer Organisation, die sich von bisherigen terroristischen und sich auf den Islam berufenden Gewaltakteuren vor allem dadurch unterscheidet, dass sie auf eine territorial verfasste Staatlichkeit und die Ausübung des staatlichen Gewaltmonopols im Sinne moderner Staatlichkeit abzielt.

Ein weiteres Merkmal des »Islamischen Staats« ist seine radikale antiwestliche Propaganda, in der er gezielt und öffentlichkeitswirksam gegen alle Werte verstößt, die als besondere Errungenschaften des humanistischen Selbstverständnisses des Abendlands gelten: »Verletzung der Rechte von Minderheiten, von Frauenrechten, einschließlich Zwangsheiraten, die Exekution von Homosexuellen, die Wiedereinführung der Sklaverei, von den Szenen von Enthauptungen und Massenhinrichtungen ganz zu schweigen.«[90] Damit scheint der »IS« es bewusst darauf anzulegen,

---

89. Ruf, Werner: Islamischer Staat und Co. Profit, Religion und globalisierter Terror. Köln 2016.
90. Luizard, Pierre-Jean: Daesh. L'Etat islamique ou le retour de l'Histoire. Paris 2015. Zit. nach Halimi, Serge): L'art de la guerre imbécile. In: Le Monde Diplomatique, Dezember 2015 (frz. Ausgabe), S. 1.

die anti-islamische Hysterie im Westen zu schüren, um das Misstrauen gegenüber den Muslimen in diesen Ländern zu steigern und so im Gegenzug deren Radikalisierung und/oder Auswanderungswillen in den »IS« zu steigern. Das Selbstverständnis und die Propaganda des »IS« einschließlich seiner fotografisch festgehaltenen Gräueltaten finden sich in dem professionell gemachten Online-Magazin *Dabiq*, das in mehreren Sprachen unregelmäßig erscheint.

Die Organisation des »Islamischen Staats«, seine Struktur, Regeln und Gesetze hat jüngst Rüdiger Lohlker[91] umfassend herausgearbeitet. Deshalb wird hier darauf verzichtet, näher darauf einzugehen. Nach einer Skizzierung der kurzen Geschichte des »Islamischen Staates« sollen schwerpunktmäßig zwei Aspekte behandelt werden: Die Ökonomie des Terrors und die Rekrutierung für den Dschihad.

Die tiefen Ursachen des derzeitigen Konflikts sind zu suchen in der vor 100 Jahren erfolgten Zerstörung des Osmanischen Reiches, in der kolonialistischen Neuordnung der Region (Sykes-Picot-Abkommen und den nachfolgenden Konferenzen von Sèvres und Lausanne) sowie der Errichtung von Vasallenregimen. Das jüngste Aufbäumen der arabischen Völker während des sogenannten »arabischen Frühlings« mündete in eine Konterrevolution, die vor allem die Rolle der Despotien am Golf stärkte: Sie sahen in den Revolten die Chance zur Demontage der säkularen Regime und zur Festigung ihrer Macht durch Instrumentalisierung der Religion. Die Enttäuschungen und Frustrationen im Gefolge der durch die erfolgreich durchgeführte Konterrevolution gescheiterten »Arabellion« waren der Humus, auf dem eine von enttäuschten Hoffnungen genährte Radikalisierung gedeihen konnte.

---

91. Lohlker, Rüdiger: Theologie der Gewalt. Das Beispiel IS. Wien 2016.

Die Entstehung des »IS«
und die politische Ökonomie des Terrors

Der »IS« ist nur eine von zahlreichen dschihadistischen Gruppen.[92] Zu
etwa einem Dutzend großer, fast ausschließlich islamistisch-dschiha-
distischer Banden, die als wichtige Gewaltakteure fremde und eigene
Interessen verfolgen, kommen schier unzählige Milizen, nach manchen
Schätzungen über 1000.[93] Viele davon dürften Selbstverteidigungsgruppen
von Dörfern oder Stadtteilen sein. Zu den wichtigsten dschihadistischen
Akteuren gehören nach einer zusammenfassenden Aufstellung der BBC:[94]
Der Islamische Staat, dessen Kämpfer in Syrien und Irak inzwischen auf
bis zu 50.000 Mann geschätzt, in der BBC-Studie aber noch mit 3.000-5.000
angegeben werden. Wichtig sind ferner die (mit al-Qaida verbundene)
Nusra-Front (*Jabhat al Nusra li-Ahl al Sham*). Es folgen Kata'ib Ahrar
al-Sham, Liwa Saqour al-Sham, die Brigaden der Märtyrer Syriens, die
Islamische Front, die Harakat al-Sham al Islamiyya, Jaish al-Islam, Suqour
al-Sham, Liwa al-Tawhid Liwa al-Haqq. Allein diese sehr unvollständige
Aufzählung vermittelt einen Eindruck über die Unübersichtlichkeit der
Gewalt in Syrien, deren Geisel die Zivilbevölkerung ist.

Die Konfessionalisierung und Ethnisierung der Gewalt, in der anglo-
amerikanischen Literatur als *sectarianism* bezeichnet, begann mit der vom
US-amerikanischen Prokonsul (»Zivilverwalter«) Paul Bremer nach der
Invasion des Irak durch die USA eingeleiteten »Ent-Baathifizierung« des
Landes, in der Konfessionszugehörigkeit, nicht Kompetenz zum Krite-

---

92. International Crisis Group (2012, 12. Oktober): Tentative Jihad: Syria's fundamentalist opposition. Middle East Report 131.
93. Ignatius, David: Foreign nations' proxy war in Syria creates chaos. In: The Washington Post, 2. Oktober 2014. http://www.washingtonpost.com/opinions/david-ignatius-foreign-nations-proxy-war-creates-syrian-chaos/2014/10/02/061fb50c-4a7a-11e4-a046-120a8a855cca_story.html [03-10-14].
94. BBC News (13. Dezember 2013): Guide to the Syrian Rebels. http://www.bbc.com/news/world-middle-east-24403003 [06-05-16].

rium für die Übertragung von Ämtern wurde.[95] Ehemalige Baathisten und Sunniten gerieten so zu Staatsfeinden. Haytham Manna[96] stellt überzeugend dar, dass al-Qaida im Irak in den US-amerikanischen Foltergefängnissen entstanden ist, wo tatsächliche oder mutmaßliche (also im neuen Sprachgebrauch: sunnitische) Anhänger Saddam Husseins einsaßen. Zugleich befanden sich dort salafistische Dschihadisten aus anderen arabischen Ländern, zum größten Teil ehemalige »Afghanen«, die teilweise durch die »außerordentlichen Überstellungen« (die geheime Verhaftung und Verbringung in Folterlager der USA) dorthin geraten waren. So beförderte die Politik Paul Bremers die Entstehung salafistischer Netzwerke.[97] Nach Manna besteht fast die gesamte Führung des IS aus ehemaligen hochrangigen Kadern des Regimes von Saddam Hussein.[98]

Das Eingreifen von »ISI« (Islamischer Staat im Irak) in die Kämpfe in Syrien dürfte hauptsächlich ausländischer Unterstützung geschuldet sein, erschienen doch al-Qaida und der spätere IS auch den USA zeitweilig als nützliche Partner.[99] Viele dieser Milizen erhalten massive Unterstützung aus dem Ausland, vor allem aus den Golfstaaten.[100] Sie stammt nicht nur von den Regierungen in Saudi-Arabien und in Katar, sondern auch von privaten Spendern und Hilfsorganisationen, über die sowohl staatliche wie private Gelder geschleust werden.

---

95. Guillard, Joachim: Neoliberaler Kolonialismus. Irak unter US-Besatzung. In: Kraitt, Tyma (Hg.): Irak. Ein Staat zerfällt. Hintergründe. Analysen. Berichte. Wien, 2015, S. 95-118.
96. Manna; Haytham: DAECH. L'Etat de la Barbarie. Paris 2014. S. 24f.
97. Barret, Richard (The Soufan Group): The Islamic State. ISG, 2014. http://soufangroup. com/wp-content/uploads/2014/10/TSG-The-Islamic-State-Nov14.pdf [25-12-15]. Vgl. Napoleoni, Loretta: Die Rückkehr des Kalifats. Der islamische Staat und die Neuordnung des Nahen Ostens. Zürich 2015.
98. a. a. O., S. 45-73.
99. Husain, Ed: Al-Qaeda's Specter in Syria. In: Council on Foreign Relations. Washington 2012, siehe: http://www.cfr.org/syria/al-qaedas-specter-syria/p28782 [10-08-12]. Judicial Watch (2015): http://www.judicialwatch.org/wp-content/uploads/2015/05/Pg.-291-Pgs.-287-293-JW-v-DOD-and-State-14-812-DOD-Release-2015-04-10-final-version11. pdf [24-04-16].
100. International Crisis Group: Tentative Dschihad: Syria's fundamentalist opposition. Middle East Report 131, 12. Oktober 2012.

Die Akteure der Gewaltökonomie alimentierten sich vorzugsweise aus dem Lande selbst. Dies gilt für die großen Gewaltakteure, die auf Finanzquellen aus dem Ausland zurückgreifen können, wie für kleinere Milizen, die auch die Teile der Bevölkerung terrorisieren, die sie zu schützen vorgeben.[101] Neben »Zöllen«, dem Abpressen von Geldern an Straßensperren, der »Besteuerung« von Waren, gehören Entführungen von Ausländern und von Kindern aus den ortsansässigen Familien zu den gängigen Finanzquellen. Da die Drohungen der Entführer glaubwürdig sein müssen, ist die Tötung der Entführten, falls das Lösegeld nicht erbracht wird, notweniger Bestandteil des Vorgehens. Sie dient als wirksame Warnung an zukünftige Opfer, deren Staaten oder Familien.

Die großen Gewaltakteure wie die mit al-Qaida verbundene al-Nusra-Front, Ahrar al-Sham (Befreiung der Levante), Jaisch al-Islam (Armee des Islam) und viele andere beziehen dabei oft gleichzeitig Geld von verschiedenen und durchaus miteinander konkurrierenden ausländischen Akteuren, die durch Zahlungen die Gruppen für ihre Zwecke zu instrumentalisieren bzw. mittels der militärischen Aktionen dieser Banden ihren Einfluss auf die Entwicklungen im Krieg in Syrien durchzusetzen versuchen. Umgekehrt verhilft diese »Mischfinanzierung« den Gruppen selbst durchaus zu größeren Handlungsspielräumen, da sie so ihre Geldgeber gegeneinander ausspielen und teilweise erpressen können.[102]

Jenseits seiner Gewaltexzesse und der internationalen Anschläge, die ihm, wie im November 2015 in Paris und im März 2016 in Brüssel, zugeschrieben werden, gilt der »Islamische Staat« seit einiger Zeit als das bei weitem effizienteste Gewaltunternehmen in Syrien und im Irak.

101. Bader, Martin (18. Oktober 2015): Christian militias loot Christian towns in northeastern Syria. In: Middle East Eye. http://www.middleeasteye.net/news/christian-militias-loot-christian-towns-northeastern-syria-1259013833 [02-01-16]
102. Illustriert werden diese Gemengelagen vom Nahost-Korrespondenten der FAZ, Rainer Herrmann (Frankfurter Allgemeine Zeitung vom 29. Dezember 2015), der auf das Agieren der Miliz *Jaisch al Islam* verweist, die im syrischen Volksmund auch *Jaisch al Bandar*, die Armee von Bandar, dem damaligen saudischen Geheimdienstchef, genannt wurde.

Der genaue Umfang seiner Einkünfte ist nicht klar, die meisten Informationen stammen von der CIA und anderen Diensten. Die Angaben weisen meist in dieselbe Richtung. So bezifferte die *Frankfurter Allgemeine Zeitung* schon im Dezember 2014 die Einnahmen des »IS« auf etwa 5 Mio. Dollar/Tag, hunderte Mio. Dollar sollen seit 2012 aus den Golfstaaten geflossen sein.[103] Ohne für alle Kategorien Summen zu nennen, die aus den jeweiligen Aktivitäten fließen, benennt das *Washington Institute for Near East Policy* folgende Hauptquellen:[104]

* Erpressung: etwa acht Mio. Dollar pro Monat in Form von »Steuern« auf lokale Unternehmen.
* Entführungen und Geiselnahmen: Bevorzugt werden Ausländer: Journalisten, Techniker, Mitarbeiter von NGOs, Angehörige wohlhabender Familien.
* Raubüberfälle sind tägliche Praxis. Ein eher seltener Glücksfall war die Erbeutung von 429 Mio. Dollar, die der »IS« nach der Einnahme Mossuls in der dortigen Zentralbank einsammelte.[105]
* Schmuggel von Öl, Waffen, Drogen und (transportablen) Antiquitäten.
* Ausländische Finanzierungen hauptsächlich aus Kuwait, Katar und Saudi-Arabien.

In anderen Studien wird festgestellt, dass der IS im Irak täglich 30.000 Fass Öl produziert, in Syrien 50.000, das etwa um die Hälfte des Weltmarktpreises verkauft wird. Die Einnahmen allein aus der Ölproduktion werden für das Jahr 2014 auf zwei bis vier Millionen Dollar pro Tag veranschlagt.[106]

---

103. Frankfurter Allgemeine Zeitung vom 30. Dezember 2015.
104. Levitt, Matthew / Boghardt, Lori Plotkin (2014): Funding ISIS. http://www. washingtoninstitute.org/policy-analysis/view/funding-isis-infographic [03-05-16].
105. Deutsche Wirtschafts-Nachrichten 2014
106. BizShifts-Trends vom 28, September 2014: ISIS – Largest, Richest 2 $ Billion Terror-Based Enterprise: Financial Sophistication Rivaling Wall Street. In: BizShifts-Trends.

Der »IS« scheint auf keinen Aspekt der kriminellen Ökonomie zu verzichten – und sei er noch so unislamisch. Hierzu gehören nicht nur der Drogenhandel,[107] sondern auch der Handel mit menschlichen Organen, die hingerichteten Opfern des IS-Terrors entnommen werden, wie der irakische Botschafter bei den Vereinten Nationen im Februar 2015 erklärte, der eine Untersuchung durch die UNO forderte.[108] In Massengräbern seien Leichen mit chirurgischen Einschnitten gefunden worden, denen die Nieren fehlten. Auch Manna bestätigt diese Informationen und erwähnt, dass es auf türkischem Territorium um diese Beute zu Auseinandersetzungen zwischen dem »IS« und der al-Nusra-Front gekommen sei.[109]

Eine weitere Einkommensquelle sind Geiseln, die von den Banden entführt und dann von Firmen oder auch Staaten freigekauft werden. Die Ermordung etwa von James Fooley im Dezember 2014 oder von japanischen Geiseln im Januar 2015 war die Antwort auf die Zahlungsverweigerung der jeweiligen Regierungen. So müssen Geiseln (propagandistisch inszeniert) sterben, damit die Ernsthaftigkeit der Forderungen des »Islamischen Staates« unterstrichen wird. Auch werden Geiseln unter den in Syrien kämpfenden Banden gehandelt und getauscht oder sie werden einer konkurrierenden Gruppe abgejagt.

Wenig Erwähnung findet in Untersuchungen zu den Finanzen des »IS«, dass offenbar auch die USA teils durch ihren Botschafter in Damaskus, Gerald Ford, dschihadistische Gruppen unterstützt bzw. Kämpfer für diese rekrutiert haben.[110] Tatsache ist, dass die USA seit Jahren versuchen,

---

http://bizshifts-trends.com/2014/09/28/isis-largest-riches-terror-organization-ever-high-growth-enterprise-2-billion-terror-based-economy/ [06-01-16].

107. Manna a. a. O., S. 114f.

108. Al Arabiya News (2015, 18. Febr.): Iraq U.N. ambassador accuses ISIS of harvesting organs. In: Al Arabiya English. http://english.alarabiya.net/en/perspectiv, 18. Februare/features/2015/02/18/Ir,aq-U-N-ambassador-accuses-ISIS-of-harvesting-organs.html [09-03-16]

109. Manna, a. a. O, S. 115.

110. Madsen, Wayne (2011): U.S. Ambassador to Syria in charge of recruiting Arab/Muslim death squads. http://www.intrepidreport.com/archives/3247 [24-04-16].

sogenannte »gemäßigte Islamisten« (meist in Jordanien, aber auch in Katar, Saudi-Arabien und den Vereinigten Arabischen Emiraten) auszubilden, die dann die Ränge der Freien Syrischen Armee unterstützen sollten. Diese »Freie Syrische Armee« war ursprünglich aus Deserteuren entstanden, die gegen das Assad-Regime kämpften. Sie erreichten aber weder Geschlossenheit noch nennenswerte Effizienz. Ungewiss ist, was aus den von den USA für jährlich 500 Mio. Dollar ausgebildeten Kämpfern geworden ist, deren Zahl im Jahr 2016 bei 15.000 liegen soll. Als schließlich bekannt wurde, dass eine Gruppe dieser Kämpfer von der al-Nusra-Front abgefangen wurde und sich ihr vermutlich anschloss und dass eine zweite Gruppe ihre Ausrüstung an diese islamistische Bande übergab, wurde das Programm offiziell eingestellt.[111] Ob von den USA ausgebildete Kämpfer zum »IS« oder »nur« zur al-Nusra-Front oder anderen dschihadistischen Gruppen wechselten, ist unbekannt. Im Rahmen dieses Programms hatte die CIA in großem Umfang Waffen geliefert, die dann von jordanischen Geheimdienstlern auf dem schwarzen Markt verkauft wurden.[112]

Haupteinkommensquelle des »IS« ist und bleibt aber wohl der Export von Öl aus elf nordirakischen und den syrischen Fördergebieten, wo zwischen 25.000 und 50.000 Fass/Tag produziert werden sollen.[113] Bedenkt man, dass im Falle der gegen Russland verhängten Sanktionen im Zusammenhang mit der Ukraine-Krise punkt- und personengenau Sanktionen wie die Sperrung von Bankkonten und Finanztransaktionen oder die Blockade von Reisepässen verhängt werden können, mutet es

111. BBC News vom 9. Oktober 2015: US to abandon training new Syria rebel groups. In: BBC News – middle east. http://www.bbc.com/news/world-middle-east-34486572 [02-01-16].

112. http://www.reuters.com/article/us-mideast-crisis-syria-arms-idUSKCN0ZD01J lt. einer gemeinsamen Recherche von New York Times und Al Jazeera [27-06-16] .

113. Deutsche Wirtschafts-Nachrichten vom 17. September 2014: EU-Staaten haben billiges Erdöl vom Islamischen Staat gekauft. http://deutsche-wirtschafts-nachrichten. de/2014/09/17/eu-staaten-haben-billiges-erdoel-vom-islamischen-staat-gekauft/ [17-09-14].

seltsam an, dass dies gegen die in den Medien immer wieder erwähnten »türkischen Mittelsmänner« nicht möglich sein soll. Inwieweit die vom russischen Präsidenten erhobene Behauptung zutrifft, wonach die Familie Erdoğan in den Handel mit Öl involviert sein soll, konnte nicht belastbar nachgeprüft werden, auch wenn es starke Indizien für Putins Behauptungen zu geben scheint,[114] dass ein Sohn Erdoğans direkt in diesen Handel involviert ist. Auch verblüffen unwidersprochene Meldungen, denen zufolge auch Mitgliedstaaten der EU zu den Käufern des Schmuggel-Öls gehören sollen, wie die EU-Botschafterin im Irak, Jana Hybaskova, dem Europäischen Parlament berichtete.[115]

Öl aus kriminellen und terroristischen Quellen dürfte nicht nur aus den vom »IS« kontrollierten Gebieten kommen: Seit der Vernichtung des Regimes von Muammar Gaddafi befinden sich die libyschen Ölanlagen in den Händen unterschiedlicher Milizen, wobei sich der »IS« in Libyen erheblich auszudehnen scheint. So sind kriegerische Auseinandersetzungen um die Ölquellen, Pipelines und vor allem die Verladeanlagen in dem nordafrikanischen Land an der Tagesordnung.[116] Um die kriminellen Aktivitäten einzuschränken und vor allem die ökonomische Basis der islamistischen Milizen in Libyen zu stören, die meist Verbindungen zum »IS« oder zu al-Qaida im Islamischen Maghreb (AQIM) unterhalten, läge es nahe, das Land mit einem Embargo zu belegen. Darüber haben immerhin die EU-Außenminister im Januar 2015 beraten. Zu einem Embargo konnten sie sich jedoch nicht entschließen: »Das wür-

---

114. Demircan, Ozan: Ist Erdoğans Sohn der Ölminister des IS? In: Handelsblatt online 2015. http://www.handelsblatt.com/politik/international/russland-versus-tuerkei-ist-Erdoğans-sohn-der-oelminister-des-is/12680606.html [06-01-16].

115. Deutsche Wirtschafts-Nachrichten vom 17. September 2014: EU-Staaten haben billiges Erdöl vom Islamischen Staat gekauft. http://deutsche-wirtschafts-nachrichten. de/2014/09/17/eu-staaten-haben-billiges-erdoel-vom-islamischen-staat-gekauft/ [17-09-14].

116. BBC News vom 4. März. 2015. Dasselbe gilt für Eigentum, siehe etwa die barbarischen Körperstrafen im wahhabitischen Islam. Libya oil fields of Bahi and Mabruk "seized by militants". In: BBC News – Africa. http://www.bbc.com/news/world-africa-31719043 [02-02-16].

de Druck auf die Parteien ausüben, ihre Feindseligkeiten einzustellen und am Dialogprozess teilzunehmen. Jedoch sollte diese Option mit größter Vorsicht betrachtet werden, weil sie eine schwere Last für die libysche Wirtschaft und Gesellschaft wäre und unvorhersehbare Reaktionen auslösen könnte.« So zitiert die Agentur *Reuters* am 19. Januar 2015 aus einem vertraulichen Papier des diplomatischen Dienstes der EU zum Umgang mit Libyen.[117] Wieder einmal werden die Leiden der Bevölkerung beschworen, wenn es um die Interessen der EU-Staaten und vor allem der Ölkonzerne geht. Die EU-Außenminister befassten sich in dem darauf folgenden Jahr wohl nicht mehr mit der strittigen Frage: Der Import billigen Öls scheint attraktiver als die Austrocknung der Finanzen der kriminellen Milizen.

Die Rekrutierung der dschihadistischen Internationale

Die beachtlichen Einkünfte haben es dem »Islamischen Staat« in den von ihm gehaltenen Gebieten ermöglicht, quasi-staatliche Strukturen aufzubauen und sich in den von ihm kontrollierten Regionen als Hüter der öffentlichen Sicherheit zu präsentieren. So funktionieren in den vom »IS« kontrollierten Teilen des Irak seit Jahren zeitweise wieder die Wasser- und Stromversorgung oder die Müllabfuhr. Dass diese Ordnung mit brutalen terroristischen Methoden durchgesetzt wird, die selbst bei Disziplinlosigkeit der Beschäftigten bis hin zu Auspeitschungen und zur Todesstrafe reichen können, ist Teil dieser sich als gottgewollt bezeichnenden Ordnung.

Die beträchtlichen Mittel erlauben es dem »IS« aber offensichtlich auch, seinen Kämpfern einen attraktiveren Sold als andere zu zahlen, der um 300 Dollar/Monat liegen soll.[118] Auch die Anwerbung von Kämp-

---

117. Reuters vom 19. Januar 2015: EU foreign ministers to discuss Libyan oil embargo. EurActiv.com. http://www.euractiv.com/sections/global-europe/eu-foreign-ministers-discuss-oil-embargo-press-peace-libya-311358 [03-01-16].
118. Todenhöfer, Jürgen: Es gibt keine gemäßigten Rebellen mehr. In: Frankfurter Allgemeine Zeitung, 3. Mai 2013, S. 10.

fern erfolgt keineswegs nur über die Religion, sondern – wie bei den frühneuzeitlichen Landsknechten in Europa – über ein z. T. erhebliches Handgeld. So werden meist junge Männer, oft auch Kinder und Heranwachsende im Alter zwischen 14 und 18 Jahren angeworben, die – wie die tunesische Presse berichtet – nach Syrien in den Krieg ziehen und dafür ein Handgeld von bis zu 6.000 oder 8.000 Dollar erhalten.[119] Auch Christoph Ehrhardt berichtet von Handgeldern für 13-Jährige in Höhe von 5.000 US Dollar.[120] In den verarmten Regionen des Westens und Südens Tunesiens findet man die Werber für den Dschihad auf offener Straße.[121] Auch im Libanon scheint die Anwerbung von Palästinensern aus den Flüchtlingslagern gang und gäbe.[122] Versprochen wird auch finanzielle Hilfe für die Bestattung, sollte ein Kämpfer den »Märtyrertod« erleiden.

Es ist sicherlich richtig, dass die religiös verbrämte Ideologie bei der Rekrutierung von Dschihadisten eine Rolle spielt, nicht unterschätzt werden dürfen aber auch die finanziellen Anreize und die Perspektiven für ein »sinnvolles« Leben, das denen geboten wird, die sich dem Kampf für den »Islamischen Staat« (oder anderen Gewaltakteuren) anschließen. Dies bestätigt eine Untersuchung der deutschen Sicherheitsdienste, die 378 bis September 2014 ausgereiste Personen erfasste.[123] Davon sind: 89 % Männer, jeder Dritte stammt aus der Gruppe der 21- bis 25-Jährigen. Ein Viertel der erfassten Personen besuchte unmittelbar vor der Ausreise eine Schule. Nur 26 Prozent hatten einen Schulabschluss. Eine Ausbildung

119. Achourouk, 28. Mai 2013.
120. Frankfurter Allgemeine Zeitung vom 5. April 2016, S. 3
121. Gaveriaux, Laura-Ma: Kasserine ou la Tunisie abandonnée. In: Le Monde Diplomatique (frz. Ausgabe). 6f. Januar 2016.
122. Hermann, Rainer: Ein Land vor der Zerreißprobe. In: Frankfurter Allgemeine Zeitung vom 14. Januar 2016, S. 6.
123. Bundesamt für Verfassungsschutz/Bundeskriminalamt/Hessisches Informations- und Kompetenzzentrum gegen Extremismus (2014). http://www.innenministerkonferenz.de/IMK/DE/termine/to-beschluesse/14-12-11_12/anlage-analyse.pdf?__blob=publicationFile&v=2 [24-04-16].

brachten sechs Prozent zu Ende, ein Studium zwei Prozent. Eine Beschäftigung hatten nur zwölf Prozent, die meisten als Geringqualifizierte mit einem Job im Niedriglohnsektor. 20 Prozent waren zum Zeitpunkt der Ausreise arbeitslos. Ein Drittel hatte bereits Straftaten begangen, meist Körperverletzung, Diebstahl oder Drogenhandel.

Diese Diagnose dürfte nicht nur auf Deutschland zutreffen, sondern genauso auf das übrige Europa, Nordafrika oder die ehemaligen Sowjetrepubliken: Es sind zum größten Teil die Verlierer der Modernisierung und Globalisierung in den Vorstädten von Casablanca, Tunis, Bagdad, Baku, Tiflis, London, Brüssel oder Paris, die – beginnend oft in der Pubertät – eine Zukunft mit Sinn und einem gewissen materiellen Wohlstand, Anerkennung und vermeintliches Glück suchen. Der »IS« wie auch andere sich auf den Islam berufende Gewaltakteure versprechen ein sinnvolles Leben, gesichertes Einkommen, gesellschaftliche Anerkennung und Solidarität im Kreise von Gruppen, die ein missionarisches Selbstverständnis eint.

Im Jahre 2005, zehn Jahre vor dem Anschlag auf *Charlie Hebdo* und dem Massaker in Paris, standen die Vorstädte von Paris in Flammen. Die damaligen wilden Proteste hatten nichts mit »dem Islam« zu tun, auch wenn die protestierenden Jugendlichen zum größten Teil Kinder von Immigranten aus Nord- und Schwarzafrika waren. Sie hatten eine ganz andere Forderung: Die aus der Migration hervorgegangenen, diskriminierten, perspektivlosen Jugendlichen, die als Franzosen geboren waren, forderten ihre Anerkennung als gleichberechtigte Staatsbürger, gleichen Zugang zu Bildung und Beruf, Respekt und Würde! Doch nichts geschah, um ihre soziale Lage zu bessern. Kleinkriminalität und Drogenhandel waren ihnen die fast einzigen möglichen Einkommensquellen. Gerade hier tut sich ein Teufelskreis auf: In einer verdienstvollen Analyse hat der französische Soziologe Farhad Khosrokhavar diese sozialen Hintergründe und die Haftanstalten beschrieben, die zum Treffpunkt und zur Sozialisationsagentur für die Radikalisierung von Jugendlichen wurden.[124] Genau diese Mechanismen dürften auch in Deutschland bei der Radikalisierung eine zentrale Rolle spielen.[125] In den Gangs der Vorstädte, vor allem in Haftanstalten, treffen sie Gleichaltrige, die dasselbe Schicksal haben, die gleiche Vita, die gleiche Chancenlosigkeit.

Die New Yorker *Soufan-Group* hat im Oktober 2014 eine umfangreiche Studie über die Herkunft der Dschihadisten veröffentlicht.[126] Danach sind zum damaligen Zeitpunkt zwischen 27.000 und 31.000 ausländische Dschihadisten in Syrien und Irak unterwegs. Die Zahl hatte sich seit einer nur vier Monate vorausliegenden Untersuchung (Juni 2014) mehr als verdoppelt – trotz aller internationalen Versuche, die dschihadistische Wanderung zu unterbinden. Allein aus Europa stammten damals schon 5.000 Kämpfer, davon 1.700 aus Frankreich. Aus den USA wurden 280 gezählt. 8.000 kamen aus dem Maghreb, 2.500 aus Saudi-Arabien. Aus Russland und Zentralasien stammten 4.700, aus der Türkei 2.100.

Dieser Befund führt zu der Frage, ob die viel beschworene Radikalisierung nicht ein Problem ist, das nicht vom »Islam« ausgeht, sondern seine Ursachen in unseren Gesellschaften selbst hat, ja geradezu eine Antwort der Marginalisierten auf die neoliberale Globalisierung darstellt. Dann wäre die inzwischen global agierende »dschihadistische Internationale« auch zu verstehen als eine Widerstandsform gegen die vom Westen ausgehende strukturelle Gewalt, die Sir Peter Ustinov plakativ auf die Formel gebracht: »Terror ist der Krieg der Armen, Krieg

---

124. Khosrokhavar, Farhad: Approche Sociologique: Anatomie de la Radicalisation. In: Bénchicou, David/ Khosrokhavar, Farhad/ Migaux, Philippe: Le Dschihadisme. Le comprendre pour mieux combattre. Paris 2015, S. 285-318.
125. Bundesamt für Verfassungsschutz, Bundeskriminalamt, Hessisches Informations- und Kompetenzzentrum gegen Extremismus (2015). https://www.bka.de/nn_231072/Shared-Docs/Downloads/DE/Publikationen/Publikationsreihen/SonstigeVeroeffentlichungen/2015AnalyseRadikalisierungsgruendeSyrienIrakAusreisende.html [24-04-16].
126. Barret, Richard: The Islamic State. ISG (2014). http://soufangroup.com/wp-content/uploads/2014/10/TSG-The-Islamic-State-Nov14.pdf [25-12-15]

ist der Terror der Reichen«. Dies entschuldigt nicht den Terror, aber es kann helfen, ihn zu verstehen – und die nachhaltigen Mittel zum Kampf gegen ihn nicht in militärischer Gewalt sondern in einer auszubauenden Sozialpolitik zu suchen.

Perspektiven?

Nach dem Ersten Weltkrieg hatten Großbritannien und Frankreich Stellvertreterregime in der Region installiert, die in den 1950er- und 1960er-Jahren von nationalistischen Militärdiktaturen übernommen wurden. Die »Arabellion« mündete in eine von den wahhabitischen Despotien am Golf betriebene Konterrevolution, deren Herrschaftsinstrument die Islamisierung der Gesellschaften war und ist. Die USA und der Westen setzten eher auf die »gemäßigte« islamistische Variante, die Muslimbrüder, ließen aber ihrem traditionellen Verbündeten Saudi-Arabien weitgehend freie Hand in seinem Kampf gegen den als Rivalen angesehenen Iran.[127] Syrien als zentrales Glied der nun sogenannten schiitischen Achse und als letztes konsequent säkulares Regime der Region nach dem Sturz von Saddam Hussein und Muammar Gaddafi galt als zu schleifende Bastion für die Neuordnung der Region, die vor allem seitens der Despotien am Golf auf religiöser Basis erfolgen sollte.

So wurden für den »schmutzigen« Teil der Kriegführung unter dem stupiden Motto »Assad muss weg« Stellvertreter gesucht. Nach dem schon in den 1980er-Jahren in Afghanistan erprobten Konzept setzte die US-saudische Allianz auf dschihadistische Milizen, deren Anführer oft Veteranen des Krieges in Afghanistan waren. Der *regime change* im Irak sollte untermauert werden durch die Etablierung eines lupenrein schiitischen Regimes. Die Konfessionalisierung und Ethnisierung von Konflikt und Kriegsführung in einer seit Jahrhunderten durch ethnische

---

127. Siehe dazu meinen Beitrag »Der Syrienkrieg – ein regionaler Stellvertreterkonflikt« in diesem Band.

und konfessionelle Koexistenz geprägten Region hat eine Dynamik ausgelöst, die angesichts der Brutalität der Konfliktaustragung Massenmord, Flucht und Vertreibung in einem Ausmaße zur Folge haben wird, vor dem die derzeitigen Fluchtbewegungen geradezu als Vorboten erscheinen.

Mehr noch: Samuel Huntingtons absurdes Paradigma vom »Kampf der Kulturen« ist offensichtlich in praktische Politik umgesetzt worden und erweist sich nun als *self-fulfilling prophecy* mit der Konsequenz, dass konfessionalisierte Politik sich nicht mehr regional begrenzen lässt, sondern sich als transnationales Phänomen ausbreitet. Die tatsächlichen Motive der Dschihadisten aber sind nicht transzendenter, religiöser, sondern höchst irdischer Natur.

Daesh, Jabhat al-Nusra, die Ahrār al-Shām und das Internet

Rüdiger Lohlker

Zwar beherrscht die Diskussion über die Internetpräsenzen des Islamischen Staates (IS) die Beschäftigung mit den Phänomen des Dschihadismus[128] in Syrien, andere Organisationen und Gruppen sind weiterhin aktiv, so dass auch diese betrachtet werden müssen, um einen besseren Eindruck der Situation im Internet zu erhalten. Diese Einschätzung gründet darin, dass in Syrien eine Vielzahl bewaffneter Gruppen dschihadistisch-salafistisch ausgerichtet sind. Ein Bericht der *Tony Blair Foundation* aus 2015 führt eine ganze Reihe dschihadistisch orientierter bewaffneter Gruppen auf: Ahrār al-Shām, Ajnād Kawkaz, Ajnād Shām, Islamic Union, Ansār al-Shām, Fastaqim Kamā Umirta, Harakat Nūr al-Dīn al-Zenkī, IS, Jabhat al-Nusra (al-Nusra-Front), Jaish al-Islām, Jaish al-Jihād, Jund al-Aqsā, Khorasan Group, Kurdish Islamic Front, Liwā' al-Haqq, Liwā' al-Umma, Turkestan Islamic Party.[129]

Auch wenn diese Liste nicht mehr ganz aktuell sein mag, gibt sie doch einen Überblick über die Breite der dschihadistischen Präsenz in Syrien. Aus politisch-taktischen Gründen eine dieser Organisationen auszunehmen, ist nicht gerechtfertigt, da alle die theologischen und methodischen Grundlagen sowie das Endziel der Errichtung eines islamischen Staates, der auf Gewalt gegründet ist[130], teilen.

---

128. Dschihadismus wird hier als hauptsächlich transnationale Bewegung verstanden, die den militärischen Dschihad als wichtigstes Identitätsmerkmal vertritt. Siehe: Rüdiger Lohlker, *Dschihadismus. Materialien*, Wien 2009
129. Centre on Religion & Geopolitics 2015, S. 5; die Transkription wurde teilweise adaptiert; alle Übersetzungen stammen vom Autor.
130. Dass Gewalt Staatsgründungen auch nach dem Ende des jeweiligen Krieges prägt, sollte eigentlich seit Frantz Fanons *Die Verdammten dieser Erde* kein Geheimnis mehr sein, so dass die Unterstützung dschihadistischer Organisationen die Probleme eines

Aus Raumgründen beschränken sich die Betrachtung an dieser Stelle auf drei Organisationen, den Islamischen Staat (IS), die Jabhat al-Nusra (al-Nusra-Front/JN)[131] und die Al-Ahrār al-Shām (AS) bzw. die Islamische Front.[132]

Islamischer Staat (IS)

Der IS kann berechtigterweise als die Organisation gelten, die den Einsatz der Plattformen des Internet als Mittel des Informationskrieges am weitesten vorangetrieben hat. Angesichts der breiten Berichterstattung über den IS kann auf nähere Ausführungen zur Organisation[133] verzichtet werden.

Für die Internetaktivität des IS ist in erster Linie zwischen offiziellen Medienoutlets der Organisation und den Accounts und Profilen von SympathisantInnen zu unterscheiden, die diese Materialien bearbeiten und verbreiten. Die zweite Unterscheidung betrifft die Aktivitäten auf den verschiedenen Plattformen zwischen denen immer wieder gewechselt wird – je nach Funktionsweise und nach Verfolgungsdruck auf der Plattform.

Die erste wichtige Stufe der Entfaltung der IS-Onlinesphäre war die Auseinandersetzung um die Kontrolle der dschihadistischen Onlineforen, die lange Zeit die wichtigste Plattform der dschihadistischen Onlinekommunikation waren. Binnen kurzem erklärte sich die Mehrzahl dieser Foren dem IS-Kalifat gegenüber loyal; damit verlor al-Qaida in hohem Maße an Einfluss in diesem Bereich.

Das Charakteristikum der IS-Onlinekommunikation ist die kohärente theologische Grundstruktur, eine Theologie, die Islam mit Gewalt gleich-

---

möglichen Nachkriegssyriens und -iraks nur verschärfen wird. Auch diese Lehre ist bekannt, denken wir an Afghanistan.

131. Zur Umbenennung der Organisation siehe weiter unten

132. Internetadressen dschihadistischer Materialien werden nicht angegeben, da das Ziel dieses Beitrages nicht ist, dschihadistische Materialien zugänglich zu machen.

133. Da dies bei JN und AS nicht so ausgeprägt ist, folgen in beschränktem Maße Ausführungen zu diesen Organisationen.

setzt und damit einen spezifischen IS-Islam kreiert, durch den alle anders orientierten Menschen als ungläubig definiert werden – selbst andere Dschihadisten. Diese kohärente Weltsicht wird über Abhandlungen, kurze Broschüren und Flyer, Predigten als Audiodateien, Videos, Bilder und Grafiken, Lieder, parolenartige Postings und anderes propagiert.

Es finden sich aber auch gewalttechnische Materialien zum Bau von Explosivkörpern, urbane Guerillaführung u. v. a. m., die zum Teil von anderen Organisationen übernommen werden. So werden z. B. knapp 200 Videos der »Freien Syrischen Armee« zum Häuserkampf etc. angeboten; es zeigt sich ein hoher Pragmatismus in der Auswahl dieser Materialien.

Das wichtigste Forum der IS-Onlinekommunikation war lange *Twitter*, eine Wichtigkeit, die durch zunehmende Kontrollversuche der Firma *Twitter* und eine Abwanderung nach *telegram* nachgelassen hat. Trotzdem ist *Twitter* weiterhin eine wichtige Plattform für den IS, auf die auch immer wieder z. B. von *telegram* aus verlinkt wird. Es fand und findet sich das ganze Spektrum der oben genannten Inhalte auf den entsprechenden IS-affinen Profilen, mit Links versehen zu den jeweiligen Filehosting-Diensten.

Die Onlineaktivität auf *Twitter* durch den IS und auch die Jabhat al-Nusra (al-Nusra-Front) lässt sich am besten als schwarmförmig und dadurch im höchsten Maße flexibel und widerstandsfähig beschreiben. *Twitter* wurde bereits vor dem IS ab 2012 bewusst als Plattform für dschihadistische Onlinekommunikation ausgewählt, eine Wahl, die sich als effektiv erweist.

In der *swarmcast*-Struktur dieser Kommunikation, die sich durch ihre verteilte Netzwerkstruktur auszeichnet, gibt es keine klare Trennung zwischen dem Publikum und den Produzenten der Medieninhalte. Vielmehr ist es das Publikum – viel mehr als die Produzenten –, das die Inhalte, wenn sie einmal veröffentlicht worden sind, über ihre Netzwerke verbreitet und verarbeitet. Solch verteilte Netzwerke konfigurieren sich immer wieder neu, wenn sie unter Druck geraten. Darauf zielt die

Metapher des Schwarms, der Hindernissen ausweicht, ohne sich aufzu-lösen. Einzelne UserInnen mögen abgeschreckt werden, der Schwarm bleibt intakt. Diese Art der Kommunikation ist vom IS am weitesten entwickelt worden.

Ein wichtiges Medium der Verbreitung der Theologie der Gewalt des IS sind auch Videos, die auf *YouTube* abrufbar sind. Die anfangs recht leichte Auffindbarkeit hat sich inzwischen verschlechtert, über Links auf anderen Plattformen ist sie aber weiterhin unproblematisch möglich. Auch eine informierte Suche ist immer noch leicht möglich.

Während bis 2014/2015 eine große Anzahl von Profilen mit einer Nähe zum IS auf *Facebook* bestanden hat, hat sich diese Zahl durch die Verlagerung der Kommunikation auf *Twitter* und *telegram* und die Schließung von *Facebook*-Profilen reduziert. Allerdings sind IS-nahe Stellungnahmen weiterhin zu finden, wenn auch nicht mehr leicht mit automatischer Suche zu erschließen. Auch für andere Internetplattformen wie z.B. *ask.fm* ist dies festzustellen.

In der Blogosphere bestehen weiterhin Internetpräsenzen, die trotz Kontrolldrucks aufrechterhalten werden. Es handelt sich dabei um zen-trale Medienoutlets für IS, die deshalb mit immer wieder wechselnden Adressen (bis hin zur TOR-Ebene) online gehalten werden; die neuen Adressen werden auf anderen Kanälen verbreitet. Auf vielerlei ande-ren Plattformen wie z.B. *Instagram, Pinterest* oder *tumblr* ist IS-Material abrufbar.

Gewisse Erfolge bei der Kontrolle von IS-Inhalten sind auf Plattformen wie *archive.org* oder *justpaste.it* erreicht worden, die lange ungestört zur Bereitstellung von Video- und Textdateien genutzt werden konnten. Bei anderen Filehosting-Diensten ist die Effektivität der Kontrolle wechselhaft. Diese Dienste stellen die »Lager« dar, aus denen dschihadistische Mate-rialien durch Links auf anderen Plattformen abgerufen werden konnten.

Die einfache Parole, man möge doch möglichst schnell dschihadis-tische Inhalte aus dem Internet entfernen, hat sich in den 2000er-Jahren mehrfach blamiert, angefangen von der Eliminierung von Homepages und Blogs über die von dschihadistischen Foren bis hin zur aktuellen Situation, so dass eine endgültige Löschung von dschihadistischen Onlinematerialien unwahrscheinlich ist.

Eine Variante der IS-Propaganda, die große Aufmerksamkeit gefunden hat, da sie in Sprachen gehalten ist, die den Medien eher zugänglich sind, ist die Publikation von Onlinezeitschriften. Die hauptsächlich englischsprachige Zeitschrift *Dabiq* dürfte das bekannteste Beispiel dafür sein, dass IS-Propaganda in professioneller Weise die visuellen Mittel moderner Medienproduktion benutzt. Die Nummer 15 von *Dabiq* beschäftigt sich mit Attentaten in europäischen Staaten, einer theologischen Erörterung der Rolle Gottes als Schöpfer und der Notwendigkeit, dies anzuerkennen, einem religionsgeschichtlichen Bericht über Reaktionen auf die Predigt des Propheten Muhammad, einem Exkurs über die als angeboren definierte Natur des Menschen und insbesondere das Nichtvorhandensein dieser konstruierten »Natur« bei westlichen Frauen, der Auseinandersetzung eines Konvertiten zum IS-Islam mit einem Konvertiten zum Christentum, Zitaten von Hadithen, dem Bekehrungsbericht einer finnischen Konvertitin, Operationen und Attentaten des IS, einer Kritik des Christentums, einem Interview mit einem Konvertiten aus Trinidad und Tobago, einem Bericht über einen getöteten IS-Kämpfer, einer Darstellung von Aussagen christlicher Würdenträger als anti-islamisch, einer Bejubelung des Schwertes und des offenen Bekenntnisses zur Gewalt und Sklaverei als wahrhaft islamisch. Die Nummer schließt mit einem Hadith über das Zerbrechen des Kreuzes. Hier ist zu erkennen, in welcher Form kommunikative Führung und stochastischer Terrorismus dazu dienen, Ziele zu identifizieren und zu definieren.

Eine neuere Entwicklung ist die Übersetzung von Artikeln aus *Dabiq*, die damit auch einem arabischsprachigen Publikum zugänglich gemacht werden. Versionen in weiteren Sprachen sind vorhanden. Intern von besonderer Bedeutung für den IS ist die arabischsprachige Zeitschrift *an-Naba'*[134], die über Kämpfe berichtet, aber auch andere Inhalte hat.

Eine deutschsprachige Zeitschrift, die auf eine Vertiefung der IT-Kenntnisse und eine Steigerung des Sicherheitsbewusstseins extremistischer UserInnen zielt, ist das Journal *Kybernetiq*.[135]

Eine recht neue Entwicklung, mit der die Publikation von *Kybernetiq* in gewissem Zusammenhang steht, ist die Aktivität von IS-affiliierten Hackergruppen. Da es sich auch hier um eine Grauzone, in der sich Sicherheitsunternehmen und -institutionen, Hacker und eben auch Dschihadisten mischen, handelt, ist der Anteil von Gerüchten und interessierten Zuschreibungen recht groß. Die Annahme, IS-Hacks seien grundsätzlich von einer staatlichen Macht, sprich: Russland, als *false flag*-Operation betrieben worden, zeugen eher von einer profunden Unkenntnis der tatsächlichen Aktivitäten IS-affiliierter Hackern. Auch wenn das technische Niveau – zumindest zurzeit – nicht sehr hoch ist, spielen Hackergruppen in der IS-Onlinesphäre eine durchaus wichtige Rolle.[136]

Deep in the Dark Web

Es hat sich inzwischen herumgesprochen, dass eine der wichtigsten Plattformen für IS-Propaganda der Messaging-Dienst *telegram* ist. Allerdings wird die Funktion und Arbeitsweise der IS-Kommunikation auf *telegram* noch kaum verstanden – nicht zuletzt aufgrund mangelnder Arabischkenntnisse der Analysierenden.

Die Zahl der IS-affinen *telegram*-Kanäle ist seit Beginn der IS-Aktivitäten auf dieser Plattform enorm angestiegen. Die Zahl der Mitglieder

---

134. Auch hier ein koranischer Bezug.
135. http://www.faz.net/aktuell/politik/ein-deutsches-magazin-fuer-den-islamischen-terror-14092100.html (letzter Zugriff 11.08.2016).
136. Siehe Rüdiger Lohlker, Cyber Caliphate, United Cyber Caliphate et al., in *Occasional Papers Arab Studies/Arabistik* 9 (2016a)

der einzelnen Kanäle variiert häufig von zwei- bis zum vierstelligen Bereich. Die Zahl der Postings geht recht schnell innerhalb einer Woche in die Tausende, wobei es eine hohe Zahl von Cross-Postings gibt, so dass es sich nicht nur um Originalmaterial handelt. Dies entspricht der Funktion für *telegram* für den IS, seine Kommunikation an möglichst viele UserInnen zu verteilen, die sie dann auf anderen Plattformen verbreiten. Sprachlich dominiert eindeutig arabischsprachiges Material, aber auch z. B. türkisch-, englisch- oder russischsprachiges ist vorhanden, dazu solches auf Somali oder Bahasa Indonesia, das meistens das arabischsprachige Material in der jeweiligen Sprache verarbeitet.

Der Wert von *telegram* als Plattform ist innerhalb des IS-Spektrums allerdings nicht unumstritten. Ein jüngerer Text ruft dazu auf, eher wieder zu *Twitter* und *Facebook* zurückzukehren, da die *telegram*-Kanäle nur eine relativ beschränkte, bereits überzeugte Minderheit erreichen, das weitere Publikum damit aber nicht erreicht werde. Es seien andere, offenere Plattformen notwendig, um mit einem breiteren Publikum zu kommunizieren, heißt es.[137]

Die Auseinandersetzungen zwischen dschihadistischen Gruppen werden auch als Auseinandersetzung um den Mediengebrauch geführt. Eine Fatwa eines JN-Gelehrten erklärt das »Anschauen von Medienveröffentlichungen des ISIS« für verboten.

Kommunikative Führung und stochastischer Terrorismus

Es kann davon ausgegangen werden, dass die Propaganda im Internet, besonders die nichtarabische des IS, aber auch die anderer Organisationen, in erster Linie nicht dazu dient, nach innen zu wirken, vielmehr Kämpfer und potentielle Kämpfer außerhalb des direkt kontrollierten Gebietes

---

137. Cole Bunzel, *»Come Back to Twitter«: A Jihadi Warning against Telegram*, gepostet am 18. Juni 2016 (http://www.jihadica.com/come-back-to-twitter/) (letzter Zugriff 10.08.2016)

anleiten soll. Diese Anleitung begründet keine direkte Befehlskette, sie funktioniert eher indirekt.

Dies lässt sich als kommunikative Führung fassen, ein seit längerem bekanntes Phänomen.[138] Zu verstehen ist darunter, dass durch online geführte Diskurse und strukturierende Rituale Handlungsrahmen für Mitglieder und Sympathisierende dschihadistischer Organisationen erzeugt werden, die von diesen mit ihren jeweiligen Aktionen gefüllt werden. Dabei werden diskursiv mögliche Ziele bestimmt, z. B. »die Ungläubigen«, die auch ohne direkten Befehl durch »einsame Wölfe« angegriffen werden.[139]

In anderen Zusammenhängen wurde dies auf den Begriff des »stochastischen Terroristen« gebracht, der durch Hassreden Gewalttäter motiviert – auch wenn dies nicht unbedingt beabsichtigt gewesen sein mag. Stochastischer Terrorismus lässt sich als das Provozieren von Gewaltakten fassen, »die statistisch vorhersagbar, aber individuell nicht vorhersagbar sind.«[140] Der Begriff ist ein Mittel, um solche Phänomene auch im Bereich des Dschihadismus und seines weiteren Hintergrundes in den Vorstellungen des zeitgenössischen extremistischen Islam zu fassen.

Es handelt sich bei diesem Phänomen um ein globales Ausgreifen der syrischen Situation. Kehren wir aber nach Syrien zurück.

Fassen wir für den IS zusammen, können wir feststellen, dass es sich im Falle des IS um eine global orientierte multilinguale Onlinekom-

---

138. Philipp Holtmann, Virtual Leadership: How Jihadists guide each other in Cyberspace, in Rüdiger Lohlker (Hg.), *New Approaches to the Analysis of Jihadism*, Göttingen 2012, S. 63-124.
139. Dass es ebenfalls organisierte Zellen gibt, deren Mitglieder durch *Ummah* diese Diskurse mental geformt werden, ergänzt dieses Bild.
140. http://stochasticterrorism.blogspot.co.at/, vgl. https://valerietarico.com/2015/11/28/christianist-republicans-systematically-incited-colorado-clinic-assault/ (für beide letzter Zugriff 12.08.2016); erinnert sei auch an Anders. Breiviks Rückgriff auf Ideen aus einer bestimmten Internetsphäre, um ein nicht-dschihadistisches Beispiel zu nennen.

munikation handelt, in deren Hintergrund aber klar arabischsprachige Kommunikation dominiert.

Jabhat al-Nusra (JN)

Im bereits zitierten Bericht der *Tony Blair Faith Foundation* von 2015 wird die JN bezeichnet als »Partnerorganisation von al-Qaida in Syrien (...), hat sich erfolgreich an breiten Koalitionen gegen Assad beteiligt (...), zerstörte die von den USA trainierte anti-IS Gruppe ›Division 30‹, nachdem diese wieder in Syrien eingedrungen war, präsentierte danach die eroberten Waffen. Es wird angenommen, dass JN die zweitgrößte Zahl an *foreign fighters* hat. Im August 2015 erklärte der Hauptsprecher von JN, Abū Firās al-Sūrī: ›Unsere Ziele sind nicht auf Syrien beschränkt, aber unser aktueller Kampf ist es.‹«[141]

Die Vorgeschichte bis zur offiziellen Etablierung der JN und die Verbindung zur IS-Vorgängerorganisation sowie die Spaltung zwischen IS und JN kann an dieser Stelle nicht dargestellt werden.[142] Für unseren Zusammenhang ungleich wichtiger ist die offizielle Etablierung von JN durch eine Onlineerklärung per Video:

»Jabhat al-Nusra did not officially announce its establishment until 23 January 2012, when its media wing, al-Manara al-Bayda, released a video onto online jihadist forums known to be affiliated with al-Qaeda. The sixteen-minute video, entitled ›For the People of Syria from the Mujahidin of Syria in the Fields of Jihad‹, contained a long audio statement by Jolani in which he declared war on the Assad regime. He stressed, however, that this represented only half of the struggle ahead — Islamic law must also be established across bilad al-Sham (greater Syria, generally incor-

141. Centre on Religion & Geopolitics 2015, S. 11
142. Charles Lister, *Profiling Jabhat al-Nusra*, Washington 2016; siehe auch: Charles Lister, *The Syrian Jihad: Al-Qaeda, the Islamic State and the Evolution of an Insurgency* Oxford 2015

porating Syria, Lebanon, Israel, Palestine, western Iraq, and Lebanon), with all people united under Islamic rule. This was a clear expression of Jabhat al-Nusra's ›domestic‹ objectives, but Jolani also explained that his organisation had been formed by mujahidin (holy warriors) ›back from the various fronts‹, thereby immediately indicating an international and likely Iraq-heavy operational influence.«[143]

Auffällig in der Anfangsphase des syrischen Konfliktes ist, dass parallel zum Aufstieg syrischer dschihadistischer Internetpräsenzen, libanesische dschihadistische Blogs aufhörten zu arbeiten. Auf der Ebene der Videoästhetik von Kampf- und Explosionsvideos ließen sich bereits früh Anklänge an die Videos des Islamischen Irak[144] erkennen.

Die bereits recht früh auftretende Internetpräsenz der JN bestand aus mehreren Blogs, besonders genutzt zur Verbreitung der Produkte des prominenten Medienoutlets al-Manāra al-baidā', *Facebook*-Seiten und -Gruppen sowie damit verbundenen *Twitter*-Accounts. Die Resonanz war 2011/2012 eher gering[145], steigerte sich dann aber enorm. Generell ist für eine angemessene Einschätzung zu berücksichtigen, dass 2011/2012 die dschihadistischen Onlineforen, über die große Teile der dschihadistischen Kommunikation liefen, weiterhin für al-Qaida-nahe dschihadistische Zirkel von großer, wenn auch abnehmender Bedeutung waren.[146]

Eine der ersten Präsenzen mit JN-Bezug auf *Twitter* (@ALNUSRA) trägt den arabischen Namen der JN, war allerdings recht kurzlebig; auch

---

143. Charles Lister 2015, S.59
144. Siehe zu dieser Organisation und ihrer Medienarbeit Christoph Günther, *Ein zweiter Staat im Zweistromland? Genese und Ideologie des »Islamischen Staates Irak«*, Würzburg 2014
145. Genauer zum Stand 2012 siehe Rüdiger Lohlker/Anna Telić, Die Rolle sozialer Medien in Syrien, in Fritz Edlinger/Tyma Kraitt (Hg.): *Syrien: Hintergründe, Analysen, Berichte*, Wien 2012, S. 185.
146. Generell lässt sich feststellen, dass der virtuelle Raum mit seinen diversen Nischen es möglich gemacht hat, dass die Vorstellungswelt von al-Qaida nach den Rückschlägen seit 2001 weiterbestehen und sich weiterhin ausbreiten konnte. Siehe: Nico Prucha, Online Territories of Terror – Using the Internet for Jihadist Endeavors, in *Orient* 52iv (2011), S. 43-47

der offizielle JN-Account (@jbhatalnusra) war nur bis zum April 2013 aktiv. *Twitter* ist aber dann eines der wichtigsten Foren für dschihadistische Online-Kommunikation geworden, auf dem die Verteilung und Bearbeitung von Materialien durch UserInnen leichter wurde.

Für JN haben detaillierte Untersuchungen[147] gezeigt, dass die dschihadistische Onlinekommunikation über soziale Medien höchst effektiv und resilient ist und sich bei Bedrohungen z.B. durch Löschung von Accounts wie ein Schwarm immer wieder neu konfiguriert.

»Twitter und Facebook sind die natürliche Wahl für ihre [der Dschihadisten, R. L.] strategische Kommunikation, besonders für ihre nach außen gerichteten Strategien, da sie eine Verbindung von audio-visuellen Medien, die mit Schriften kombiniert werden, ist die spezifische ideologische Dimensionen der Aktivitäten von IS billigen und weiter erklären. Ob es nun Retweets auf Twitter, Kommentare bei YouTube-Videos oder ›*likes*‹ auf Facebook sind (...) JN kann es [so] jedem ermöglichen, an Propaganda zu gelangen und sie zu verbreiten.«[148]

Es gab und gibt eine Reihe von *YouTube*-Kanälen der JN, die teilweise regional zugerechnet werden, z.B. *JN Halab* hauptsächlich mit Gefechtsszenen. Andere Videos, die auf *archive.org* bereitgehalten werden, firmieren direkt unter dem Namen JN. Auch in Internetpräsenzen von Koalitionen syrischer bewaffneter Gruppen findet sich JN-Material.

Es finden sich auch eine Reihe von Hinrichtungsvideos der JN (auch unter dem Namen der Dachorganisationen, in denen sie Mitglied ist), teilweise mit der Exekution von verwundeten Gefangenen.

Auf *Facebook* finden sich in globaler Verteilung Personen, die sich in der einen oder anderen Weise mit JN affiliieren, z.B. durch das Zeigen

---

147. S. z.B. Fisher/Prucha 2013 und 2014.
148. Nico Prucha, *Jihadi Twitter Activism Part 2: Jabhat al-Nusra on the Twittersphere*, gepostet am 13. Mai 2013 (http://www.jihadica.com/jihadi-twitter-activism-part-2-jabhat-al-nusra-on-the-twittersphere/) (letzter Zugriff 27.07.2016); für weitere Details siehe Nico Prucha, *Online Territories of Terror – How Jihadist Movements Project Influence on the Internet and Why it Matters Off-line*, Diss.phil. Wien 2015, S. 232ff.

der Fahne der JN. Auf *Facebook* fanden auch Diskussionen über die Stellung zu JN und IS unter *foreign fighter*n statt.[149] Plattformen wie *archive. org* enthalten auch *nashīds*, islamische Lieder.

Ein *wordpress*-Blog firmiert unter der Bezeichnung »Elektronische Armee der JN«. Als letzte Aktion findet sich dort der Hack eines schiitischen Systems, aus dem verschiedene Fotos online gestellt werden, um die abgebildeten Personen zu kompromittieren.

Auf der Ebene des Deep Web, hier in erster Linie auf *telegram*, finden sich unterschiedliche Kanäle mit JN-Bezug. Einerseits gibt es den quasi-offiziellen Kanal der neuen Organisationsform der JN, *Jabhat Fath al-Shām*, mit ähnlichen Inhalten wie die der folgenden Kanäle. Der Kanal der jetzt wichtigen Dachorganisation, des *Jaysh al-Fath*, hat neben und weiterer Postings auch solche der JN (*akhbār Jaysh al-Fath*). Ein weiterer wichtiger Bestandteil des *Jaysh al-Fath* sind die AS. Die Spannweite reicht bis zu Postings, in denen die Exekution von Gefangenen der syrischen Armee angedroht wird. Es finden sich Eilmeldungen, die nach dem Muster der entsprechenden IS-Meldungen aufgebaut sind, Textpostings und natürlich Abbildungen und Videos von Gefechten. Solches Bildmaterial wird als Korrespondentenbericht (arabisch: *murāsil*) präsentiert. Auch Aussagen führender Köpfe der al-Qaida finden sich. In anderen Kanälen des *Jaysh al-Fath* (*futūhāt Jaysh al-Fath*) findet sich daneben noch Bildmaterial von toten Feinden, von Ruinen u. a.; hier sind auch andere Gruppen wie die *Ahrār al-Shām* stark präsent. Mit ähnlichen Materialien präsentieren sich andere Kanäle mit JN-Beteiligung (*akhbār al-jihād al-shāmī* oder *akh – bār al – shām wa tu – rkīyā 'ājil*).[150]

Eine deutschsprachige Seite mit deutlichem JN-Bezug ist die Homepage *Ummah Islam*, die Video- und Audiodateien, Kriegsnachrichten, Äußerungen von JN-Gelehrten und eine Rubrik »Al-Muhajirun« enthält,

---

149. https://emmejihad.wordpress.com/tag/jabhat-al-nusra/ (letzter Zugriff 22.07.2016)
150. Die Schreibweise des zuletzt genannten Kanals ist ein Versuch, mögliche automatisierte Suche seitens der Firma *telegram* zu erschweren.

und die als Medienorganisation in Syrien aktiver deutschsprachiger Dschihadisten auftritt.

Im Überblick zeigt sich eine ausdifferenzierte Nutzung verschiedener Internetplattformen, wobei ein Schwerpunkt auf Gefechts- und anderen kriegsbezogenen Materialien liegt. Die Qualität und Kohärenz der Videokommunikation ist im Vergleich zum IS eher gering. Religiöstheologisches Material bieten andere Kanäle aus dem al-Qaida-Spektrum, die z. B. Videos, Audios und Schriften der Köpfe der alten al-Qaida bereithalten.

Dass al-Nursa und *Ahrār al-Shām* (AS) eine größere Nähe zueinander aufweisen als zum IS, einem der gemeinsamen Feinde, zeigen jüngste Versuche, ein Zusammengehen von JN und AS dadurch zu erreichen, dass JN auf eine globale Agenda verzichtet und sich als syrische Gruppe versteht. Die Versuche scheiterten, als der Vermittler, ein führendes Mitglied der ägyptischen *Gamā'a al-islāmiyya* und dann der al-Qaida, durch einen US-amerikanischen Drohnenangriff getötet wurde.[151]

Inzwischen hat sich JN Ende Juli 2016 in *Jabha Fath al-Shām* umbenannt mit der Maßgabe, nicht mehr direkt an al-Qaida angebunden zu sein und sich allein auf den Kampf in Syrien zu fokussieren. Der Dank, der al-Qaida in der entsprechenden Erklärung ausgesprochen wird, deutet allerdings nicht auf einen grundlegenden Wandel der Organisation.[152] Die neue Erklärung des Anführers der JN steht in Übereinstimmung

---

151. Dania Akkad, US drone strike in Syria killed mediator trying to rein in al-Qaeda, in *Middle East Eye*, gepostet am 9. Mai 2016a (http://www.middleeasteye.net/news/exclusive-killing-egyptian-islamist-syria-blow-deradicalisation-efforts-611322701) (letzter Zugriff 22.07.2016) Dania Akkad, Ahrar al-Sham spiritual adviser confirms account of Rifai Taha's last days, in *Middle East Eye*, gepostet am 18. Mai 2016 (http://www.middleeasteye.net/news/ahrar-al-sham-al-qaeda-us-drone-syria-strike-nusra-front-882702838) (letzter Zugriff 22.07.2016); allerdings hat noch im Dezember 2015 der Anführer der JN abgelehnt, mit der al-Qaida zu brechen.

152. http://www.aljazeera.net/news/arabic/2016/7/29/ةهبج-نصرة-ت فك-كفت-تربطامطا-بابلقاعد (letzter Zugriff 29.07.2016); es sei auch daran erinnert, dass es in Syrien auch einen Zweig der al-Qaida-affiliierten *Turkistan Islamic Party* gibt, der häufig in Koalition mit JN kämpft.

mit der grundlegenden Strategie der lokalen Verankerung, die al-Qaida seit längerer Zeit verfolgt und deren wichtiges Anwendungsbeispiel die JN ist.[153]

Al-Ahrār al-Shām (AS)

Im bereits zitierten Report der *Tony Blair Faith Foundation* werden die AS charakterisiert als »sektiererisch, teilhabend an Verbrechen gegen Alawiten und Schiiten, eine internationalistische Gruppe, deren offen bekundetes Ziel, die Zerstörung der Sykes-Picot-Mauern ›mit unseren eigenen Händen‹ ist. Ihr Ziel ist auch der vollständige ›Sturz des Assad-Regimes in Syrien und die Errichtung eines islamischen Staates, dessen einziger Souverän, Bezugspunkt, Herrscher, Anleitung und individuelles, gesamtgesellschaftliches und nationales Einheitsprinzip die Scharia des allmächtigen Gottes ist‹. Sie haben *foreign fighter* in ihren Reihen, auch solche aus dem Westen. Mit engen Verbindungen *zur al-Qaida*, standen frühere führende Mitglieder (einschließlich Abū Khālid al-Sūrī, ein dschihadistischer Veteran, der 2014 vom IS getötet wurde) der al-Qaida-Führung nahe. Die Gruppe hat diejenigen exekutiert, die gegen ihre Interpretation des islamischen Rechts in dem von ihr kontrolliertem Gebiet handeln und gefangene Gegner geköpft.«[154]

Ergänzt sei dies mit Aussagen zur Demokratie durch die Dachorganisation Islamische Front, in der die AS stark vertreten ist. In der politischer Charta der Islamischen Front von 2013 heißt es, dass die Front danach strebe, eine »zivile islamische Gesellschaft in Syrien zu errichten, regiert durch das Recht Gottes.«[155] Das Konzept der Demokratie wird verworfen, Wahlen als Verfahren zur Auswahl der politischen Führer aber akzeptiert,

153. Siehe dazu Lister 2016; zu ergänzen mit http://www.motherjones.com/politics/2016/08/syria-al-qaeda-nusra-battle-aleppo (letzter Zugriff 10.08.2016).
154. Centre on Religion & Geopolitics 2015, S.11
155. Hāzim al-Sayyid, *al-Salafiyya al-rīfiyya al-sā'ida fī Sūrīyā: Haraka Ahrām al-Shām al-islāmiyya namūdhajan*, o. O.: Markaz dirāsāt al-jumhūriyya al-dīmūqrātiyya 2013, S. 10

solange sie nach den Regeln der »Scharia« erfolgen und die Kandidaten an die »Scharia« gebunden sind.[156] Die Idee der Auslöschung der Sykes-Picot-Grenzen und der Errichtung einer einheitlichen globalen islamischen Gemeinschaft teilt AS mit den anderen Organisationen; der Unterschied ist, dass dies momentan nicht als praktikabel angesehen wird.[157]

Die Organisation wird immer wieder als moderat bezeichnet, eine Einschätzung, die sich in erster Linie darauf stützt, dass sie mit anderen Kräften in der Dachorganisation Islamische Front bereit ist zusammenzuarbeiten.[158] Belege für eine Zusammenarbeit mit der JN finden sich ebenfalls.[159] Diese Zusammenarbeit erstreckt sich nun über etliche Jahre und bildet sich auch im Internet ab. Über die AS wurde bereits recht früh gesagt, sie folgten ihrer eigenen Agenda, ohne auf andere Kräfte der Opposition Rücksicht zu nehmen.[160]

Um welche Organisation handelt es sich? Die Geschichte[161] der AS geht zurück bis zur Freilassung dschihadistischer Gefangener durch die syrische Regierung im Jahr 2011. Einige der freigelassenen Gefangenen formierten im Juni 2011 die AS. Im Dezember 2012 wurde die Islamische Front gebildet, deren wichtigste Komponente wiederum die Al-Ahrār al-Shām war. Die Islamische Front wurde 2013 neu gegründet, dieses Mal mit einer geringeren Rolle der Al-Ahrār al-Shām (AS).

156. Aaron Zelin/Charles Lister, *The Crowning of the Syrian Islamic Front*, gepostet am 24. Juni 2013) (http://www.washingtoninstitute.org/policy-analysis/view/the-crowning-of-the-syrian-islamic-front) (letzter Zugriff 21.07.2016)

157. Nafeez Ahmed, Ahrar al-Sham's apocalyptic vision for Syria and beyond, in *Middle East Eye*, gepostet am 16. Oktober 2015 (http://www.middleeasteye.net/columns/ahrar-al-sham-s-apocalyptic-vision-syria-and-beyond-455405201) (letzter Zugriff 22.07.2016)

158. Malak Chabkoun, *Syrian Revolution's Path after Attacks on Ahrar al-Sham*, Doha: Al-Jazeera Center for Studies 2014, S. 3 (letzter Zugriff 21.07.2016)

159. Malak Chabkoun, *Avoiding Chaos Post-Liberation of Idlib City*, Doha: Al-Jazeera Center for Studies 2015, S. 3 (via http://studies.aljazeera.net/en/) (letzter Zugriff 21.07.2016)

160. Muriel Asseburg/Heiko Wimmen, *Syrien im Bürgerkrieg. Externe Akteure und Interessen als Treiber des Konflikts*, Berlin: SWP 2012 (SWP-Aktuell 68), S. 2

161. Ein kurzer Abriss findet sich in Steinberg 2016. Guido Steinberg, *Ahrar al-Sham – the »Syrian Taliban«: Al-Nusra ally seeks partnership with West*, Berlin: SWP 2016 (SWP-Aktuell 27) (via ssoar.info) (letzter Zugriff 21.07.2016)

Die Orientierung der AS ist eher innersyrisch und weniger international. Dies hat u. a. dazu beigetragen, dass die AS den Beinamen »syrische Taliban« zugewiesen bekommen hat.[162] Die Diskussion darüber, ob die AS als moderat zu klassifizieren sei, ist ein von politisch-taktischen Erwägungen produziertes Diskursgemisch, das die Gemeinsamkeiten der hier behandelten drei Organisationen gezielt oder aus Unwissenheit verwischt.[163] Grundsätzlich lässt sich sagen, dass die öffentlichen Äußerungen von führenden Mitgliedern der AS auf ein »nicht ganz so« herauslaufen: nicht ganz so sektiererisch wie der Islamische Staat gegenüber anderen Sunniten, aber strikt gegen Schiiten und Alawiten, die »schiitische Sichel«; nicht ganz so eliminatorisch gegen andere Sunniten, aber eher aus taktischen Gründen, um breitere Unterstützung zu gewinnen für den Kampf gegen die Ungläubigen.[164]

Als charakteristische Aktivitäten der AS – neben dem ausgedehnten militärischen Kampf – wurden humanitäre genannt: Eröffnung islamischer Schulen an mehreren Orten (auch im Internet dokumentiert), andere soziale Aktivitäten, Verteilung von Nahrungsmitteln, Wasser und Treibstoff.[165]

Die Internetsphäre der AS ist nicht so weit ausgedehnt wie z. B. die des IS. Es lassen sich aber einige Grundstrukturen erkennen:

Die Homepage der AS[166] bietet – hauptsächlich arabischsprachig – Erklärungen der AS, einschließlich der Geschichte der Organisation, Videos (Gefechte, Interviews, einige andere Formate) und die Struktur der Organisation inklusive ihrer des Scharia-Büros. Einige Links sind nicht befüllt.

---

162. Siehe Steinberg 2016, S. 5.
163. Zu einer anderen als moderat eingestuften Gruppierung siehe: Peter Mühlbauer, Kindsenthauptung durch »moderate Rebellen«, in *Telepolis* (http://www.heise.de/tp/artikel/48/48909/1.html) (letzter Zugriff 22.07.2016)
164. Ahmed 2015
165. Zelin/Lister 2013; vgl. al-Sayyid 2013, S. 14ff.
166. Dass diese Seite nicht blockiert oder gelöscht wird, ist ein mehr als deutliches Zeichen für die Selektivität anti-dschihadistischer Online-Maßnahmen mit ihrer IS-Fokussiertheit.

Auf *Twitter* findet sich eine begrenzte Zahl von *accounts* mit Bezug zu den AS. Der Haupt-*account* bezieht sich auf die Islamische Front. Es werden neben arabischsprachigen, auch englisch- und türkischsprachige Erklärungen der AS gepostet, ein Hinweis auf *foreign fighter* in den Reihen der AS. Allerdings ist die Multilingualität nicht sehr ausgeprägt. Andere *accounts* mit geringerer Reichweite finden sich in begrenzter Zahl, z. B. *@abosaddam_1988* oder der frühere Haupt-Account unter *@Ahraralsham*, der nach der Verschmelzung mit der Islamischen Front 2014 eingestellt wurde.

In einem Interview auf *YouTube* wird von Hassān 'Abbūd, einem Anführer der AS, der Unterschied zwischen der JN und den AS eher auf einzelne Differenzen heruntergespielt. Ein islamischer Staat unter der Herrschaft der Scharia, verstanden als umfassendes System, wird als notwendige Rahmenbedingung verstanden.[167]

Eine Suche nach Videos mit Inhalten mit Bezug zu den AS auf *YouTube* ergibt mehrere Tausend Funde mit Videos zu Gefechten, Trainingslagern und islamischen Liedern (*nashīd*s). Im Kanal *al-jabha al-islamiyya* (Islamische Front) ist eine kleinere Anzahl von aktuellen Videos der AS zu finden.[168] Ein eigener *YouTube*-Kanal[169] enthält einige vor drei bzw. vier Jahren online gestellte Videos, die unaufwendig gestaltet sind. Die Zugriffszahlen sind allgemein nicht überragend. Die Qualität der neueren Videos ist durchschnittlich.

Auch auf *Soundcloud* ist ein *account* vorhanden, der allerdings wenig Material enthält.[170] Im *Internet Archive* sind Materialien der AS zu finden. *Flickr* hat ebenfalls eine begrenzte Anzahl von Fotos, getagged mit *Ahrār al-Shām*, die offenkundig von Einzelpersonen online gestellt, einige auch von Feinden der AS.

---

167. Ebd.
168. Auch außerhalb dieses Kanals sind Videos der AS zu finden, die der Islamischen Front zugeordnet werden.
169. (letzter Zugriff 19.07.2016).
170. https://soundcloud.com/ahrar_alsham/ahrar-alsahaam-3 (letzter Zugriff 19.07.2016).

Die Ahrār al-Shām (AS) nutzen das Internet zwar, aber eher in konventioneller, wenig elaborierter Weise. Arabisch ist eindeutig die Hauptsprache.

Gehen wir über zu der Ebene von *telegram*, also der Deep Web-Ebene, finden wir Ähnlichkeiten zu den zuvor genannten Internetpräsenzen von IS und JN. In einem gemischten Kanal (*al-maktab al-i'lāmī al-muwahhid*), in dem auch JN und andere Organisationen publizieren, finden sich Gefechtsvideos der AS, Videos von der Front (*ribāt*), Videos der Verehrung toter Kämpfer, aber auch ›konstruktive‹ Bilder, die eine Metallwerkstatt zeigen. Ein Video mit dem Porträt eines Kämpfers wird unter dem Titel »Der [militärische] Dschihad ist eine Lebensweise« programmatisch mit religiösen Aussagen verknüpft. Weitere Bilddokumente sind von gemischtem Inhalt: ein Dankpapier seitens eines Schariagerichtes an die AS, Erklärungen der AS, Ruinen- und Opferbilder. Dazu kommen diverse Textpostings.

Es gibt auch *nashīds*, islamische Lieder, die sich der gängigen dschihadistischen Metaphorik bedienen: »Ziehe das erhabene Schwert« mit einer Kalaschnikow im Bild.

Ein anderer Kanal, der hauptsächlich AS-Material verbreitet[171], sind die *akhbār al-jihād al-shāmī*. Auch Grafiken und Fotomontagen zum Fastenmonat finden sich, dazu die Erklärung des Schariagerichtshofes von Homs über eine Art Amnestie und der Möglichkeit, dass frühere Mitglieder des IS ihre Taten bereuen.

Die religiöse Einbettung der AS zeigt sich in Bildern wie dem eines lesenden Kämpfers, das untertitelt wird: »Die Angriffe des Feindes lenken ihn nicht vom Lesen des Buches Gottes ab.«

Die Verlinkung der Videos geht zumeist auf *YouTube* ohne die Nutzung von Downloadplattformen u. a., was auf einen deutlich geringeren

---

171. Er enthält auch Material der 2015 gegründeten Dachorganisation Jaysh al-Fath, in der die AS eine wichtige Rolle spielen. Auch JN-Material und solches von *Faylaq al-Shām* findet sich.

Verfolgungsdruck diesen Videos gegenüber deutet. Ansonsten wird zumeist *Twitter* verlinkt.

Weitere *telegram*-Kanäle mit AS-Material unterscheiden sich inhaltlich nicht wesentlich von den bereits beschriebenen. Eine wichtige Verbindung zur JN zeigt sich in den Kanälen des *Jaysh al-Fath*. Zum zentralen Identifikationselement des IS, dem erhobenem rechten Zeigefinger, finden sich Parallelen in Kanälen mit AS-Material, zum Teil aber in Material, das von anderen militärischen Organisationen stammt.[172]

Zusammenfassung

Im Überblick ergibt sich eine gewisse strukturelle Annäherung der behandelten drei Organisationen in ihrer Internetaktivität, die geistige Nähe ist evident. Allerdings ist die Qualität der Internetpräsenz von JN (bzw. ihrer neuen Verpuppung) und AS deutlich geringer als die des Islamischen Staates (IS). Al-Nusra-Front (JN) und Ahrār al-Shām (AS) mangelt es an der Kohärenz der Internetstrategie des IS insbesondere hinsichtlich ihrer offen propagierten theologischen Orientierung. Dies ist einerseits ein Resultat der innersyrischen Orientierung, die keiner ausgedehnten theologisch-propagandistischen Internetkommunikation bedarf, andererseits mag sich dies für JN bei einem umfassenden Erfolg auf syrischer Ebene jederzeit ändern, da JN auf die über viele Jahre entwickelten Positionen der al-Qaida zurückgreifen kann.

Abschließend sei darauf verwiesen, dass es eine Vielzahl von Internetseiten – auch von SyrerInnen – gibt, die sich satirisch in erster Linie mit dem IS und anderen dschihadistischen Phänomen auseinandersetzen – mit zum Teil erheblichen Zugriffsraten.

---

172. Z. B. von *faylaq Homs* (Kanal *faylaq Homs*).

Die Kurden in Syrien und die Selbstverwaltung in Rojava

Nikolaus Brauns

Im Windschatten des syrischen Bürgerkrieges ist im mehrheitlich von Kurden bewohnten Nordosten des Landes ein auf Basisdemokratie und gleichberechtigter Einbeziehung aller ethnischen und religiösen Bevölkerungsgruppen basierendes Gemeinwesen entstanden. Dieses Modell erscheint heute als ein Hoffnungsschimmer inmitten der von Kriegen und Bürgerkriegen geplagten Nahostregion mit Ausstrahlung weit über die Kurden hinaus.

Die auf rund drei Millionen geschätzten Kurden bilden die größte ethnische Minderheit in Syrien. Ihre auf Kurdisch als »Rojava« – Sonnenuntergang – oder auch als Westkurdistan bezeichneten Siedlungsgebiete erstrecken sich von der Mittelmeerküste entlang der Grenze zur Türkei bis zur syrisch-irakischen Grenze und sind auf die durch arabische Siedlungsgebiete getrennten Enklaven Afrin, Ain al-Arab (Kobanê) sowie Cizîrê in der Provinz al-Hasaka verteilt. Die auf das Sykes-Picot-Abkommen zwischen Frankreich und Großbritannien im Ersten Weltkrieg zurückgehende syrisch-türkische Grenze wurde in den 1920er-Jahren von der französischen Mandatsmacht entlang des Schienenstranges der Bagdad-Bahn mitten durch die kurdischen Siedlungsgebiete gezogen. Angesichts des von Mollah Mustafa Barzani im benachbarten Irak angeführten kurdischen Partisanenkampfes befürchteten syrische Politiker Ende der 1950er-Jahre ein Übergreifen »separatistischer« Bestrebungen und setzten daher auf eine Arabisierungs- und Vertreibungspolitik gegenüber den Kurden im Grenzgebiet.

Nach einer außerordentlichen Volkszählung im Oktober 1962 wurden rund 120.000 angeblich aus Nachbarländern eingewanderte Kurden per Dekret des syrischen Staatspräsidenten ausgebürgert. Sie und ihre Nachfahren – geschätzt bis zu 225.000 Menschen – hatten als »Staatenlose« keine Möglichkeit, Anstellungen im öffentlichen Dienst zu bekommen, ihnen wurden subventionierte Grundnahrungsmittel vorenthalten, sie durften keine Immobilien oder Produktionsmittel besitzen und nicht ins Ausland reisen. In einer Denkschrift forderte der baathistische Sicherheitschef von al-Hasaka, General Muhammad Talab Hilal, die Vertreibung der Kurden ins Landesinnere durch gezielte wirtschaftliche Vernachlässigung der kurdischen Landesteile bei gleichzeitiger Ansiedlung arabischer Siedler. Entsprechend dieser Vorgaben begann die Regierung ab dem Jahr 1973 mit der Bildung eines »arabischen Gürtels« durch die Ansiedlung von 25.000 arabischen Familien entlang der Grenze zur Türkei. Unter Hafiz al-Assad erhielt der arabische Nationalismus in der »Syrisch-Arabischen Republik« Verfassungsrang, der öffentliche Gebrauch der kurdischen Sprache wurde durch Dekrete kriminalisiert, noch im Jahr 1998 wurden 200 Dörfer umbenannt.

Gleichzeitig hielt Assad ab 1980 seine schützende Hand über die Arbeiterpartei Kurdistans (PKK), die ihm als Trumpfkarte gegenüber der Türkei diente, mit der Streitigkeiten um die Mittelmeerprovinz Hatay sowie die durch türkische Staudämme an Euphrat und Tigris bedrohte Wasserversorgung bestanden. Der PKK-Vorsitzende Abdullah Öcalan lebte in Damaskus und seine Partei unterhielt Ausbildungslager in der syrisch kontrollierten Bekaa-Ebene im Libanon. Zahlreiche syrische Kurden schlossen sich der Guerilla an. Nachdem Ankara im Oktober 1998 offen mit Krieg drohte, musste Öcalan sein langjähriges Gastland verlassen, seine Flucht endete im Februar 1999 mit der Verschleppung durch den türkischen Geheimdienst aus Kenia auf die Gefängnisinsel İmralı im Marmarameer. Im Adana-Abkommen vom Oktober 1998 mit der Türkei stufte Syrien die PKK nun als terroristische Organisation ein. Auch die Unterstützer der 2003 von Öcalans Anhängern in Syrien gegründeten Partei der Demokratischen Union (PYD) waren ab damals verfolgt. Ermutigt wurden die syrischen Kurden in ihrem Bestreben nach einem eigenen Status durch die nach dem Sturz von Saddam Hussein unter US-Schutz im Nordirak gebildete kurdische Autonomieregion. Ein durch Übergriffe arabisch-nationalistischer Fußballfans auf kurdische Fans in Al-Qamischli provozierter Aufstand im März 2004, bei dem über 30 Kurden von Sicherheitskräften getötet wurden, ging als »kurdisches Erwachen« in die Geschichte ein. In den folgenden Jahren wurden mehrfach kurdische Proteste von Sicherheitskräften attackiert und Aktivisten verschleppt, gefoltert und ermordet.

Als im Zuge des »arabischen Frühlings« 2012 die Aufstandsbewegung auf Syrien übergriff, blieb es ausgerechnet in den kurdischen Landesteilen vergleichsweise ruhig. Die Regierung hatte sich dieses anfängliche Stillhalten mit Zugeständnissen erkauft. So hatte Präsident Baschar al-Assad ein Arabisierungsdekret zur Enteignung kurdischer Grundbesitzer im Grenzgebiet aus dem Jahre 2008 zurückgenommen und die Einbürgerung von rund 200.000 staatenlosen Kurden verfügt. Während Sicherheitskräfte gegen Oppositionskräfte in anderen Landesteilen mit Härte vorgingen, hielten sie sich in den kurdischen Landesteilen zurück. Doch auch die kurdischen Parteien zögerten, sich mit der von religiösen Kräften dominierten arabischen Opposition zu vereinigen. Sie befürchteten, unter einem stärker islamisch orientierten Regime nur vom Regen in die Traufe zu geraten. »Wir haben uns zu Beginn des Aufstandes in Syrien dazu entschieden, uns weder auf die Seite des Regimes, noch auf die Seite der vom Ausland unterstützten arabischen Opposition zu stellen, sondern einen dritten Weg der demokratischen Selbstverwaltung einzuschlagen«, erklärt die Co-Vorsitzende der PYD, Asia Abdullah. »Beide Seiten weigern sich, die kurdische Realität anzuerkennen, daher blieb uns nur die Möglichkeit der Selbstorganisation.«[173] Anstelle der Losung des Regimesturzes propagiert die PYD, die sich in ihrem Parteiprogramm zum »Demokratischen Sozialismus« bekennt, einen Systemwechsel. Ihr

---

173. Gespräch mit dem Autor im November 2012 in Berlin.

Leitfaden für die Schaffung einer Selbstverwaltung durch Rätestrukturen ist die Philosophie Abdullah Öcalans, als Instrument für die Umsetzung dieser Ideen dient die »Bewegung für eine demokratische Gesellschaft« (TEV-DEM).

Die Mehrzahl der über ein Dutzend übrigen kurdischen Parteien in Syrien hat ihre Wurzeln in der 1957 gegründeten Kurdischen Demokratischen Partei Syriens (KDPS) und sie unterscheiden sich programmatisch kaum voneinander. Gefordert wird eine Demokratisierung Syriens, verfassungsrechtliche Anerkennung des kurdischen Volkes als zweiter Nation und Selbstverwaltungsrechte für die kurdisch besiedelten Landesteile bei Wahrung der territorialen Integrität Syriens. Die auf die KDPS zurückgehenden Parteien schlossen sich in einem unter der Schirmherrschaft des irakisch-kurdischen Präsidenten Massud Barzani stehenden Kurdischen Nationalrat (ENKS) zusammen, um gegenüber der arabischen Opposition mit einer Stimme zu verhandeln. Doch Streitigkeiten ihrer Führer machten das Bündnis schwerfällig.

Während die meisten kurdischen Parteien im Frühjahr 2011 kaum über handlungsfähige Strukturen vor Ort verfügten, erlangte die PYD durch intensive Basisarbeit auch außerhalb ihrer Hochburg Afrin schnell Einfluss in den Städten Cizîrê und in Kobanê. TEV-DEM-Komitees kümmerten sich um die Sicherheit und die Lebensmittelversorgung, sie schlichteten bei Auseinandersetzungen unter der Bevölkerung, setzten Diebe fest und versorgten Kranke oder Verletzte. Als sich Massenunterstützung für diese Basisgremien abzeichnete, wurden diese im Sommer 2011 im »Volksrat von Westkurdistan« zusammengefasst.

2011 kehrten zudem Hunderte syrische Kurden, die jahrelang in den Reihen der PKK-Guerilla gegen die türkische Armee gekämpft hatten, in ihre Heimat zurück, um ihre Erfahrung in den Aufbau einer als Volksverteidigungseinheiten (YPG) bezeichneten Miliz einzubringen, die sich zum Schutze Rojavas sowie der kurdischen Stadtviertel von Aleppo gebildet hatte. Diese Miliz hinderte die Freie Syrische Armee daran, über die türkische Grenze nach Rojava einzudringen und damit Luftschläge der syrischen Armee zu provozieren. Zudem bemühte sich die PYD, bei Protesten bewaffnete Angriffe unerfahrener junger Demonstranten auf Sicherheitskräfte zu unterbinden. Dieses Vorgehen brachte der PYD von Seiten der arabischen Opposition und anderer kurdischer Parteien den Vorwurf der Kollaboration mit dem Baath-Regime ein. »Eine offene Konfrontation mit der Diktatur wäre ein Desaster«, rechtfertigte der PYD-Co-Vorsitzende Salih Muslim das Vorgehen seiner Partei. »Unser Volk würde ein Angriffsziel nicht nur für die Armee, sondern auch für die Milizen arabischer Siedler in unseren Provinzen werden.«[174]

Belege für ein direktes Abkommen zwischen der PYD und der syrischen Regierung konnten bislang nicht erbracht werden. Vielmehr herrschte wohl nach Ausbruch des syrischen Bürgerkrieges eine stillschweigende Übereinkunft, die Kurden nicht zu einer besonderen Zielscheibe des Staates zu machen, während sich diese im Gegenzug aus dem Bürgerkrieg heraushielten. So zog die syrische Armee den Großteil ihrer Streitkräfte aus den kurdischen Siedlungsgebieten in andere heftig umkämpfte Landesteile ab. Als die Kämpfe zwischen syrischen Regierungstruppen und der Freien Syrischen Armee im Sommer 2012 dennoch auf Rojava überzugreifen drohten, nutzte die PYD die dortige militärische Schwäche des Regimes zur Übernahme der Kontrolle durch ihre Milizen. Die fast überall unblutig verlaufene »Revolution von Rojava« begann am 19. Juli 2012 in Kobanê und weitete sich dann auf die anderen Städte aus. »Unsere Strategie setzt auf eine friedliche Wandlung. Wenn wir bewaffnet gekämpft hätten, wären unsere Städte vom Regime zerstört worden«, berichtete der PYD-Vorsitzende von Amude, Hüseyn Koca, vom Beginn der Revolution. Regierungsgebäude und Polizeistationen aber auch von Infrastruktur wie Bäckereien und der Stromversorgung wurden von der Bevölkerung und bewaffneten Kämpfern der Volks-

---

174. Junge Welt vom 4. Mai 2012.

verteidigungseinheiten (YPG) umstellt. »Wir ließen die Baathisten ihre Waffen abgeben und schickten sie dann nach Hause.«[175]

Ausgehend von den bereits bestehenden Komitees und geprägt von Abdullah Öcalans Theorie einer »partizipativen Demokratie« durch die »Schaffung einer Plattform, auf der sich alle Arten von sozialen und politischen Gruppen, religiöse Gemeinschaften oder intellektuelle Tendenzen sich selbst direkt in allen lokalen Entscheidungsprozessen ausdrücken können«,[176] wurde Schritt für Schritt ein Rätesystem zur Selbstregierung der Bevölkerung aufgebaut. Im Mittelpunkt steht als kleinste Einheit die »Kommune«, die die Familien einer Straße, einer Siedlung oder eines Dorfes umfasst und die unmittelbaren sozialen Probleme vor Ort wie Müllabfuhr, Energie- und Lebensmittelversorgung aufgreift. Die Kommunen schlichten auch bei Nachbarschaftsstreitigkeiten und greifen in Fällen häuslicher Gewalt ein. Aus den Kommunen werden Delegierte in die Stadtteil- und von dort in die Stadträte und schließlich in den Kantonsrat entsandt.

Die Asayis (kurdisch für: Sicherheit) – eine Freiwilligenmiliz mit Sicherheitsaufgaben – untersteht ebenso den Räten wie die zum Schutz der Region von äußerer Gefährdung geschaffenen YPG. Die Asayis, die ihre Vorgesetzten ebenso wie die YPG selber wählen, verstehen sich als Sicherheitskräfte zur Selbstverteidigung der Gesellschaft und nicht als Unterdrückungsinstrument eines Staates und lehnen daher die Bezeichnung »Polizei« für sich ab. Mit den Asayisa Jin und dem Frauenverteidigungseinheiten YPJ haben die bewaffneten Organe eigenständige Frauenstrukturen, die mehr als ein Drittel der Gesamtstärke der Organisationen ausmachen. Entgegen der Darstellung westlicher Medien, bei YPG und Asayis handle es sich um PYD-Parteimilizen oder »Kurdenmilizen«, finden sich Angehörige verschiedener Parteien ebenso in diesen Einheiten wieder wie der verschiedenen ethnischen und religiösen Bevölkerungsgruppie-

---

175. Gespräch mit dem Autor im Oktober 2013 in Amude.
176. Abdullah Öcalan: Democratic Confederalism, London 2011, S. 26.

rungen der Region. Von ihrem Selbstverständnis her bezeichnen sich die YPG als Beschützer aller Völker und Glaubensgemeinschaften Rojavas.

Berufsgruppen, Frauen- und Jugendverbände sowie ethnische und religiöse Gemeinschaften entsenden eigene Vertreter in die Räte. Es gibt einen vorgeschriebenen Anteil von 40 Prozent Frauen in allen Gremien der Selbstverwaltung sowie jeweils eine quotierte Doppelspitze. Dahinter steht ebenso wie in der Schaffung eigener Frauenräte, Frauenbildungs-vereine und Frauenkooperativen im Rahmen der Selbstverwaltung sowie einer speziellen Gerichtsbarkeit für patriarchale Gewalt die Überzeugung: »Das System der Unterdrückung der Frau, das sich mit der kapitalis-tischen Moderne verbunden hat, ist die Basis aller Unterdrückung.«[177]

Prinzipiell besteht der Anspruch, das Prinzip der demokratischen Selbstverwaltung auch auf die ökonomische Sphäre anzuwenden. So sichert der als eine Art Grundgesetz dienende Gesellschaftsvertrag zwar das Recht auf Privateigentum zu. Doch gleichzeitig heißt es: »Wirtschaft-liches Horten in einer Hand (Monopolbildung) ist verboten.« Nach An-gaben von TEV-DEM-Verantwortlichen soll eine »Bedürfniswirtschaft« entwickelt werden, die sich vor allem auf den Aufbau von kommunalen Kooperativen stützt und die eine weitgehende Selbstversorgung der Re-gion anstrebt. Dies muss vor dem Hintergrund einer agrarisch geprägten und unter dem alten Regime mit seinen staatskapitalistischen Strukturen absichtlich unterentwickelt gehaltenen und kolonial ausgebeuteten Region gesehen werden, in der sich kein entwickelter Kapitalismus mit einer entsprechenden Spaltung der Gesellschaft in antagonistische Klassen herausbilden konnte. Weiterverarbeitende Industrie für die Agrarpro-dukte gibt es bislang kaum in Rojava, nur wenige Betriebe haben mehr als 15 Angestellte. Einige kleinere Fabriken etwa zur Olivenverarbeitung wurden in Kooperativen überführt. Zwar befinden sich rund 20 Prozent des Landes in der Hand von Großgrundbesitzern; doch eine Landreform

---

177. Aus einer Erklärung der »Konferenz junger Frauen im Kanton Cizîrê« am 16. Mai 2014 in Rumalan.

ist bislang nicht im Gespräch, da der Großgrundbesitz nicht dominant ist und wohl auch, um in der derzeitigen fragilen Situation der Etablierung der Selbstverwaltung keine neue Frontlinie innerhalb der Gesellschaft aufzumachen. Das übrige Land ist ehemaliges Staatsland. Es wird nun an Kooperativen zur Bearbeitung übergeben, die ein Drittel ihres Ertrages an die Selbstverwaltungsbehörden abführen. Zur Grundversorgung der Bevölkerung mit Brot wurden kommunale Mühlen und Bäckereien aufgebaut. An die Räte angeschlossene Kommissionen zur Preis- und Qualitätskontrolle gehen gegen Wucher und Betrug vor. Im Norden Syriens befinden sich zudem die einzigen Ölquellen des Landes. Zum Eigengebrauch für die Selbstverwaltung wird dort Öl gefördert, das in improvisierten Raffinerien zu Benzin verarbeitet und günstig an die Kooperativen abgegeben wird.

In Qamishli, der größten Stadt der Region, hat keine mit den anderen Orten vergleichbare Übernahme der politischen Macht in einem revolutionären Akt stattgefunden. Weiterhin ist in dieser Stadt die syrische Regierung mit Militärstützpunkten am Flughafen und der Grenze sowie mit Verwaltungsstrukturen präsent. Hier wurde zuerst ein Volksrat auf Stadtebene gebildet und dann die Entstehung unterer Einheiten angeregt. Der Aufbau der Selbstverwaltungsstrukturen erfolgte dabei parallel zu den fortbestehenden Staatsinstitutionen und in einem Wettbewerb mit diesen. Aufgrund ihrer höheren Effektivität bei der Lösung von Aufgaben der öffentlichen Daseinsvorsorge gegenüber der Staatsbürokratie gewannen die Volksräte mit ihrem eigenen auf sozialen Ausgleich setzenden Justizsystem immer stärkere Unterstützung der Bevölkerung. Mehrfach kam es allerdings zu bewaffneten Auseinandersetzungen zwischen den Asayis und den von einigen örtlichen arabischen Stämmen unterstützten »Nationalen Verteidigungskräften«, etwa wenn letztere junge Männer zwangsweise für die syrische Armee zu rekrutieren suchten.

Neben der Rätestruktur wurden für alle drei Kantone bei der offiziellen Ausrufung der »Demokratischen Autonomie« im Januar 2014

Übergangsregierungen eingesetzt. Dabei handelt es sich um Koalitionsregierungen, in denen neben PYD und TEV-DEM kleinere Parteien ebenfalls Minister stellen. So gehört der Außenminister des Kantons Cizîrê, Salih Gheddo, der sozialdemokratischen Linkspartei an. Mit der Bildung der als Zugeständnis an konventionell-bürgerliche Politikauffassungen erscheinenden Übergangsregierungen war vor allem die irrige Hoffnung verbunden, auf der von den Vereinten Nationen unterstützten »Genf II«-Konferenz zur Lösung der syrischen Krise im Januar 2014 mit einer eigenen Delegation vertreten sein zu können. Doch lediglich einige Vertreter des »Kurdischen Nationalrates« (ENKS) waren im Rahmen der vom Westen als einziger Vertretung der syrischen Opposition anerkannten »Nationalen Koordination der syrischen Revolutions- und Oppositionskräfte« (ETILAF) zugelassen, konnten sich aber gegenüber dem Block der religiösen und arabisch-nationalistischen Kräfte nicht durchsetzen.

Als eine Art Verfassung wurde im Januar 2014 ein »Gesellschaftsvertrag der demokratisch-autonomen Verwaltungen Cizîrê, Kobanê und Afrin« von rund 50 die Selbstverwaltung unterstützenden Verbände, Parteien und Vertretungen ethnischer und Glaubensgemeinschaften verabschiedet. Die demokratisch-autonome Verwaltung ist Teil eines nicht zentralistisch organisierten zukünftigen Syriens und dessen Vorbild. Diese Verfassung orientiert ausdrücklich nicht auf eine Form kurdischer Eigenstaatlichkeit, sondern weiterhin auf einen syrischen Rahmen. »Ein föderales System ist das passende Modell für Syrien, und das Verhältnis zwischen den autonomen Verwaltungen und der Zentralregierung Syriens wird auf dieser Grundlage strukturiert.« Der Gesellschaftsvertrag schreibt die Rechte aller ethnischen und religiösen Bevölkerungsgruppen ebenso fest, wie Frauenrechte und das Recht auf Arbeit, Streik, Unterkunft, Gesundheit und Sozialversicherung. Mit Artikel 20 werden kurzerhand »alle internationalen Menschenrechtsverträge und -abkommen« zum »Teil der inneren Rechtsprechung« der Kantone erklärt. Der Gesellschaftsvertrag sichert das Recht auf politisches Asyl zu und verbietet die Abschiebung gegen den Willen des Betroffenen. Körperliche und psychische Folter sind ebenso verboten wie die Todesstrafe.

Von einigen kleineren kurdischen Parteien, die die Selbstverwaltung nicht anerkennen und sich sogar an Sabotageaktionen und Gewaltakten gegen deren Institutionen beteiligt haben, wurde allerdings der Vorwurf erhoben, ihre Mitglieder würden von den Asayis willkürlich inhaftiert, gefoltert und sogar ermordet.[178] Gegenüber der Menschenrechtsorganisation »Human Rights Watch« entschuldigte sich die Selbstverwaltung für Fälle von Willkür und Misshandlungen, die sie mit der Kriegssituation und der langjährigen Kultur der Gewalt unter dem alten Regime zu erklären suchte.[179] Für die Asayis wurde eine Menschenrechtsschulung eingeführt.

Kurdischer Bruderzwist

In Rojava – insbesondere im Kanton Cizîrê – leben außer Kurden auch Araber, christliche Suryoye (Assyrer/Aramäer) sowie weitere Volksgruppen. Schon die Präambel des »Gesellschaftsvertrages«, der das dortige Projekt nicht als »kurdisch« oder »Rojava« charakterisiert, spiegelt die multiethnische und multireligiöse Zusammensetzung der Bevölkerung wider. »Für die Freiheit und den Respekt vor dem Glauben, geben wir als Kurden, Araber, Suryoye, Turkmenen und Tschetschenen diesen Vertrag bekannt. (…) Die Regionen der demokratisch-autonomen Verwaltung sind offen für die Beteiligung aller ethnischen, sozialen, kulturellen und nationalen Gruppen mittels ihrer Vereinigung sowie die darauf aufbauende Verständigung, die Demokratie und den Pluralismus.« Dies ist ein bewusster Bruch mit der seit Ende der Kolonialzeit praktizierten Über-

---

178. Siehe z. B. die Berichte auf der Website www.kurdwatch.org.
179. Die Antwort der Selbstverwaltungsbehörden ist auf der Website von Human Rights Watch veröffentlicht: http://www.hrw.org/sites/default/files/related_material/The%20 Democratic%20Self-Rule%20Administration%E2%80%99s%20Response%20to%20 the%20Report%20of%20Human%20Rights%20Watch%20Organization.pdf.

tragung des europäischen Nationalstaatsparadigmas auf das nahöstliche Bevölkerungsmosaik, das in vielen Ländern der Region zur Dominanz einer ethnischen oder religiösen Bevölkerungsgruppe bei gleichzeitiger Negierung oder Assimilation bis hin zum Genozid an jeweils anderen geführt hatte. Analog zur jeweiligen Bevölkerungszusammensetzung erfolgt in den Gremien der demokratischen Selbstverwaltung neben der Geschlechterquotierung eine ethnische Quotierung der Leitungsfunktionen. So steht der Stammeschef des einflussreichen arabischen Schammar-Stammes Scheich Hamedi Daham gemeinsam mit der ehemaligen YPG-Kommandantin Hadiya Yousif dem Volksrat von Cizîrê vor. In gemischt besiedelten Orten wurden »Versammlungen der Geschwisterlichkeit« einberufen. »Anstatt dort eine rein kurdische Kontrolle durchzusetzen, ist es notwendig, auf diese Minderheiten Rücksicht zu nehmen und sie ebenfalls für die Selbstverwaltung zu gewinnen«, begründete Asia Abdullah das Vorgehen. »Sensibilität ist insbesondere angebracht, weil das Regime einige arabische Stämme mit Waffen versorgt hat und wir nur durch Rücksicht und Dialog eine Eskalation vermeiden können.«[180]

Die Einbindung der Suryoye in die Selbstverwaltung ist weitgehend gut gelungen. Vielen Angehörigen dieser durch die Angriffe der Dschihadisten besonders bedrohten christlichen Bevölkerung ist bewusst, dass sie ihre Sicherheit den YPG verdanken. Der »Militärrat der Suryoye« hat sich im Januar 2013 den YPG angeschlossen. »Wir leben seit Tausenden Jahren mit unseren kurdischen und arabischen Brüdern zusammen und wollen uns mit voller Überzeugung an der demokratischen Selbstverwaltung beteiligen«, erklärte der Vorsitzende der »Einheitspartei der Suryoye«, Ishow Goriye.[181] Dagegen bleiben die Beziehungen zu Teilen der arabischen Stämme infolge jahrzehntelanger staatlicher Teile-und-Herrsche-Politik von Misstrauen geprägt. Dazu trägt auch die Problematik bei, dass einige dieser Stämme von der Baath-Regierung im Zuge

---

180. Gespräch mit dem Autor im November 2012 in Berlin.
181. Im Gespräch mit dem Autor im Oktober 2013 in Qamischli.

der »Politik des arabischen Gürtels« auf ursprünglich kurdischem Land angesiedelt wurden und nun befürchten, ihrerseits vertrieben zu werden. Die mächtigen Stämme stellen sich hinter diejenige Kraft, die ihnen gerade als die stärkste erscheint. Loyalitäten können so je nach politischer Lage vom Baath-Regime zur Freien Syrischen Armee, zum IS aber auch zur Selbstverwaltung und zurück wechseln. So ist die gleichberechtigte Mitwirkung zwar ein ernst gemeintes Angebot der Selbstverwaltung, doch seine Umsetzung steht bezüglich der Masse der in Rojava lebenden Araber vielfach noch aus. Von der Lösung dieser Frage hängt indessen auch ab, inwieweit sich die Selbstverwaltung dauerhaft etablieren und auf andere Landesteile ausweiten kann.

Rojava sieht sich einem mehrfachen Embargo ausgesetzt. Im Landesinneren grenzt die Region an das »Kalifat« des Islamischen Staates, das auch die Verbindung zwischen den Kantonen kontrolliert. Die Türkei hält ihre Grenzübergänge zu den Kantonen geschlossen und hat die Grenze entlang einiger syrisch-kurdischer Städte sogar mit einer Mauer gesichert. Und über den Flughafen von Qamishli eingeflogene Güter unterstehen der Kontrolle durch die Baath-Partei. Spannungsgeladen bleibt auch das Verhältnis der Rojava-Selbstverwaltung zur »Kurdischen Regionalregierung« (KRG) unter Präsident Massoud Barzani im Nordirak sowie dessen »Demokratischer Partei Kurdistans« (KDP). Ein unter Vermittlung Barzanis im Juli 2012 gebildeter Hoher Kurdischer Rat, der paritätisch aus je fünf Mitgliedern des PYD-nahen Volksrates von Westkurdistan und des von Barzani-Anhängern gebildeten »Kurdischen Nationalrats« (ENKS) besetzt war, sollte alle syrischen Kurden repräsentieren. Doch von Anfang an sabotierten einige ENKS-Parteien die Arbeit des Rates. Sie nahmen nicht an den Sitzungen teil, verhandelten auf eigene Faust mit syrischen Oppositionsgruppen und beteiligten sich sogar an bewaffneten Angriffen auf kurdische Viertel von Aleppo und die Stadt Serekaniye. Die Spannungen gipfelten in einer Blockade des einzigen Grenzübergangs zwischen Rojava und der Region Kurdistan-Irak bei

Semalka (Faysh Khabur) am Tigris. Monatelang wurden unter anderem dringend benötigte Transformatoren sowie medizinische Güter durch die Kurdische Regionalregierung zurückgehalten. Infolge des mehrfachen Embargos durch die Nachbarn stieg die Säuglingssterblichkeit in Rojava nach Angaben des kurdischen Roten Halbmondes aufgrund fehlenden Milchpulvers stark an. In den Apotheken und den von den Volksräten eröffneten kostenlosen Gesundheitsstationen fehlte es an lebensnotwendigen Medikamenten wie Antibiotika und Antiseptika. »Die PYD kämpft für die Interessen des Regimes, mit dem sie eng zusammenarbeitet. Die PYD respektiert den Willen des kurdischen Volkes nicht«[182], rechtfertigte die »Kurdische Regionalregierung« die Grenzblockade mit einer angeblichen Kollaboration der PYD mit Assad. Ziel des Embargos ist es offenbar, die Bevölkerung faktisch auszuhungern, bis diese sich gegen die vorgebliche »PYD-Diktatur« wendet.

Hintergrund dieser Politik ist zum einen die Abhängigkeit der Autonomieregion Kurdistan-Irak von türkischen Investitionen und Importen. Auch die – gegen den Willen der Bagdader Zentralregierung von Erbil begonnenen – Ölgeschäfte laufen über die Türkei. Das versetzt Ankara in die Lage, auf die KRG bezüglich des Umgangs mit Rojava Druck auszuüben. Doch Barzanis negative Haltung gegenüber der Entwicklung im Nachbarland beruht auch auf unterschiedlichen gesellschaftspolitischen Vorstellungen. Im eigenen Land hat Barzani ein auf Petro-Dollars beruhendes korruptes neofeudales Regime errichtet. Gigantische Einkaufszentren und luxuriöse »Gated Communities« schießen dort aus dem Boden, während die Zahl der sogenannten Ehrenmorde und Gewaltakte gegen Frauen um ein Vielfaches zugenommen hat. Für viele Menschen in Rojava ist dieses Modell nicht attraktiv, sie wollen einen alternativen

---

182. So rechtfertigte die »Kurdische Regionalregierung« am 23. Oktober 2013 das Ausreiseverbot für den PYD-Vorsitzenden Salih Muslim aus Rojava in die Autonomiezone. Muslim hatte an Trauerfeiern für seinen im Kampf gegen den IS getöteten Sohn Servan teilgenommen.

Entwicklungsweg einschlagen und führen einen aktiven Kampf gegen rückständige Strukturen in Familie und Gesellschaft.

Eine vorübergehende Wende im innerkurdischen Verhältnis brachte die Offensive des Islamischen Staates (IS) auf irakisch-kurdisches Gebiet im Sommer 2014. Während die Peschmerga in Sengal kampflos vor dem Dschihadisten zurückwichen, ermöglichte das Eingreifen von PKK-Guerilla und YPG auf irakischem Territorium die Flucht von Hunderttausend Jesiden nach Rojava. Der an der Seite der Peschmerga kämpfenden Guerilla war es auch zu verdanken, dass der Vorstoß des IS bei der Kleinstadt Mahmour – nur noch 40 Kilometer von der kurdischen Hauptstadt Erbil entfernt – gestoppt werden konnte. Unter diesen Umständen konnte die KRG ihre Blockadehaltung gegenüber Rojava nicht mehr länger aufrechterhalten. Im Oktober 2014 stimmte das kurdische Regionalparlament mehrheitlich für die Anerkennung der drei Selbstverwaltungskantone und beschloss die Entsendung von Peschmerga in die vom IS belagerte syrisch-kurdische Stadt Kobanê.

Die aus einem gänzlich unterschiedlichen Politikverständnis resultierenden Differenzen zwischen der auf klientelistische Parteienherrschaft setzenden KDP und der auf basisdemokratische Selbstregierung bauenden PYD konnten durch diese vorübergehende Phase nationaler Einheit jedoch nicht dauerhaft überwunden werden. Im Frühjahr 2016 riegelte die KDP erneut monatelang die Grenze nach Rojava ab, ließ ausländische YPG-Kämpfer wegen »illegalen Grenzübertritts« verhaften und entsandte ihre sogenannte »Rojava-Peschmerga« nach Aleppo. Dort kämpften diese an der Seite der von der Türkei unterstützten islamistischen Verbände nicht nur gegen den IS, sondern auch gegen die YPG. Dagegen erklärten die beiden anderen großen irakisch-kurdischen Parteien – die Patriotische Union Kurdistans (PUK) und die Bewegung für den Wandel (Goran) – ihre Unterstützung für die Selbstverwaltung. Die PUK schickte Hilfslieferungen und finanzierte von der US-Luftwaffe abgeworfene Munitionslieferungen für die Volksverteidigungseinheiten (YPG).

Bereits seit 2013 sieht sich Rojava einer Offensive dschihadistischer Gruppen und Einheiten der »Freien Syrischen Armee« ausgesetzt. Nachdem es der YPG gelang, die Ende 2012 von Einheiten der al-Nusra Front, des IS und der FSA eingenommene strategisch gelegene Grenzstadt Serekaniye von der dschihadistischen Schreckensherrschaft zu befreien, erklärten 70 FSA-Kommandeure nach einem Treffen in Antep am 26. Juli 2013 der kurdischen Region den Krieg. War anfangs die zu al-Qaida gehörende al-Nusra-Front noch der Hauptgegner, so rückte zunehmend der vor allem aus ausländischen Dschihadisten gebildete IS in den Vordergrund. Konnte die YPG lange alle Angriffe der Dschihadisten zurückschlagen, so änderte sich das Kräfteverhältnis, nachdem der IS in Mossul große Mengen schwerer Waffen der irakischen Armee erbeutet hatte und diese nun zur Großoffensive auf den kleinsten der drei Kantone Kobanê nutzte. Unterstützung bekam der IS dabei von der türkischen Regierung. Der türkische Geheimdienst ermöglichte den Grenzübertritt tausender ausländischer IS-Kämpfer. Kurz vor Beginn des Angriffs Mitte September 2014 wurden per Bahn Munition und Waffen an die Grenze gebracht. Zudem konnte der IS seine Verwundeten in eigens eingerichteten Dschihadisten-Abteilungen türkischer Krankenhäuser versorgen lassen. Dahinter stand die Intention der religiös-nationalistischen AKP-Regierung, so die dauerhafte Etablierung einer von der PKK-Schwester PYD dominierten Autonomiezone entlang ihrer Grenze zu verhindern, um damit zugleich die Verhandlungsposition von Abdullah Öcalan bei den damals noch laufenden Friedensgesprächen zu schwächen.

Schlacht um Kobanê

Rund 200.000 Einwohner des Kantons Kobanê – nahezu die gesamte Zivilbevölkerung – flohen über die türkische Grenze. Sprecher der US-Regierung, deren Luftwaffe zu diesem Zeitpunkt bereits IS-Ziele im Irak und Syrien bombardierte, stimmten die Öffentlichkeit bereits auf den Fall Kobanês ein. Doch auch nach dreiwöchigem Kampf hielten die nur leichtbewaffneten Verteidiger – darunter neben den YPG einige hundert verbündete FSA-Kämpfer – immer noch den Panzern des IS stand. Erst als der IS bereits in die Stadt eindrang, sahen sich die USA gezwungen, mit zielgerichteten Luftangriffen einzugreifen, um die US-geführte Allianz gegen den IS nicht vor den Augen der Weltöffentlichkeit unglaubwürdig erscheinen zu lassen. Allen Protesten der Türkei zum Trotz wurden die YPG damit faktisch als Partner im Anti-IS-Kampf anerkannt, während die ihr ideologisch eng verbundene PKK weiterhin auf den Terrorlisten von EU und USA steht. Die militärische Wende brachte im November 2014 die Entsendung von 150 Peschmerga durch die unter dem Druck ihrer eigenen Bevölkerung stehende Kurdische Regionalregierung im Nordirak. Dass die Türkei die Peschmerga über ihr Staatsgebiet passieren ließ, war dem Hintergedanken geschuldet, so den Unmut der eigenen kurdischen Bevölkerung zu besänftigen und zugleich den Einfluss der konservativen Barzani-Regierung in Rojava zu stärken. Zwar kämpften die Peschmerga nur in der rückwärtigen Linie, doch sie gaben den YPG mit Hilfe dringend benötigter Panzerabwehrraketen und Artillerie, die auf türkischen Druck kein Staat an die YPG liefern wollte, Feuerschutz. Nach mehr als viermonatigem Kampf, der rund 500 YPG-Kämpfern das Leben gekostet hatte, konnte das zu 80 Prozent zerstörte Stadtgebiet von Kobanê im Januar 2015 befreit werden. »Der Widerstand in Kobanê hat den Mythos der Unbesiegbarkeit des IS nun endgültig gebrochen«, bewertete die PYD-Co-Vorsitzende Asia Abdullah diese erste große Niederlage des IS. Doch die Schlacht um Kobanê hatte auch die Verwundbarkeit der Selbstverwaltung und ihre Abhängigkeit von ausländischer Unterstützung offenbart.

Innerhalb der Türkei beflügelte die Befreiung von Kobanê den Aufstieg der linken, prokurdischen »Demokratischen Partei der Völker« (HDP). Als diese im Juni 2015 mit 13 Prozent in das Parlament einzog, kostete dies der »Partei für Gerechtigkeit und Entwicklung« (AKP) die absolute Mehrheit. 34 Anhänger einer HDP-nahen sozialistischen Jugendorganisation, die beim Wiederaufbau von Kobanê helfen wollten, starben am 20. Juli 2015 bei einem Selbstmordanschlag in der türkischen Grenzstadt Suruç. Der dem IS zugeschriebene, aber nach Ansicht der HDP mit Billigung des türkischen Geheimdienstes verübte Anschlag bildete den Auftakt zu einem von der türkischen Regierung verkündeten »Krieg gegen den Terror«. Dieser richtete sich allerdings nicht gegen den weiterhin von Ankara zumindest indirekt protegierten IS, der im Oktober 2015 bei neuen Anschlägen über 100 Teilnehmer einer Friedenskundgebung in Ankara in den Tod riss, sondern gegen die PKK. Die nach Ansicht der Opposition von Staatspräsident Recep Tayyip Erdoğan gezielt betriebene »Strategie der Spannung« trug wesentlich zum neuerlichen Wahlsieg der AKP im November 2015 bei. Nicht nur Guerillastützpunkte im Irak und der Türkei wurden von der türkischen Luftwaffe bombardiert, sondern auch Hochburgen der kurdischen Befreiungsbewegung im Südosten der Türkei mit wochenlangen Ausgangssperren überzogen. Unter den Sondereinheiten der Polizei, die dort Massaker an der Zivilbevölkerung begingen, waren nach Angaben von Anwohnern auch arabische Dschihadisten, die sich wie eine IS-Einheit in Kobanê »Esedullah« – »Löwen Gottes« – nannten. Die meist jugendlichen Verteidiger der nur einen Steinwurf von der syrischen Grenze gelegenen Städte Cizre und Nusaybin zogen wiederum die Fahnen der YPG über ihren Barrikaden auf und verkündeten: »Je mehr ihr zum IS werdet, desto mehr werden wir zu Kobanê.«

Nach der Befreiung des Stadtgebietes von Kobanê gelang es den YPG in den folgenden Monaten, das eigene Gebiet erstmals bis zum Euphrat nach Westen auszudehnen. Ein strategischer Erfolg wurde im Juni 2015 die Einnahme der östlich von Kobanê gelegenen Grenzstadt Tel Abiyad (Gire Spi). Damit verlor der IS nicht nur sein bis dahin wichtigstes Tor zur Türkei, auch die Verbindung der Kantone Kobanê und Cizîrê wurde so ermöglicht. Da in der Region von Tel Abiyad nach der Vertreibung einer kurdischen Minderheit durch die Dschihadisten fast ausschließlich Araber lebten, war die maßgebliche Beteiligung von arabischen Einheiten des durch die YPG und einige FSA-Einheiten gebildeten Bündnisses Burkan al Furat (Vulkan des Euphrat) ausschlaggebend, um nicht den Eindruck kurdischer Landnahme entstehen zu lassen. Die türkische Regierung, syrische Oppositionsgruppen und die Menschenrechtsorganisation »Amnesty international« beschuldigten dennoch die YPG, ethnische Säuberungen an Arabern und Turkmenen begangen zu haben. Die YPG verwiesen dagegen darauf, dass einige Dörfer nur vorübergehend zum Schutz der Zivilbevölkerung geräumt wurden und Zerstörungen eine Folge der Kämpfe oder aufgrund von Sprengfallen des IS seien.

Auf dem Weg in Richtung Autonomie

Im Oktober 2015 schlossen sich die YPG mit arabischen, turkmenischen und Suryoye-Milizen zu den Demokratischen Kräften Syriens (Syrian Democratic Forces/SDF) zusammen. Dem von der YPG zahlenmäßig dominierten Bündnis gehören unter anderem die Armee der Revolutionäre (Dschaisch ath-Thuwwar), die Kämpfer des arabischen Schammar-Stammes (Quwat as-Sanadid) sowie der Militärrat der Suryoye (MFS) an. Der Zusammenschluss erfolgte auch auf Druck der USA, die eine direkte Zusammenarbeit mit den YPG aus Rücksichtnahme auf den NATO-Partner Türkei vermeiden wollten. Die in den folgenden Monaten um weitere Rebellenverbände angewachsenen SDF habe anfangs nur das Ziel der Befreiung vom IS gehabt, doch mittlerweile kämpfe das Bündnis für ein »demokratisches, pluralistisches, föderales System in Syrien, das die Freiheit kultureller Rechte und die Glaubensfreiheit für alle Volksgruppen in Syrien garantiert«, erklärte der turkmenische SDF-Sprecher, Generalmajor Talal Silo. Dementsprechend verstünden sich die

SDF als »Kern zukünftiger Streitkräfte eines demokratischen Syriens, in dem Religion und Staat voneinander getrennt sind«.[183]

Als politisches Dachbündnis analog zu den SDF wurde am 10. Dezember 2015 in al-Malikiya der Demokratische Rat Syriens (Syrian Democratic Council/SDC) gebildet. Zu Co-Vorsitzenden dieses Oppositionsbündnisses wurden die TEV-DEM-Vertreterin Ilham Ahmed sowie der prominente syrisch-arabische Menschenrechtsaktivist Haytham Manna gewählt. Da auf Druck der Türkei und der Golfstaaten Vertreter der PYD ausdrücklich nicht zu den internationalen Syrien-Verhandlungen im März 2016 eingeladen wurden, verweigerten auch die übrigen geladenen Vertreter des SDC die Teilnahme an dem letztlich ergebnislosen Treffen in Genf. Stattdessen schuf eine in der Stadt Amude zusammengekommene Versammlung, an der 31 Parteien und 200 Teilnehmer aus allen Bevölkerungsgruppen aus der gesamten Region Nordsyriens teilnahmen, vollendete Tatsachen und verkündeten am 17. März die Bildung einer föderalen Region Rojava-Nordsyrien. Betont wurde, dass dies keine Abspaltung, sondern ein erster Schritt hin zu einem föderalen Syrien sei. Der Co-Vorsitzende des SDC, Haytham Manna, trat allerdings aus Protest gegen diese »einseitig« vorangetriebene Initiative von seinem Posten zurück. Auf einer weiteren Sitzung in Juli wurde Qamischli zur Hauptstadt der föderalen Region Rojava-Nordsyrien bestimmt und ein Verfassungsentwurf vorgelegt.

Die Ausrufung der Autonomie stieß bei der syrischen Regierung und der syrischen Opposition gleichermaßen auf Ablehnung. Kurz nach der Autonomieerklärung kam es im April in Qamischli zu den bislang schwersten Auseinandersetzungen zwischen Asayis und regimenahen Milizen mit Dutzenden Toten. Die im ENKS zusammengeschlossenen Barzani-Anhänger kritisierten dagegen den nicht-kurdischen Charakter der föderalen Region. »Unser Projekt basiert nicht auf nationalistischer

---

183. https://www.gfbv.de/de/news/syrien-rakka-offensive-sdf-kurden-8040/

Denkweise, wir bauen unser System nicht auf Grundlage des Kurdentums«, konterte der Vertreter der TEV-DEM Diyar Qamislo solche Vorwürfe.[184]

Die US-Regierung ließ verlauten, dass sie keine »selbstregierten Zonen innerhalb Syriens« anerkennen und »auf dem Ziel eines vereinten Syrien« beharren werden. Deutlich wurde damit, dass Washington zwar die militärische Unterstützung der nun im Gewand der SDF auftretenden YPG nach den Misserfolgen mit der Rekrutierung eigener »gemäßigter Rebellen« als notwendiges Übel akzeptiert hatte. Damit verbanden die USA aber keinerlei politische Anerkennung der Selbstverwaltung.

Russland wiederum, das sich seit September 2015 militärisch auf der Seite der syrischen Regierung engagiert, beklagte zwar den einseitigen Charakter der Autonomieerklärung. Doch anders als die USA drängte Moskau darauf, die Vertreter der syrischen Kurden einschließlich der PYD zu Friedensgesprächen aufzufordern. Auf Einladung der russischen Regierung durfte die Rojava-Selbstverwaltung im Februar 2016 in Moskau ihre erste Auslandsvertretung eröffnen, weitere folgten ohne diesbezügliche Einladungen der jeweiligen Regierungen in Stockholm, Prag, Berlin und Paris. Moskau verbindet mit der partiellen Unterstützung der syrischen Kurden die Intention, neben der syrischen Regierung bei Gesprächen über die Zukunft Syrien ein zweites Standbein auch im Lager der Opposition zu haben. Für die Kurden ergibt sich durch das Spielen der russischen Karte wiederum die Chance, ihre einseitige Abhängigkeit von den USA zu lockern. »Es herrscht Chaos im Nahen Osten, und jede regionale oder internationale Macht versucht, die eigenen Interessen zu sichern«, führte Cemil Bayik, der Co-Vorsitzende des sowohl die PKK wie auch die Anhänger Öcalans in Syrien einschließenden Dachverbandes »Union der Gemeinschaften Kurdistans« (KCK) aus. »Es gibt dabei eine schiitische und eine sunnitische Front. Russland unterstützt

---

184. http://aranews.net/2016/07/syrian-kurds-declare-qamishli-capital-new-federal-system/

die schiitische Front, die USA ist für die sunnitische Front. Die Kurden sollten keine dieser Fronten unterstützen. Wir haben unsere eigene, dritte Linie. Aber wir werden Beziehungen zu einzelnen Mitgliedern dieser Fronten unterhalten.«[185]

Die »Syrian Democratic Forces« (SDF) konnten, unterstützt von der US-Luftwaffe, erhebliche Geländegewinne gegenüber dem IS sowohl in der Region al-Hasaka im Nordosten Syriens als auch entlang des Euphrat verbuchen. Obwohl die türkische Regierung ein Vorrücken der kurdischen Verbände in die vom IS kontrollierte Region westlich des Euphrat zur roten Linie erklärt hat, überschritten die SDF-Einheiten zum Jahresende 2015 den Fluss am Teschrin-Staudamm. Zwar beschoss die an der Grenze aufgefahrene türkische Armee mehrfach YPG-Stellungen, doch ein drohender türkischer Einmarsch in das Nachbarland ist nach dem Eingreifen Russlands in Syrien und insbesondere nach dem Abschuss eines russischen Kampfflugzeuges durch die türkische Luftwaffe kaum noch denkbar. Stattdessen konnten die SDF im Februar 2016 unter dem Feuerschutz russischer Kampfflugzeuge gegenüber den von der Türkei unterstützten dschihadistischen Gruppen wie al-Nusra und Ahrar-al-Sham nordwestlich von Aleppo an Boden gewinnen.

Mit der Operation zur Befreiung der mehrheitlich arabisch bewohnten Stadt Manbidsch westlich des Euphrat gelang es den SDF im Sommer 2016, die Verbindungsroute des IS zwischen der Grenzstadt Jarablus und seiner »Hauptstadt« Raqqa abzuschneiden. Angehörige von US-Spezialeinheiten begleiteten die SDF als »Berater« und fungierten dabei zugleich als Schutzschilde gegen drohenden Beschuss der türkischen Armee.

Die Militärallianz zwischen den ungleichen Verbündeten ist von politischen Interessensdivergenzen geprägt. Während die USA einen Angriff auf Raqqa priorisieren, sehen die SDF ihr strategisches Ziel

---

185. http://diepresse.com/home/politik/aussenpolitik/4905393/PKKChef_Wir-lassen-uns-nicht-zur-Schlachtbank-fuhren, (15. Januar 2016).

darin, einen Korridor von Kobanê durch das noch vom IS kontrollierte Gebiet bis zum dritten Selbstverwaltungskanton Afrin freizukämpfen. Eine solche Vereinigung der Kantone zu verhindern, ist wiederum das strategische Ziel der Türkei, die deswegen nach Informationen der algerischen Tageszeitung *El-Watan* im April auf einer Geheimkonferenz in Algier sogar wieder Fühlung zur syrischen Regierung aufgenommen hat.[186] Zumindest der als Beratungsinstitution der US-Streitkräfte dienende Think Tank »Rand Corporation« geht in einer Studie vom Sommer 2016 davon aus, dass weder die syrische Regierung noch die syrischen Oppositionskräfte noch die türkische Regierung die Kraft haben werden, die Etablierung einer kurdischen Autonomieregion in Nordsyrien rückgängig zu machen.[187]

---

186. https://www.almasdarnews.com/article/turkish-syrian-governments-hold-secret-meeting-algeria-el-watan/
187. http://aranews.net/2016/06/neither-syrian-factions-turkey-can-prevent-kurdish-federalism-us-think-tank/

»Ohne ihn[188] wären wir alle schon tot« Zu Geschichte und Gegenwart des Christentums in Syrien

Johannes Auer

Als im Jahre 2011 der sogenannte Bürgerkrieg in Syrien an Fahrt aufnahm, da war ein nicht geringer Teil der Öffentlichkeit von einem raschen und »guten« Ende überzeugt. Dieses »gute Ende« freilich wurde mit einem Abtritt Baschar al-Assads gleichgesetzt und damit mit einer angeblichen Demokratisierung des Landes. Der »arabische Frühling«, bejubelt von einem Großteil der westlichen Öffentlichkeit, sei eine Bewegung der Freiheitsliebenden gegen Despoten. So weit so gut, der Rest ist, wie man so schön sagt, Geschichte.

Die offenkundige Fehleinschätzung der Lage am Boden, einhergehend mit einer fatalen Passivität der westlichen Regierenden, zeitigt besonders auch für die Minderheit der Christen dramatische Folgen. Der vorliegende Beitrag beschäftigt sich mit den Christen in Syrien. Diese Gruppe von Gläubigen, die hier sehr vereinfachend unter »Christentum« subsumiert wird, aber in zahlreiche Bekenntnisgemeinschaften zersplittert ist, ist zwar nicht erst seit dem »arabischen Frühling« in dieser Region einer massiven Verfolgung ausgesetzt, seit jedoch die Revolutionen, Aufstände und politischen Umschwünge des »arabischen Frühlings« restlos in Richtung »Islamismus« kippten, werden die Christen der Region unvergleichbarer Verfolgung ausgesetzt, die zur kulturellen und physischen Ausmerzung der christlichen Religionsgemeinschaften führen könnte.

Der folgende Beitrag wird zunächst die spirituellen Wurzeln des Christentums betrachten, die gerade im Orient und besonders auch in

---

188. Gemeint ist der syrische Präsident Baschar al-Assad

Syrien liegen. Daran anschließend werden der arabische Sozialismus bzw. der »Panarabismus« und die Rolle der Christen in dieser Bewegung beleuchtet. Daran anschließend soll auf die dramatische Situation hingewiesen werden, in der Christen in Syrien stecken, um abschließend die Frage zu stellen, ob das Christentum in Syrien überhaupt eine Zukunft hat.

Ex oriente lux:
Das Christentum als eine orientalische Religion

Die spirituellen Wurzeln

Wenn man die Geschichte des Christentums in Syrien nachzeichnen möchte, dann kann es in einem ersten Schritt dabei zunächst nicht unbedingt um objektive historische Wahrheit gehen, oder ausschließlich um die derzeitige Situation. Sondern vielmehr gilt es, die Bedeutung Syriens für gläubige Christen darzulegen. Von dieser Bedeutung ausgehend wird dann die rum-orthodoxe Kirche als größte Kirche des Landes vorgestellt. Da Christen eine bedeutende Rolle in der panarabischen Bewegung spielten, soll dies auch eingehender beleuchtet werden, ermöglichte doch gerade diese Bewegung lange Zeit den Christen in Syrien ein friedliches Leben.

Die christlichen Wurzeln im Lichte der gläubigen Tradition

Das gläubige christliche Leben ist stets geprägt vom Evangelium, von der jeweiligen christlichen Traditionslinie, von der jeweiligen Hierarchie und auch von seiner geographischen Umgebung. Das Christentum im Nahen und Mittleren Osten lebt zudem seit Jahrhunderten mit dem Islam zusammen, einem Glauben, der noch weniger als das Christentum selbst als eine einzige Einheit angesehen werden kann. In den meisten Ländern der Region ist der sunnitische Islam die dominierende Bekenntnisgruppe, wenn von »dem« Islam die Rede ist. Diese Unterscheidung ist wichtig, denn in der schiitisch dominierten Islamischen Republik Iran ist die Situation der Christen eine andere als beispielsweise im sunnitischen Syrien, oder im ebenfalls sunnitischen Ägypten.

Syrien, dieser Name steht für das Christentum für Anfang und damit für ein Kernland des Christentums. Europa mag sich über die Jahrhunderte auch als Nabel der christlichen Welt verstanden habe, ideengeschichtlich ist es aber so, dass die Botschaft Jesu Christi im Orient Gestalt annahm. Und hier spielt Syrien eine zentrale Rolle. Daher ist auch das Christentum keine imperialistische Macht im Nahen und Mittleren Osten, sondern dort viel mehr zu Hause. Der Theologe Hugo Rahner drückt dies folgendermaßen aus: »Abendland ist der Raum, den Paulus eilends von Jerusalem zum Illyrikum und von da aus nach Rom und nach Spanien durchlaufen hat (Röm 15,24).[189] Abendland ist also das Land, in dem sich die erste und nicht wieder rückzurufende Leibwerdung der Kirche vollzogen und in dem das Licht aus dem Osten weitergegeben wird bis in das Abendland der Weltgeschichte. Abendland ist konsekriert durch den Kreuztod Christi und darum immer von neuem geeignet, Morgenland zu werden (…)«[190]

Rahner wollte mit diesen spirituellen Worten keineswegs andeuten, dass das geographische Europa den Orient auf Grund dieses Umstandes unterwerfen und beherrschen dürfe, sondern er wollte vielmehr klar machen, dass das europäische Christentum aus dem Orient stammt. Zentrale Orte der christlichen Heilsgeschichte befinden sich auf dem heutigen Territorium Syriens. Pater Elias van Haaren von den Franziskanern bemerkt dazu in einem Interview mit dem Autor: »Syrien gehört zur Kustodie des Heiligen Landes. Schon in der Heiligen Schrift, im Alten wie im Neuen Testament, wird Syrien erwähnt. Das Erlebnis seiner Bekehrung hatte der heilige Paulus in Damaskus. Viele Heilige (Johannes von Damaskus, Ephraim der Syrer, Simon von Stylitis, Tek-

---

189. Aus der Bibel: Römerbrief, Brief des Paulus an die Römer
190. Hier zitiert aus: Rahner, Hugo, Worte, die Licht sind, Freiburg 1981, S. 59

la, um nur einige zu nennen) waren Syrer. In Syrien gibt es bis heute Orte, an denen das Aramäische, die Sprache Jesu, als Umgangssprache gesprochen wird. Die syrisch-orthodoxe Kirche und die nestorianische Kirche wirkten missionarisch bis nach Indien, China und die Mongolei. Die Tradition der Klöster ist uralt: Syrien kann somit zu Recht als Wiege des Christentums bezeichnet werden.«[191]

Ist es also gänzlich falsch, dass viele, auch und gerade muslimische Akteure, Westen mit Christentum gleichsetzen? So einfach ist dies nicht. Wir verlassen hier gewissermaßen das Territorium der Ursprungsfrage und betreten die Frage nach politischen Allianzen. Ein Beispiel dafür ist die zum Teil erheblich widersprüchliche Haltung der Maroniten im Libanon. Die Maroniten, eine christliche Kirche, die mit Rom uniert ist, unterstützten infolge des Ersten Weltkriegs, als Frankreich den Libanon gänzlich unter seine Kontrolle brachte und dem Land eine von Konfession abhängige Verfassung und Verwaltung bescherte, pro-westliche Strömungen. Diese Politik setzte sich bis zur Haltung dieser christlichen Kirche zu Israel fort, die Maroniten waren gespalten. Ein Teil unterstützte die israelische Invasion des Libanon in den 1980er-Jahren, ein Teil nicht. Man kann an diesem Beispiel sehr gut erkennen, dass es nicht immer grundlos war und ist, dass Christen mit »Westen« assoziiert werden, andererseits aber sind keineswegs alle Christen pro-westlich, geschweige denn auf der Seite Israels.

Ein besonders herausstechendes pro-westliches Beispiel sind hier die sogenannten »Evangelikalen«, also jene Christen, die vornehmlich aus den USA kommend, eine aggressive Missionspolitik betreiben. Diese Evangelikalen sind aber auch anderen Christen ein Dorn im Auge und sie stammen mit ihrer gesamten Tradition nicht aus dem Orient.

---

191. »Syrien – Die Wiege des Christentums – Ein Interview über die aktuelle Situation«. Elias van Haaren OFM/Johannes Auer, erschienen in: Im Land des Herrn, Franziskanische Zeitschrift für das Heilige Land, 70. Jahrgang, 2016, S. 4-11

Das Christentum auf dem Gebiet Syriens stellt sich in sechs Kirchen und neun Riten dar:

Vor dem Bürgerkrieg gehen Organisationen wie »Kirche in Not« von rund 15 Prozent Christen in Syrien aus.[192] Diese christliche Minderheit ist wiederum in sechs Kirchen aufgespalten:

- Die Griechisch-Orthodoxe Kirche, das Patriarchat von Antiochien mit Sitz in Damaskus als größte Kirchengemeinschaft
- Die mit Rom unierten Kirchen: Die Katholischen Melkiten, die wie die Orthodoxen dem byzantinischen Ritus folgen, die Maroniten mit Sitz im Libanon, die Chaldäische Kirche sowie die sogenannten »Lateiner«, die also dem lateinischen Ritus folgen
- Die Armenisch-Apostolische Kirche
- Die Syrisch-Orthodoxe Kirche (Liturgiesprache Aramäisch), die zu den sogenannten Altorientalischen Kirchen gehört
- Die Assyrische Kirche des Ostens
- Protestantische Kirchen

Es würde nun den Rahmen des Beitrags übersteigen, wollte man sämtliche Kirchen im Detail vorstellen, deshalb will ich mich hier auf die größte Kirche konzentrieren: Die Griechisch-Orthodoxe Kirche, das Patriarchat von Antiochien, die auch als »rum-orthodox«[193] bezeichnet wird. Bereits der korrekte Name »Rum-Orthodoxe Kirche von Antiochien« drückt die Herkunft dieser Kirche aus. Das Patriarchat war rund um Antiochien am Orontes organisiert, das heutige Antakya in der Südosttürkei. Mit der

---

192. Siehe dazu u. a.: http://www.kirche-in-not.de/kirchengeschichte/2014/02-24-christen-in-syrien-grabgesang-auf-ein-einst-multikonfessionelles-land-rudolf-grulich, zuletzt abgerufen am 14. Juli 2016
193. Dies steht für »rhomaios« = Oströmer bzw. Byzantiner

Eroberung der östlichen Provinzen des römischen Reiches verlor die rum-orthodoxe Kirche einerseits ihren Status als Reichskirche, andererseits wurden sie »Geschützte« der Muslime. Diese Zeit wird unterschiedlich bewertet. Der rum-orthodoxe Patriarch musste in ein Exil nach Byzanz fliehen. Er residierte bis in das 16. Jahrhundert an verschiedenen Orten, bis sich als Sitz des Patriarchats Damaskus etablierte. Der große Einfluss des Patriarchen von Konstantinopel bewirkte, dass bis 1899 die rum-orthodoxe Kirche mehrere griechische Patriarchen erhielt, im Jahre 1899 wurde ein Araber als Patriarch gewählt, dessen Gläubige seit jeher Arabisch als Muttersprache hatten.

Die rum-orthodoxe Kirche ist seit dem Beginn des Bürgerkriegs im Jahr 2011 Opfer von enormer Gewalt geworden. Viele Kirchen, darunter auch eine der ältesten Kirchen der Welt in Homs, wurden zerstört, Gläubige getötet, viele mussten flüchten.[194] Griechisch-orthodoxe Aktivisten und Denker werden zu führenden Figuren in der arabisch-säkularen Bewegung.

Zwischen islamischem Erwachen und säkularem Arabertum: Die Christen und der arabische Nationalismus/Sozialismus

Namen wie Michel Aflaq, aber auch Jurji Zaidan stehen exemplarisch für den wesentlichen Einfluss christlicher Araber auf den erwachenden (arabischen) Sozialismus und/oder Nationalismus in Syrien. Aber auch darüber hinaus waren Denker und Aktivisten der arabischen Bewegung Christen, man denke nur an George Habasch und Nayef Hawatmeh als Vertreter palästinensischer Gruppen. Diese Hinwendung ausgerechnet christlicher Denker zum arabischen Nationalismus ist indes keineswegs ein Zufall, viel mehr kann ihr Denken mit gerade diesen christlichen,

---

194. Siehe dazu u. a.: http://www.ekiba.de/html/aktuell/aktuell_u.html?t=&artikel=3110 &back=1, zuletzt abgerufen am 14. Juli 2016

dezidiert byzantinischen Wurzeln (mit) erklärt werden. Diese Erklärung wird umso brisanter, als dann das »arabische« durch ein dezidiert »islamisches«, eigentlich »islamistisches« Erwachen abgelöst wurde.

Doch zurück zur Ausgangsfrage: Welche Versuche wurden angestellt, die arabische Identität jenseits der Religion zu denken? Warum gelang das Projekt eines inklusiven arabischen Sozialismus und/oder Nationalismus nicht und wie ist infolge die umfassende Islamisierung des arabischen Denkens zu begreifen?

Zunächst muss man hier etwas weiter in der Geschichte zurückgehen: Im 19. und 20. Jahrhundert stiegen in der arabischen Welt starke antikoloniale Kräfte auf. Harri Grünberg weist darauf hin, dass alle diese Kämpfe islamistisch geprägt waren.[195] Islamismus muss man hier jedoch vorsichtig definieren, in Afrika finden sich auch Sufis unter den Anführern. Ein prominenter Vertreter der islamisch geprägten Revolutionäre war Abd El-Krim, in welchem die Kommunistische Internationale 1924/1925 einen Verbündeten fand. Infolge der Ereignisse von 1916, mit der Aufteilung der arabischen Provinzen des ehemaligen Osmanischen Reiches durch Frankreich und Großbritannien, wurde ein gemeinsamer arabischer Staat unmöglich. Unter diesen Rahmenbedingungen erfährt der säkulare arabische Nationalismus, oder treffender der »Panarabismus«, einen Aufschwung. Hier ist besonders der ägyptische koptische Christ Makram Ubeid, der Gründer der ägyptischen Wafd-Partei, zu nennen. Man definierte Arabertum nicht nur ausschließlich über das Bekenntnis zum Islam. Die Schwierigkeit, eine solche Einigungsbewegung in einer von Stämmen und unterschiedlichen Loyalitäten geprägten Gesellschaft durchzusetzen, liegt auf der Hand. Dennoch gelingt dieser Bewegung ein Aufschwung.

In Syrien ist die Baath-Partei (Sozialistische Partei der arabischen Wiedergeburt) von herausragender Bedeutung, daher sei hier kurz

---

195. Grünberg, Harri, Aufstieg, Niedergang und Sturz des säkularen arabischen Nationalismus, in: Gehrcke, Wolfgang/Reymann, Christiane, Syrien – Wie man einen säkularen Staat zerstört und eine Gesellschaft islamisiert, Köln 2013, S. 12

deren Entstehung und Gründung, an der maßgeblich der Christ Michel Aflaq beteiligt war, nachgezeichnet. Aflaq entstammte einer griechisch-orthodoxen Familie und studierte an der Pariser Sorbonne. Die Wurzeln dieser Bewegung sind in der *Nahda* des 19. und 20 Jahrhunderts zu suchen. *Nahda*, das bedeutet in diesem Fall die Blüte der arabischen Literatur. Die ersten Nahdisten waren ägyptische Muslime, die den Islam dem Zeitgeist anpassen wollten. Sie propagierten die Vereinbarkeit von Glauben und moderner Wissenschaft. Nach europäischem Vorbild bildete sich allerdings später ein Nahda-Modell heraus, welches die Religion entweder gänzlich ausschied, oder sie zumindest abschwächen wollte. Die Folge war die Bildung einer »fiktiven Arabität«.[196] Wichtig war, dass Polis und Religio getrennt wurden. Die Propagandisten dieses Modells waren vor allem Christen. Die später gegründete Baath-Partei vereinigte einen arabischen Nationalismus mit Vorstellungen der Frühsozialisten, grenzte sich jedoch vom Marxismus ab. In Syrien wurden die Kommunisten verfolgt, bis sie in die Nationale Front integriert wurden. Hafez al-Assad errichtete eine Entwicklungsdiktatur, in der allerdings eine weitgehende Religionsfreiheit praktiziert wurde.[197]

Dazu heißt es im Bericht der katholischen Organisation »Kirche in Not«: »Vor Ausbruch des syrischen Bürgerkrieges im Jahr 2011 war Syrien ein Land mit großer ethnischer, religiöser und konfessioneller Vielfalt. Das Regime von Staatspräsident Baschar al-Assad war in der Vergangenheit von der säkularen und sozialistischen Ideologie der Baath-Partei inspiriert. (...) Politische Freiheit und Meinungsfreiheit gab es kaum. Mit strenger Hand sorgte der Staat für Recht und Ordnung. In religiösen Dingen gewährte der Staat dagegen relativ große Freiheit.

---

196. Siehe dazu den Beitrag von Assad Elias Kattan: »Die arabische Nahda-Ein gescheitertes Projekt? Kritische Bemerkungen zu den christlich-islamischen Beziehungen«, Gesellschaft zum Studium des christlichen Ostens (GSCO) Würzburg, 20. Mai 2006, online auf: http://www.uni-muenster.de/imperia/md/content/crs/ot/kattan_2006_gsco. pdf, zuletzt abgerufen am 25.7. 2016.
197. ebd.

Vor allem religiöse Minderheiten hatten dort größere Freiheiten als in anderen arabischen Staaten. Das Zusammenleben von Christen und Muslimen gestaltete sich ganz überwiegend friedlich.«[198]

Es führen daher nicht wenige Beobachter zu Recht das Engagement vieler Christen in der arabischen säkularen Nationalbewegung darauf zurück, dass man jenseits der Religion ein einendes Band suchen wollte und es eben in diesem egalitären Denken zu finden glaubte. Interessant ist dabei jedoch, dass viele der in der arabischen Nationalbewegung engagierten Christen zwar arabisch als Sprache benutz(t)en, ethnisch jedoch einer der zahlreichen Minderheiten angehör(t)en: Kopten, Chaldäer, Aramäer, Armenier etc., die lange vor den Arabern in diesen Gebieten lebten, in der arabischen Einigungsbewegung aber das vereinende Band suchten.

Zwischen totaler Hoffnungslosigkeit und unbeugsamem Überlebenswillen

Die dramatische Verfolgung der Christen, die sich seit 2011 immer weiter zuspitzt, ist eine Tragödie von schier unfassbarem Ausmaß und das Schicksal der Christen scheint dabei der Politik im Westen gleichgültig. Dies liegt vor allem daran, dass die Christen über keine Lobby verfügen. Die derzeitige Situation im Abriss:

Vor Ausbruch des Krieges gab es ca. 2,5 Millionen Christen in Syrien. »Kirche in Not« schätzt, dass mittlerweile mindestens ein Fünftel nicht mehr dort lebt. Mehr als 500.000 Christen wurden vertrieben oder sind geflüchtet.[199] Viele weitere sind im Land auf der Flucht. Besonders verheerend ist die Situation in Aleppo. Die Franziskaner, die die dortigen Christen betreuen, schildern die Situation als dramatisch. Es gäbe, so Pater

---

198. Christen in großer Bedrängnis – Diskriminierung und Unterdrückung – Dokumentation 2016, Kirche in Not / Ostpriesterhilfe Deutschland e.v., München 2016, S. 172.
199. Zahlen entnommen aus: Christen in großer Bedrängnis – Diskriminierung und Unterdrückung – Dokumentation 2016, Kirche in Not / Ostpriesterhilfe Deutschland e.v., München 2016, S. 176

Ibrahim gegenüber den Medien bei einem Besuch in Wien, in Aleppo Gegenden ohne Menschen. Viele würden aufgrund mangelnden Stroms im Dunkeln leben. Die österreichische Tageszeitung *Standard* berichtete am 14. Juli 2016 unter der Rubrik »Kurz gemeldet«, dass laut UNO das Leben hunderttausender Bewohner Aleppos durch die Kämpfe bedroht sei.[200] Die Franziskaner harren bei den Menschen aus und versuchen zu helfen. Die Kirche und das Kloster wurden mehrmals angegriffen und von Granaten getroffen.

In der Region Orontes wurden einige Klöster völlig zerstört. Dieses Gebiet steht unter der Kontrolle der al-Nusra-Front. Es werden keine christlichen Symbole geduldet. »Duldung auf niedrigstem Niveau«, als solches bezeichnet ein Geistlicher die Situation im Gespräch mit dem Autor. Die Gottesdienste dürfen nur innerhalb von Kirchen gefeiert werden, aber selbst dort darf es keine Kreuze geben. Ein Leben unter einem islamischen Kalifat ist nach Aussage christlicher Würdenträger nicht denkbar.

In Damaskus ist die Lage hingegen bei Redaktionsschluss dieses Buches im Spätsommer 2016 ruhig; ebenso in Latakia, dort beherbergen die Franziskaner jedoch Flüchtlinge. Dies alles zeugt von einem beinahe unbeugsamen Lebenswillen.

Krieg ohne Ausweg?

Als ich im Dezember 2015 mit einem rum-orthodoxen Priester, der vor einiger Zeit aus Syrien gekommen war, über die aktuelle Lage sprach, wurde mir schlagartig die Tragödie bewusst vor Augen geführt, in welcher dieses Land steckt: Der orthodoxe Priester aus einem Dorf in der näheren Umgebung von Damaskus brachte es auf den Punkt: »Ich habe keine Heimat mehr«. Das Syrien vor 2011 scheint nun zerstört.

---

200. Bewohner Aleppos durch Kämpfe massiv bedroht, Der Standard vom 14. Juli 2016

Schuldzuweisungen führen zwar zu nichts, aus Fehlern aber, so eine alte Binsenweisheit, kann man lernen (doch im Politischen tut es kaum jemand).

Festzuhalten bleibt, dass es ausgerechnet die Verbündeten des – in mancher Diktion – »christlichen« Westens, wie Saudi-Arabien und Katar, sind, die mit ihrem Geld den Terror gegen Christen, aber auch gegen Muslime befeuern. Nicht nur das, Saudi-Arabien steht in seiner Auslegung der Scharia, mit wenigen Abweichungen, dem sogenannten »Islamischen Staat« (IS) um nichts nach. Es ist nun einmal dieselbe Wurzel, aus der man sich speist. Was ist zu tun? Zuallererst müsste die westliche Politik und mit ihr die westliche Gesellschaft damit aufhören, sich an anderen Erdteilen und ihren Menschen schadlos zu halten. Nur eine gerechte und tatsächlich partnerschaftliche Politik vermag dies zu erreichen. Dies ist allerdings ein Fernziel.

Als Fernziel muss man zudem darauf hoffen, dass die ursprünglichen Ideen der Nahdisten wieder aufgegriffen werden und man eine demokratische, aber durchaus auch gemeinschaftliche Identität zu bilden versucht.

Heute würde es aus europäischer Sicht schon genügen, die Grenzen zu öffnen und die Christen, wie alle notleidenden Menschen, vor Ort durch humanitäre Hilfe stärker zu unterstützen. Man sollte dabei allerdings auch nicht die Augen vor drohenden Problemen verschließen. So warnte mich ein Christ aus Syrien, dass durchaus auch sozialer Sprengstoff zwischen den Flüchtlingen, die in Europa Asyl suchen, vorhanden sei, und zwar dezidiert zwischen Muslimen und Christen in den Lagern. Solcher Sprengstoff darf jedoch nicht zu einer künstlichen Polarisierung zwischen Muslimen und Christen führen, sondern muss durch eine vernünftige Sicherheits- und Sozialpolitik entschärft werden. Gleichzeitig gilt es aber auch ehrlich mit der Geschichte umzugehen. Das Zusammenleben von Christen, Juden und Muslimen war in der Geschichte keineswegs immer friedlich. Genau aus diesem Grund wissen viele um die Dramatik des Zusammenbruchs des Systems unter Baschar al-Assad. Zugleich sollte der Westen an einer Lagebestimmung arbeiten, die zumindest Russland nicht kategorisch als Feind bezeichnet, denn wo sonst läge die Alternative? Wenn es noch Hoffnung gibt für die Christen, aber auch für alle anderen Opfer von Krieg und Gewalt in diesem Syrien, dann ist Eile geboten, ansonsten werden die Nachbeben auch uns erreichen. Und nicht zuletzt sollten wir im Westen uns eine Aussage Pater Ibrahims, jenes Franziskaners aus Aleppo, vor Augen führen und darüber nachdenken: »‚Assad ist kein Engel, aber ich danke ihm, dass er nicht davongelaufen, sondern unser Präsident geblieben ist. Ohne ihn wären wir alle schon tot.«[201]

---

201. Zitat aus: Syrien – die letzten Christen, erschienen in: Die *Krone Bunt* vom 10. Juli 2016, S. 10-11

Eine alawitische Diktatur?
Zum Verhältnis von Staat,
Militär und Religion in Syrien

Tyma Kraitt

Seit mehr als fünfzig Jahren wird Syrien durchgehend von der Arabisch-Sozialistischen Baath-Partei regiert. Am 8. März 1963 rissen die Baathisten in einem blutigen Staatsstreich die Macht an sich. Sie etablierten eine Art Einparteiensystem, das die politische Landschaft homogenisierte, indem politische Gegner ausgeschaltet oder einverleibt wurden. Das gleiche System brachte aber unbestrittenermaßen auch Stabilität in ein Land, welches seit seiner Unabhängigkeit im Jahre 1946 als unregierbar galt. Nach fortwährenden internen Fraktionskämpfen setzte sich mit der Machtübernahme von Hafez al-Assad der militärische Flügel innerhalb der Baath-Partei durch. Assad ist es als erstem Befehlshaber gelungen, die Armee hinter sich zu einen. Sein Erfolg markiert nicht nur das vorläufige Ende der politischen Aspirationen und Unruhen der post-Unabhängigkeitsära, sondern auch den damaligen Höhepunkt des rasanten Aufstiegs der Alawiten vom Rande der syrischen Gesellschaft an deren Spitze. Unter Assad wurden die gesellschaftspolitischen Widersprüche aus der französischen Mandatszeit, die der Dominanz der Minderheiten erst den Weg ebnete, im syrischen Staatsgefüge verankert. Dieser Umstand lässt sich auch dahingehend interpretieren, dass der Baathismus – eine sich auf die anti-koloniale Tradition des Panarabismus berufende Ideologie – nicht wie dem eigenen Selbstverständnis nach die kolonialen Machtverhältnisse behob, sondern letztlich fortgesetzt hat.

Im gegenwärtigen politischen und medialen Diskurs wird das syrische Herrschaftssystem, das sogenannte »Regime«, in der Regel als eine von der Minderheit der Alawiten geführte Militärdiktatur präsentiert. Diese

Darstellung ist keineswegs falsch, wird der Komplexität des syrischen Systems und seiner Genese aber kaum gerecht. Es stellt sich die Frage, wie es einer Minderheit von knapp über zehn Prozent überhaupt gelingen konnte, den Staat zu dominieren. Ist dies ohne jegliche Partizipation der Mehrheitsgesellschaft möglich? Welche Rahmenbedingungen, welche historischen Entwicklungen haben ihren Aufstieg begünstigt? Gerade das hohe Eskalationspotenzial des aktuellen Krieges, ein möglicher Staatszerfall und eine Irakisierung des Konflikts machen eine differenzierte Auseinandersetzung mit dem Machtgefüge im syrischen Staat notwendig.

Die Troupes Spéciales du Levant als Aufstiegsvehikel

Wie schon angedeutet, adaptierte das Baath-Regime jene gesellschaftspolitischen Widersprüche, die sich zum Teil auf die französische Fremdherrschaft zurückzuführen lassen und auch heute noch die aktuellen Konflikte mitprägen. Dazu zählt u. a. das starke Engagement syrischer Minoritäten in der Armee.

Nachdem die Franzosen 1920 das Mandat über den Libanon und Syrien übernahmen, wurden die levantinischen Spezialtruppen formiert. Diese bestanden aus libanesischen und syrischen Soldaten, die dem Kommando französischer Offiziere unterstanden und als Hilfstruppe zur Niederschlagung innenpolitischer Unruhen eingesetzt wurden. In den Reihen der Troupes Spéciales fanden sich zahlreiche Angehörige benachteiligter ländlicher Bevölkerungsgruppen und Minderheiten. Diese nutzten das Militär als Vehikel zum sozialen Aufstieg. Das galt vor allem für die unter osmanischer Herrschaft marginalisierten Alawiten, Anhänger einer gnostischen Sekte mit starken Bezügen zur Schia. Sie wurden während der Mandatszeit gefördert und gegen die sunnitische Mehrheitsbevölkerung in Stellung gebracht. [202]

---

202. Zwischen 1922 und 1936 existierte mit der Dawla Jabal al-Alawiyyin ein eigener Alawitenstaat. Vgl. Abdallah, Hanna: Das angebliche »Projekt Alawitenstaat«, in: Inamo

Im Rahmen der Troupes Spéciales ernannten die Franzosen vor allem Mitglieder der drusischen, christlichen oder alawitischen Minderheiten zu Offizieren, um den Offizierskorps dadurch an sich zu binden. Die syrische Legion innerhalb der Troupes Spéciales stellte den Ausgangspunkt für das syrische Militär in seiner heutigen Form dar.[203] Schon in den ersten Jahren der Unabhängigkeit bewies das Militär (auch als Folge der arabischen Niederlage gegen Israel) seine Durchschlagskraft und entmachtete in einem von der CIA unterstützen Coup unter dem prowestlichen, kurdischen Oberst Husni az-Zaim 1949 die damalige Zivilregierung von Präsident Shukri al-Quwatli.[204] Im selben Jahr kam es insgesamt zu zwei Staatsstreichen des Militärs. Dieser Umstand deutete bereits auf Differenzen innerhalb der Armee hin, da es keinem Befehlshaber gelang, sich auf Dauer zu halten. Meist handelte es sich um konfessionelle, ethnische oder ideologische Differenzen. Letztlich konnte sich Oberst Adib Shishakli durchsetzen und von 1953 bis 1954 halten. Shishakli trieb die Überwindung der alten Strukturen voran, indem er Syrien mit einer modernen Verfassung ausstattete. Er ließ alle politischen Partien, darunter auch die Kommunistische Partei, die Baath-Partei sowie die Muslimbruderschaft verbieten. Führende Figuren des Baathismus wie etwa deren Gründer Michel Aflaq und Salah al-Bitar mussten ins libanesische Exil. Gleichzeitig unterdrückte Shishakli alle Bestrebungen, die die Einheit des Landes gefährden konnten. So war er auch für die brutale Niederschlagung eines Aufstands der Drusen verantwortlich, da diese Syriens territoriale Integrität infrage stellten. Dies war jedoch mitausschlaggebend für seinen Sturz durch rebellierende Offiziere (viele davon Drusen) und Vertreter der Kommunistischen Partei und der Baath-Partei. Das Bündnis gegen Shishakli wurde von seinem

---

Nr. 70, Berlin 2012, S. 7-10.

203. Thoma, Nadja: Syrien – zwischen Beständigkeit und Wandel, Schriftenreihe der Landesverteidigungsakademie, Wien 2008, S. 49

204. Siehe: www.mideastoutpost.com/archives/adib-shishakli-and-shukri-al-quwatli-sarah-honig.html

Nachfolger (und einem seiner Vorgänger) Hashim al-Atassi und dem Drusenführer Sultan al-Atrash geführt. Al-Atassi scheiterte erneut und wurde von Shukri al-Quwatli entmachtet. Zwischen 1949 und 1956 hatte der junge Staat 20 Regierungen und vier Verfassungen.[205]

Die folgenden Jahre blieben turbulent. Die Zeit nach der Unabhängigkeit Syriens war im Allgemeinen von sozialem Aufruhr gekennzeichnet. Die unterschiedlichen Interessen der im nationalen Befreiungskampf involvierten Akteure kamen zum Vorschein. Während vor allem Bauern für eine gerechtere Aufteilung von Land und Reichtum eintraten sowie für politische Mitsprache kämpften, stellten die Landbesitzer eine politisch konservative Kraft dar. Zwischen diesen Polen wurde die kleine Mittelschicht hin und her gerissen. Der Radikalisierung der ländlichen Unterschicht stand sie sehr skeptisch gegenüber, zugleich war aber auch ihr Verhältnis zu den privilegierten Landbesitzern sehr konfliktreich. Sie traten beispielsweise für eine Industrialisierung des Landes ein, waren im Großen und Ganzen jedoch zu schwach, um sich zwischen den anderen gesellschaftlichen Akteuren durchzusetzen. Im Gegensatz dazu befand sich die zahlenmäßig kleine aber deutlich selbstbewusstere Arbeiterbewegung, die im Jahre 1946 grundlegende Arbeitsrechte wie das Streikrecht erkämpfte. Auch die ländliche Bevölkerung war in dieser Umbruchsphase äußerst engagiert. 1950 kam es zu einem landesweiten Bauernaufstand, ein Jahr später wurde der erste Bauernkongress – der erste im gesamten arabischen Raum – in Aleppo organisiert.[206] Mit dem Aufblühen dieser sozialen und politischen Bewegungen gewannen auch nationalistische, sozialistische und kommunistische Parteien an Bedeutung. In den bäuerlichen Bevölkerungsteilen konnte sich beispielsweise die Arabische Sozialistische Partei gut verankern, verlor jedoch nach der späteren Fusionierung mit der Baath-Partei und der

---

205. Siehe ebd.
206. Siehe Petran, Tabitha, Syria: Modern Nation of the Modern World, 1972: S. 86f. in: http://www.isj.org.uk/index.php4?id=824&issue=135#135maunder_7

damit einhergehenden Verwässerung radikalsozialistischer Forderungen an Glaubwürdigkeit. Auch die Kommunisten konnten sich zu jener Zeit innerhalb der Bevölkerung etablieren. Der Baathismus wiederum war wegen seiner säkular-nationalistischen Ausrichtung nicht nur für Minderheiten sehr attraktiv. Seine Anhänger stammten oftmals auch aus der städtischen Mittelschicht. Denn die Baathisten einte nicht nur eine antikoloniale Haltung, sondern auch ein limitierter sozialistischer Anspruch, der von einer Gegnerschaft zu den großen Landbesitzern, aber auch den radikalsozialistischen Bestrebungen der unteren Schichten geprägt war.

Trotz der neuen parteilichen Anbindungen ließen sich die sozialen Bewegungen nicht kontrollieren, was auch ein Grund für den kurzlebigen Zusammenschluss mit Gamal Abdel Nassers Ägypten war, den auch die Baathisten unterstützten. Mit den Reformen der Vereinigten Arabischen Republik (VAR) wurde der Grundstein für jenen sozialen Pakt gelegt, der in den folgenden Dekaden das Fundament der Baath-Herrschaft darstellte. So wurden die Umverteilung des Landes, die Errichtung eines Wohlfahrtsstaats und die Industrialisierung forciert. Gleichzeitig versuchte man, die Kontrolle über die unterschiedlichen sozialen Bewegungen zu gewinnen, etwa indem unabhängige Bauernorganisationen und Gewerkschaften und das in den 1940er-Jahren erkämpfte Streikrecht abgeschafft wurden.[207] Die Dominanz ägyptischer Führungsträger in der VAR war für die Syrer auf Dauer nicht mehr tragbar. Nicht nur die ungleiche Machtverteilung zugunsten Ägyptens, auch politische Säuberungsaktionen gegen Kritiker bzw. potenzielle Gegner Gamal Abdel Nassers trugen maßgeblich zur Eskalation bei. Der Zusammenschluss wurde bereits 1961 von einem erneuten Staatsstreich unzufriedener Offiziere beendet.

---

207. Vgl. Heydemann, Steven: Authoritarianism in Syria: Institutions and Social Conflict, 1946-70, Cornell 1999

Von der Märzrevolution zu Assads Korrekturkurs

Eine Folge des VAR-Debakels waren Bruchlinien innerhalb der Baath-Partei. Die alte panarabisch-orientierte Führungsriege entschied während des Zusammenschlusses mit Ägypten, die Partei in Syrien selbst aufzulösen und nur mehr auf »nationaler«, gesamtarabischer Ebene zu operieren. Vor allem bei den jüngeren, meist radikaleren Baathisten stieß diese Entscheidung auf Unverständnis. Der Unmut über die eigene Führung blieb auch nach dem Ende der VAR bestehen. Die folgenden Baath-internen Fraktionskämpfe ab den 1960er-Jahren sollten den Charakter der Partei maßgeblich prägen. Bereits 1959/1960 wurde im Geheimen das Militärkomitee der Baath-Partei gegründet, welches der gemeinsamen Führung gelinde gesagt skeptisch gegenüberstand.[208] Seit der Machtübernahme der Baathisten 1963 wurden die internen Grabenkämpfe immer offener geführt. Eine neue Generation, die sich einer regionalistischen »Syrien-zuerst«-Agenda verpflichtet fühlte, forderte die alte Führung heraus.[209] Sozialistische Aufbau-Strategien waren diesen Neo-Baathisten wichtiger als panarabische Forderungen. Sie waren mehrheitlich jung und kamen oftmals aus den abgelegenen Provinzen Latakia, Daraa und Deir ez-Zor. Viele von ihnen gehörten einer Minderheit an. Insbesondere Alawiten, Drusen und Ismailiten fanden sich in ihren Reihen. Außerdem waren sie im Militärkomitee der Baath-Partei engagiert, das sich in den kommenden Jahren immer mehr zum eigentlichen Machtzentrum der Partei entwickeln sollte. In der syrischen Armee waren Angehörige der Minderheiten traditionell stark vertreten. Demnach ist es nicht verwunderlich, dass dem ersten Militärkomitee unter anderem die Alawiten Hafez al-Assad, Muhammad

---

208. Vgl. Seale, Patrick: Asad. The Struggle for the Middle East, Berkeley 1989, S. 49f.
209. Siehe Stäheli, Martin: Die syrische Außenpolitik unter Hafez Assad. Balanceakte im globalen Umbruch, Stuttgart 2001, S. 31

Umran und Salah Jadid sowie die Ismailiten Abdel Karim Jundi und Ahmad Mir angehörten.[210]

Die Spannungen zwischen dem regionalistischen und dem panarabistischen Flügel eskalierten im Jahre 1966, als ersterer in einem blutigen Staatsstreich die Macht an sich riss. Dieser Putsch trug bereits ein konfessionelles Gesicht, zumal sich insbesondere alawitische Offiziere aus Latakia erfolgreich behaupten konnten. Hafez al-Assad, damals noch Luftwaffenkommandant, wurde zum Verteidigungsminister und vereitelte im selben Jahr noch einen weiteren Putschversuch des drusischen Offiziers Salim Hatun, woraufhin er seinen Einfluss innerhalb der Partei ausbauen konnte.[211]

Doch schon bald sollten sich innerhalb der Baath-Partei neue Bruchlinien auftun. Mit dem von Israel losgetretenen Sechstagekrieg von 1967 und dem Verlust der Golanhöhen verschärften sich die Spannungen zwischen dem zivilen und dem militärischen Flügel der Baath-Partei. Während der zivile Flügel auf Seiten der neo-baathistischen Führung Salah Jadids stand und radikal-sozialistische Positionen vertrat, propagierte der von Hafez al-Assad geführte militärische Flügel in vielerlei Hinsicht eine gemäßigtere Gangart, so etwa ein »realistisches« Verhältnis zur Sowjetunion,[212] eine konventionell anti-israelische Haltung, die jedoch von unüberlegten Alleingängen absah und den Aufbau einer gemeinsamen Front mit den arabischen Nachbarn anstrebte. In Bezug auf das Palästina-Problem setzten ziviler wie militärischer Flügel auf den Kampf der palästinensischen Fedayin. Allerdings wollte Assad die Fedayin unter strikter staatlicher Kontrolle halten, um dadurch eine Trumpfkarte in den zukünftigen Konfrontationen mit Israel zu haben.

Zu einer größeren Konfrontation kam es im Februar 1969, als Assad-Anhänger im sogenannten »Weißen Staatsstreich« versuchten, Salah Jadid

---

210. Ebd.
211. Vgl. Seale 1989, S. 109f.
212. Ebd., S. 147

und seine Gefolgsleute ein für alle Mal abzusetzen. Kurzfristig kam es aufgrund des Drucks von Seiten der Sowjetunion zu einem Kompromiss zwischen den zerstrittenen Fraktionen. Doch letztlich entschied Hafez al-Assad den Machtkampf im November 1970 für sich. Dies war eine Folgewirkung des syrischen Engagements während des »Schwarzen Septembers« in Jordanien. Assad zögerte geschickt die Unterstützung der palästinensischen Kämpfer hinaus. Zwar wurde eine syrische Truppe nach Jordanien geschickt, aber die wichtigere Luftwaffe von Assad zurückgehalten. Hafez al-Assad nahm die Niederlage in Jordanien bewusst in Kauf, da sie auch eine Niederlage seiner Gegner darstellte, die in der Palästinafrage weniger pragmatisch vorgingen. Die Anhänger Jadids warfen ihm vor, nur halbherzig interveniert zu haben. Am 19. November 1970 schlug Assad zurück und entmachtete seine bereits angeschlagenen Gegner.[213]

Seine Machtergreifung stellte Assad nicht als einen Bruch, sondern als eine Korrekturbewegung dar (Arabisch: al-haraka at-tashihiyya). Um dem gleichen Schicksal seiner Vorgänger zu entgehen, war Assad die ersten Jahre seiner Herrschaft bemüht, politische Stabilität sicherzustellen: Zum einen erkannte Assad die Notwendigkeit, die Basis des Regimes auszuweiten, was durch geringfügige ökonomische Liberalisierung und Dialogbereitschaft mit Nicht-Baathisten erzielt werden sollte. Durch die Erweiterung der »Nationalen Front« im Jahre 1972 versuchte man andere, meist linksgerichtete Kräfte ans Regime zu binden. In der neuen »Nationale Progressiven Front« (auch »Nationale Fortschrittsfront«, kurz FNP) waren neben der Baath-Partei auch die Kommunisten sowie sozialistische und nationalistische Gruppen vertreten. Zum anderen war Assad an einer realistischeren, pragmatischen Außenpolitik interessiert, insbesondere um die Isolation des Landes zu durchbrechen.

Die Machtkämpfe innerhalb der Baath-Partei weisen auf die grundlegende Problematik der Kompetenz- bzw. Gewaltenteilung im syri-

---

213. Eine sehr detaillierte Darstellung findet sich in Patrick Seals 2008, S. 154

schen Staate hin. Das Zusammenspiel von Partei und Militär bewährte sich in der Machtübernahme der Baathisten. Doch wer sollte nun den Vorrang im Staat erhalten? Als Lösung wurde das Konzept der »Indoktrinierten Armee« präsentiert. Demnach sollten die Verbindungen von Baath-Partei und Armee aufrecht bleiben und die Politisierung der Armee weiter forciert werden. Aufgrund des militärischen Hintergrunds führender Akteure blieb das Machtzentrum in militärischer Hand. Trotzdem versuchte man in Damaskus dem Eindruck, es handle sich um eine Militärdiktatur, entgegenzutreten, in dem man auf die Rolle von Partei, Massenorganisationen oder des von Zivilisten dominierten Kabinetts hinwies.

Ein Elitenwandel zugunsten der Alawiten

Während der 1960er-Jahre gewannen die Alawiten im Militär und in der Politik an immensem Einfluss. Beispielsweise wurden unter den Neo-Baathisten Offiziersstellen oft an Alawiten vergeben, was das Selbstbewusstsein dieser Minorität in der Armee förderte. Schon nach dem 1963er-Putsch der Baath-Partei ersetzten Alawiten nahezu die Hälfte der gesäuberten Offiziere. Sunniten wurden wiederum in strategisch weniger wichtige Positionen verdrängt. Zwischen 1966 und 1970 waren Alawiten aus der Provinz Latakia in den Offiziersrängen überproportional vertreten. Die alawitischen Offiziersfraktionen waren, nachdem sie den Einfluss von Sunniten, Drusen und Ismailiten in der Armee eingedämmt haben, tonangebend.

In der syrischen Gesellschaft fiel konfessionelle Ausgrenzung oftmals mit Klassenschranken zusammen, sodass sich hinter vordergründig ethnischen oder konfessionellen Auseinandersetzungen oft soziale Konflikte verbargen. Dies trifft auch auf die manifesten Spannungen zwischen Alawiten und Sunniten zu, die sich auf die alten Konfliktstränge zwischen privilegierter Stadtbevölkerung und ruralen Aufsteigern zurückführen lassen. Ihren Erfolg verdankt die alawitische Minderheit jedoch nicht nur den für sie günstigen Bedingungen während der französischen Mandatszeit. Zudem entwickelten sie in ihrem Kerngebiet, den Alawitenbergen um Latakia, ein Zusammengehörigkeitsgefühl, welches ihre Partizipationschancen in Staat und Wirtschaft erhöhte.

Von 1966 bis 1976 kamen etwa 75 Prozent aller Mitglieder der Revolutionskomitees aus den vier Provinzen Latakia, Daraa, Suwayda und Deir ez-Zor.[214] Die Stabilität der ersten Jahre trug jedoch maßgeblich zur Aufwertung der Hauptstadt Damaskus bei. Dem ging eine Allianz von Teilen der Damaszener Sunniten und den Alawiten Latakias voraus. Dies führte jedoch zu einem langsamen Bedeutungsverlust peripherer Provinzen wie Deir ez-Zor oder Suwayda. Im ersten Kabinett unter Hafez al-Assad waren acht Damaszener vertreten, vor seiner Amtszeit waren es nur halb so viele.[215] Diese Entwicklung sollte aber nicht darüber hinweg täuschen, dass Parteimitglieder aus Latakia nach wie vor die wichtigsten Stellen besetzten. Innerhalb der Baath-Partei war schon vor al-Assads Machtübernahme der Anteil der Alawiten überproportional hoch gewesen.

In den 1970er-Jahren kam es zu einer signifikanten Aufwertung des sunnitischen Anteils. Dieser erfolgte jedoch auf Kosten der nicht-alawitischen Minderheiten. Die starke Präsenz der Alawiten blieb bestehen. Um die Loyalität innerhalb der Bevölkerung sicherzustellen, konnte Assad die sunnitische Mehrheit nicht wie viele seiner Vorgänger übergehen. Die Zahl von Sunniten in politischen Führungspositionen erhöhte sich unter Assad von rund 43 Prozent auf 79 Prozent.[216] Sunnitische Funktionsträger wurden vermehrt in den Vordergrund gestellt, um den naheliegenden Vorwurf, es handle sich um eine Alawiten-Diktatur zu entkräften. Mit der Thematisierung von Religionszugehörigkeit, vor allem was die

---

214. Siehe Drysdale, Alasdair, in: Middle Eastern Studies, Januar 1981, S. 8
215. Ebd. S. 12
216. Siehe Devlin, John F. in: Stäheli 2001, S. 46

Minderheiten angeht, blieb man aber weiterhin vorsichtig. Ein Beispiel dafür sind die Umbenennungen von geographischen Örtlichkeiten, um die Erinnerung an ethnische bzw. konfessionelle Elemente in den Ortsnamen zu eliminieren. So heißen die Berge bei Latakia seit 1976 nicht mehr »Alawitenberge«, sondern »al-Jibal al-Sahiliyah« (Küstenberge), ebenso steht »Jabal al-Arab« für »Drusenberge«.

Zwar wurden politische Ämter auch an Sunniten und Christen vergeben, doch der Großteil der wichtigen sicherheitspolitischen Positionen verblieb weiter fest in alawitischer Hand. Zu Beginn seiner Regierungsperiode hat al-Assad sämtliche staatstragende Positionen an Alawiten vergeben.

Von den 31 Offizieren, die er zwischen 1970 und 1977 mit Positionen in der Armeeführung betraute, waren 19 Alawiten; davon waren acht von seinem eigenen Stamm der al-Kalbiya und vier vom Stamm seiner Frau der al-Haddadin.[217] Außerdem gingen die drei wichtigsten Positionen innerhalb des Militärapparats an enge Verwandte: an seinen Bruder Rifaat al-Assad, seinen Cousin Shafiq Fayyad und an den Cousin seiner Frau Adnan Makhluf.[218] In der Armee blieb die Dominanz der Alawiten und anderer Minderheiten wie Christen, Drusen oder Tscherkessen ohnehin ungebrochen. In den 1970er-Jahren wurden 60 Prozent der höheren Offiziersränge mit Minderheiten besetzt, allerdings blieben die niedere Offiziersgarde und die Truppenkorps mehrheitlich sunnitisch. Die Ursache liegt in den umfangreichen Säuberungsaktionen in den der 1940er- bis 1960er-Jahre, als sich Sunniten selbst geschwächt haben, indem sie sich gegenseitig aus hohen Posten entfernten. Alawiten, Drusen und Ismailiten vermochten dann deren Positionen einzunehmen. Danach folgte eine systematische Benachteiligung von Sunniten bei der Vergabe hoher Militärposten. Ihre Diskriminierung in den militärischen Strukturen setzte schon in der Ausbildung an. Nach 1963 wurden immer

---

217. Siehe: Thoma 2008, S. 30
218. Ebd.

weniger Sunniten zur Ausbildung an der wichtigen Militärakademie von Homs zugelassen.[219]

Konfessionelle Konfliktstränge blieben nach wie vor bestehen und verschärften sich zusätzlich durch die radikalen ökonomischen Reformen des Regimes. Da die Baath-Partei vor allem den ländlichen Teil der Bevölkerung, dem auch die Alawiten angehörten, förderte, stießen die Reformen bei den vorwiegend in den urbanen Zentren lebenden Sunniten auf Ablehnung. Infolgedessen wurde in Hinblick auf sozio-politische Widersprüche vermehrt auf religiöse Argumente zurückgegriffen, indem man unter Sunniten begann, Alawiten als richtige Muslime zu betrachten. Dieser Problematik war sich Hafez al-Assad durchaus bewusst. 1973 wurden die Alawiten vom libanesischen Imam Musa as-Sadr anerkannt, indem während einer öffentlichen Zeremonie ein libanesischer Alawit zum Mufti der Zwölfer-Schiiten von Tripolis und Nordlibanon ernannt wurde.[220]

Eine neue Krise

Nach einer Phase relativer Ruhe und der Konsolidierung des Regimes unter Assad folgte bald schon eine neue außenpolitische Herausforderung. 1975 brach der Bürgerkrieg im Libanon aus. Eine Allianz aus PLO und linken Gruppen forderte das libanesische Establishment heraus. Syrien griff bereits ein Jahr nach dem Beginn der Kämpfe auf Seiten der rechtsgerichteten Maroniten ein. Ziel war es, nicht nur den Status quo zugunsten der christlichen Bevölkerung zu sichern, sondern auch die aufbegehrende PLO in die Schranken zu weisen. Während der Auseinandersetzungen drängten die syrischen Streitkräfte ihre Gegner in die

---

219. Daran hat sich Jahrzehnte später nichts geändert. 1990 wurde nur eine von neun Divisionen von einem Nicht-Alawiten kommandiert.
220. Dieser Schritt war selbst unter Alawiten umstritten, viele fürchteten einen Identitätsverlust. Siehe Thoma 2008, S. 27

Defensive und ermöglichten damit den maronitischen Falangisten, die Palästinenser anzugreifen. Beispielsweise wurde das mit 30.000 Einwohnern größte und einflussreichste Flüchtlingslager Tell az-Zaatar in Beirut, welches hauptsächlich von schiitischen und palästinensischen Flüchtlingen bewohnt wurde, 52 Tage lang belagert. Durch den brutalen Beschuss durch maronitische Milizen wurden in diesem Zeitraum 3.000 Menschen getötet.[221]

Die Empörung über Assads Einschreiten im Libanon und seinen Kampf gegen die Palästinenser war in Syrien besonders groß. Die Opposition führte im ganzen Land Demonstrationen gegen Assad durch. »Assad fi Lubnan, Arnab fil Julan« (»Ein Löwe im Libanon, ein Hase im Golan«) wurde zu einem der bekanntesten Demonstrationsrufe. Hafez al-Assad war sich wohl bewusst, dass seine Libanonpolitik von dem Großteil der Bevölkerung abgelehnt wurde. Daher setzte er auf den Ausbau des Repressionsapparats, um die Unruhen mit aller Gewalt zu unterdrücken. Doch die Unzufriedenheit der Bevölkerung wurde damit nur größer. Die Proteste weiteten sich aus, Berufsverbände wurden aktiv, Streiks organisiert. Wie dramatisch die Lage bereits war, ist aus einem Artikel des *Spiegel* vom März 1980 ersichtlich:

»Syriens Präsident Hafis el-Assad, mit zehn Jahren Amtszeit einer der dienstältesten arabischen Staatschefs, steckt in der größten Krise seiner Regierungszeit. In den wichtigsten Städten seines Landes (...) brachen Unruhen aus. In der nordsyrischen Millionenstadt Aleppo zogen Demonstranten durch die Straßen und setzten Regierungsgebäude, die Büros der syrischen und sowjetischen Fluggesellschaften sowie die meisten Kinos in Brand. Die Polizei schoß scharf, und mehr als 300 Menschen starben. In der zentralsyrischen Stadt Hama fanden Kämpfe statt, und die Regierung verhängte eine zwölfstündige Ausgangssperre. Die Geschäftsleute schlossen ihre Läden, um gegen das brutale Vorge-

---

221. Siehe Mattes, Norbert: »Wir sind zur Hoffnung verdammt«, Hafez al-Asads Überlebensstrategie: Repression, in: Inamo Nr. 70, Berlin 2012, S. 13

hen der Polizei zu protestieren. (…) Unterdessen rüstet das Land zum Kampf: Die Berufsgenossenschaften planen, Volksmilizen zu bilden, die Arbeiter- und Bauernsyndikate verteilen Waffen, um ›die Banden der Saboteure und Kriminellen zu liquidieren‹. (…) Es sind viele Gründe, die zum Aufstand führten. Die Inflationsrate stieg auf 30 Prozent, und eine hohe Arbeitslosigkeit hat zur Folge, daß Syrer selbst im zerbombten Libanon Jobs suchen.«[222]

Diese Schilderungen erinnern stark an den Ausbruch der Syrienkrise infolge des Aufstands in Daraa im März 2011. Hafez al-Assad gelang es nur mit immenser Gewalt den Aufstand niederzuschlagen. Nach 1981 verlor das Regime jegliche Zurückhaltung. Die Radikalisierung der Muslimbrüder, welche sich nicht dem zivilen und säkularen Widerstand anschlossen, sondern das Land mit einer sektiererischen Terrorkampagne überzogen hatten, war mit ein Grund für diese Eskalation. Trauriger Höhepunkt stellte das Massaker von Hama vom Februar 1982 dar, bei dem zwischen 20.000 und 40.000 Menschen getötet wurden. Hama galt zu jener Zeit als Hochburg der militantesten Muslimbrüder, weshalb das syrische Regime »Kollateralschäden« bewusst in Kauf nahm.

Letztlich konnte Hafez al-Assad diese innenpolitische Krise aus mehreren Gründen überstehen: Er galt als Stabilitätsgarant, kollaborierte während des libanesischen Bürgerkriegs mit den USA und teilweise mit Israel und pflegte ein gutes Verhältnis zu einflussreichen arabischen Staaten wie Saudi-Arabien. Darüber hinaus fehlten glaubwürdige innenpolitische Gegner, da die Opposition mit Ausnahme der Islamisten im Rahmen der Nationalen Fortschrittsfront mit dem Regime kollaborierte. Der zivile Aufstand wurde durch die Militanz der Muslimbrüder verunsichert und letztlich verdrängt. Das Regime stellte die Krise schließlich als Endkampf zwischen Baathisten und Islamisten bzw. Terroristen dar.

---

222. http://www.spiegel.de/spiegel/print/d-14319463.html

Im Grunde genommen sah sich Hafiz al-Assads Sohn Baschar al-Assad zu Beginn des syrischen Bürgerkrieges mit einer sehr ähnlichen Situation konfrontiert. Doch die geopolitischen Rahmenbedingungen hatten sich geändert. Diesmal mischen regionale Gegner mit. Der Konflikt in Syrien ist damit zu einem Stellvertreterkrieg geworden. Diesen konnte Baschar al-Assad bis zu Redaktionsschluss dieses Buches im Spätsommer 2016 überleben. Ob der syrische Staat als solcher das auch kann, bleibt offen. Mit der Ausrufung eines Kalifats durch die Dschihadistenmiliz »Islamischer Staat« wurde eine Zersplitterung des Landes bereits eingeleitet. Die Fragmentierung auf gesellschaftlicher Ebene existierte aber bereits davor.

Mit dem alawitischen Assad-Clan an der Staatsspitze ist es zwar naheliegend, von einer »alawitischen Diktatur« zu sprechen. Dennoch würde dies die gesellschaftspolitischen Verhältnisse in Syrien nur unzureichend erfassen. Obwohl sich die syrische Herrschaftsclique vornehmlich aus alawitischen Akteuren zusammensetzt, waren erstere immer sehr darauf erpicht, die Eliten der sunnitischen Mehrheitsgesellschaft einzubeziehen. Auch ist eine Darstellung der »Alawiten« als homogen verfehlt. Darauf weisen nicht nur prominente alawitische RegimekritikerInnen wie Samar Yazbek immer wieder hin. Dass staatliche Schlüsselpositionen von Alawiten besetzt werden, ist eine Sache. Dass alawitische Bauern in den Bergen Latakias ums Überleben kämpfen, weil sie mehr schlecht als recht auf eine lange Dürreperiode ab 2008 vorbereitet waren und von staatlicher Seite keine Unterstützung erhielten, ist die andere. Selbstverständlich existieren innerhalb der »privilegiertesten« Bevölkerungsgruppe Syriens soziale Hierarchien und Spannungen. Daher lag es auch von Beginn des Konflikts im Interesse Assads, diese Gruppe zu einen. Dies wurde durch einen äußeren Feind möglich – jenen Dschihadisten, die nicht nur ab 2013 den Widerstand gegen das Regime zu dominieren begannen, sondern sich dem Takfir verpflichtet sehen, einer Praxis, die andere Muslime der Apostasie bezichtigt, d. h. ihnen den Abfall vom wahren Glauben vorwirft und sie für »vogelfrei« erklärt.

Für die alawitische Minderheit bedeutet die Vereinnahmung durch das Baath-Regime seit jeher auch eine Politisierung ihrer Identität, sodass sie je nach regionalen Bündnissen mal zur sunnitischen, mal zur schiitischen Achse als zugehörig empfunden wird. Ohne eine Entkoppelung von Politik und religiöser Identität wird sich auch in Zukunft nur wenig daran ändern.

Erdoğans Syrien-Abenteuer

Murat Çakır

Der türkische Staatspräsident Recep Tayyip Erdoğan versteht sein Handwerk: Mit harscher Rhetorik und nationalistisch-islamistischen Reden vermag er, seine Anhänger und seine »Partei für Gerechtigkeit und Entwicklung« (AKP) in Wallung zu bringen. Aber wie auf dem NATO-Gipfel Anfang Juli 2016 in Warschau zu hören war, schlägt er bei seinen strategischen Partnern andere Töne an. Erdoğan ließ es sich trotz heftigen Gegenwinden nicht nehmen, sowohl auf dem Gipfeltreffen, als auch bei seinen Gesprächen mit dem US-Präsidenten Barack Obama, der Bundeskanzlerin Angela Merkel, dem NATO-Generalsekretär Jens Stoltenberg und dem damaligen britischen Premier David Cameron, für einen »gemeinsamen Kampf gegen die PKK und deren Ableger in Syrien« (so der offizielle Sprachgebrauch für die kurdische »Partei der demokratischen Union/PYD«) zu werben und »die Minimalisierung der aus dem Bürgerkrieg in Syrien stammenden Bedrohungen für die Türkei« hervorzuheben.[223] »Bedrohungen«, die zum größten Teil hausgemacht sind.

Erdoğan weiß, dass seine Ermahnungen und Forderungen bei den NATO-Partnern keine Begeisterung auslösen. Das AKP-Regime hat es geschafft, binnen weniger Jahre das Land in die außenpolitische Isolation und zu mehr Abhängigkeit von den USA und der EU zu führen. Der abenteuerliche Weg der hochgesteckten neo-osmanischen Ambitionen, die von der »strategischen Tiefe« Ahmet Davutoğlus[224] geleitet waren, mündete in bedrohlichen Sogströmen. Heute hofft das AKP-Regime,

---

223. http://www.trt.net.tr/deutsch/europa/2016/07/10/gespreche-von-Erdoğan-beim-nato-gipfel-in-warschau-526385.
224. Ahmet Davutoğlu: Stratejik Derinlik: Türkiye'nin Uluslararası Konumu (Strategische Tiefe: Die internationale Stellung der Türkei), Küre Yayınları, İstanbul 2001.

durch Zurückrudern und Schadensbegrenzungsmaßnahmen sich aus diesem Schlamassel retten zu können.

Mit dem Konzept der »strategischen Tiefe« verfolgte das AKP-Regime das Ziel, die Türkei als einen wichtigen und unverzichtbaren Akteur in der regionalen und internationalen Politik zu etablieren. Als ein starkes Wirtschaftszentrum und Energieumschlagplatz der Region sollte die Türkei ihren Einfluss auf früher von den Osmanen beherrschte Gebiete mit politischen, wirtschaftlichen, diplomatischen und kulturellen Mitteln festigen und erweitern. Dieses neo-osmanische (besser: regional-imperialistische) Protektoratsangebot würde den Staaten der Region Wohlstand, Freiheiten und eine mit dem Islam kompatible bürgerlich-parlamentarische Demokratie bringen.

Nach der Machtübernahme der AKP, die 2002 an die Regierung kam und die Früchte der Konsolidierungsmaßnahmen nach der großen Krise von 2001 ernten sowie die günstige globale Konjunktur für wirtschaftlichen Aufschwung nutzen konnte, wurde die Türkei lange Zeit vom Westen als »Modellland für die islamische Welt« angepriesen. Man sprach vom »türkischen Wirtschaftswunder«; Wirtschaft, Handel und Export wuchsen durch die Intensivierung des Außenhandels mit zahlreichen Nachbarstaaten und der gefühlte Wohlstand der Bevölkerung erhöhte sich, gleichwohl er auf Pump finanziert war: Die Verschuldung der privaten Haushalte wuchs im Jahr 2003 von 4,5 Mrd. Dollar auf über 150 Mrd. Dollar im Jahr 2013. Es war nicht von Hand zu weisen, dass diese Tatsache für die AKP-Regierung eine breite gesellschaftliche Unterstützung sicherte.

Die Notwendigkeit von neuen Märkten für das türkische Kapital machte eine Regionalpolitik erforderlich, die das erklärte Ziel hatte, Probleme mit den Nachbarstaaten auf null zu senken. Vorgaben früherer Regierungen wurden über Bord geworfen und das AKP-Regime knüpfte enge Wirtschaftsbeziehungen mit Libyen, dem Iran, Syrien und dem Sudan. Die »Null-Probleme-Politik«[225] wurde forthin zum neuen Leitbild der türkischen Außenpolitik.

Paradebeispiel für diese »Null-Probleme-Politik« waren die türkisch-syrischen Beziehungen. Syrien galt für die alte Türkei der kemalistischen Generalität, gerade in Bezug auf die kurdische Frage, als ein »feindlich gesinnter Staat«. Doch die »neue Türkei« Erdoğans verfolgte eine Politik der sogenannten »brüderlichen Annäherung«. Erdoğan, damals noch Ministerpräsident, bezeichnete den syrischen Präsidenten Baschar al-Assad als seinen »Bruder«. Noch Anfang 2011 sagte Erdoğan, »Syrien ist unsere innere Angelegenheit«. Bis dahin hatten die Türkei und Syrien eine Reihe von Abkommen und Verträgen über die enge Zusammenarbeit in militärischen, strategischen und wirtschaftlichen Fragen unterschrieben. Der Handel mit Syrien florierte und Assad gehörte nun »zur Familie Erdoğan«.

Von Traum zum Alptraum – Die »noble Einsamkeit«

In den bürgerlichen Medien der kapitalistischen Zentralländer wurde die scheinbare politisch-wirtschaftliche Integration der Türkei und Syriens in hohen Tönen gelobt. Die Türkei schien ihren neo-osmanischen Zielen näher gekommen zu sein. Aber die Umwälzungen in der arabischen Welt zur Zeit des »arabischen Frühlings« 2011 bereiteten den neo-osmanischen Träumen ein jähes Ende. Als im März 2011 die Proteste in Syrien begannen, war Erdoğan noch guter Hoffnung, dass Assad auf ihn hören würde und durch Reformmaßnahmen dem Protest den Wind aus den Segeln nehmen könnte.

Anfänglich waren Erdoğan und seine AKP der Auffassung, dass die Proteste in Syrien abebben und die aufgebaute Partnerschaft mit der

---

225. Außenministerium der Republik Türkei: Komşularla Sıfır Sorun Politikamız (Unsere Politik der Null-Probleme mit den Nachbarn), siehe: http://www.mfa.gov.tr/komsularla-sifir-sorun-politikamiz.tr.mfa.

syrischen Regierung fortgeführt würden. Für die ambitionierten Pläne des AKP-Regimes hatte Syrien eine zentrale Bedeutung. Syrien wurde vom türkischen Kapital als eine Brücke angesehen, über die die Märkte des Nahen und Mittleren Ostens, vor allem Ägyptens, Jordaniens und die der Golfkooperationsstaaten erreicht werden können. Auch in der kurdischen Frage sah man sich gleichgesinnt, da Syrien ähnliche »kurdische Probleme« hatte. Die kurdische Befreiungsbewegung wurde als gemeinsamer Staatsfeind betrachtet. Zudem war Syrien als Standort für neue Pipelines vorgesehen, die aus der Region in die Türkei und von dort nach Europa Erdöl und Erdgas transportieren sollten. Seit mehreren Jahren versuchte die Türkei – in gemeinschaftlicher Aktion mit der EU, Saudi-Arabien und Katar – Syrien für den Bau der neuen Pipelines zu gewinnen. Erklärtes Ziel dieser Unternehmung war die sogenannte »Energiediversifizierung«, sprich: Unabhängigkeit vom russischem Erdgas. Den informierten LeserInnen dürfte klar sein, dass die eigentlichen und übergeordneten Ziele dieses Vorhabens der freie Zugang zu den Energieressourcen der Region, die Kontrolle der Transportwege und die Wahrung imperialistischer Interessen durch Erweiterung von Einflusssphären waren und heute noch sind.

Im August 2011 änderte sich die türkische Syrienpolitik schlagartig. »Bruder Baschar« wurde zum »Despoten Esed«, der sofort gestürzt werden müsse. In enger Kooperation mit Saudi-Arabien und Katar wurde die sogenannte »syrische Opposition« aufgebaut und unterstützt. Während sich am 23. August 2011 in Istanbul der »Syrische Nationalrat« gründete und heute noch seinen Sitz dort hat, wurden in Syrien dschihadistische Terrorbanden militärisch, logistisch und finanziell unterstützt. Säkulare Gruppen des »Nationalen Koordinationskomitees für demokratischen Wandel« und das türkisch-syrische Grenzgebiet der Türkei wurden zum Rückzugs- und Rekrutierungsgebiet dschihadistischer Terroristen.

Diese offene Verletzung des Völkerrechts und das bewusste Schüren von Konfessionskonflikten fußten auf einigen Trugschlüssen, die den

Rahmen der türkischen Außenpolitik ausmachen. Es war offensichtlich, dass Erdoğan und seine AKP-Regierung, geblendet von den bisherigen Wahlerfolgen, die Außenpolitik mit einem Blick aus der ideologischen Brille gestalteten. Dabei trat die dem politischen Islam, insbesondere den Strömungen der Muslimbrüderschaft innewohnende Arroganz zu Tage. Die Krisen Europas und der militärische Rückzug der USA aus dem Nahen und Mittleren Osten – um ihre militärischen Prioritäten der Pazifik-Strategie unterzuordnen – wurden in Ankara als eine große Chance für die Etablierung einer neo-osmanischen Regionalhegemonie verstanden. Doch allzu schnell wurden dieser arroganten und verblendeten Wahrnehmung der politischen Realitäten durch imperialistische Strategien der Großmächte Grenzen gesetzt. Die AKP-Regierung musste einsehen, in welchem Maße die Türkei von den Vereinigten Staaten und der EU abhängig ist.

Der zweite Trugschluss war die falsche Einschätzung der Konflikte, die durch Zerfallsprozesse von Staaten entstehen: In Ankara war man überzeugt, dass die Zerfallserscheinungen im Irak und in Syrien mögliche Grenzverschiebungen zugunsten der Türkei zur Folge haben würden und die blutigen Konflikte mit den modernisierten und hochgerüsteten türkischen Streitkräften in einem kontrollierbaren Rahmen gehalten werden könnten. Der sogenannte »Friedensprozess« in der kurdischen Frage sollte dafür eine Hebelwirkung entfalten.

Ende 2012 hatte der türkische Staat die Verhandlungsgespräche mit dem auf der İmralı-Insel inhaftierten PKK-Führer Abdullah Öcalan[226] unter Hinzuziehung von einigen Abgeordneten der prokurdischen »Partei des Friedens und der Demokratie – BDP« intensiviert. Schließlich wurde am 21. März 2013 auf dem Newroz-Fest in Diyarbakir eine Botschaft

---

226. »Partiya Karkeren Kurdistan – PKK«, Arbeiterpartei Kurdistans. Dessen Vorsitzender Abdullah Öcalan wurde in 1999 durch einen internationalen Komplott gefangen genommen und der Türkei überstellt. Siehe auch: Nick Brauns und Brigitte Kiechle, Das »internationale Komplott«, in: junge Welt vom 29. April 2010, http://www.nikolausbrauns.de/Internationale_Komplott.htm.

Öcalans verlesen, der »einen großen Frieden« und die Verlagerung des Kampfes der PKK auf die politische Ebene verkündete. Die Botschaft wurde von den fast 3 Millionen TeilnehmerInnen und der türkischen Öffentlichkeit mit Freude vernommen. Hoffnungen auf eine friedliche und demokratische Lösung der Nationalitätenfrage keimten auf. Der Waffenstillstand hielt zweieinhalb Jahre.

Auf internationaler Ebene wurde vollen Lobes von einer »türkisch-kurdischen Allianz« gesprochen. In den bürgerlichen Medien der Türkei schwärmten regierungsnahe Kommentatoren davon, dass die Türkei »mit den Kurden größer« werde und dann als eine »regionale Supermacht das Ziel, unter den ersten zehn Volkswirtschaften der Welt zu sein, schneller erreichen« könne. Die AKP-Regierung war der Auffassung, die kurdische Befreiungsbewegung im Rahmen des sogenannten »Friedensprozesses« domestizieren zu können und sie, gestärkt durch die »türkisch-kurdische Allianz«, in der Lage sein würde, »die Führungsposition innerhalb der sich entwickelnden sunnitischen Achse zu übernehmen«.[227]

Doch weder waren die massiven blutigen Konflikte des angestachelten syrischen Bürgerkrieges kontrollierbar, noch war die kurdische Befreiungsbewegung gewillt, sich mit dem bloßen Versprechen einer »sunnitisch-türkisch-kurdischen Brüderschaft« domestizieren zu lassen. Entsprechende Reaktionen kamen auch von den Zentralregierungen Irans, Iraks und Syriens, die keineswegs mit einer nach Hegemonie strebenden »türkisch-kurdischen Allianz« einverstanden waren. Als schließlich der »Islamische Staat« mit seinen bestialischen Kriegsmethoden und seinen Angriffen auf Erbil, Mossul und Kobanê in den Blick der Weltöffentlichkeit geriet, blieb von dem sogenannten »Friedensprozess« nichts mehr übrig. Im Gegenteil: Nach der erfolgreichen Verteidigung der Stadt Kobanê gegen den »IS« stellte Erdoğan, inzwischen zum

227. Arzu Yılmaz: Friedensweg mündet im Krieg – Die Internationalisierung der kurdischen Frage, in: »Gescheiterter Friedensprozess und Bürgerkrieg in der Türkei«, W&F-Dossier 82, Beilage der Zeitschrift Wissenschaft und Frieden, Bonn Mai 2016.

Staatspräsidenten gewählt, 2014 den Kurs auf Eskalation um. Wie die Kolumnistin der Zeitschrift *Birikim* Arzu Yılmaz zu Recht feststellt, mündete der sogenannte Friedensprozess in Krieg und Gewalt. Heute sind zahlreiche Städte Nordkurdistans (Türkei) verwüstet. Obwohl die Türkei von den USA zum Kampf gegen den IS gedrängt und zur Unterlassung der Hilfsleistungen an die Gruppen des IS gezwungen wurde, steht sie heute wegen der weiteren Unterstützung anderer dschihadistischer Terrorbanden wie die al-Nusra-Front und der politischen Gleichsetzung der PYD mit dem IS nicht nur der kurdischen Befreiungsbewegung, sondern nahezu allen beteiligten Akteuren in Syrien konfrontativ gegenüber.

Ein weiterer Trugschluss ist in der Innenpolitik festzustellen, dessen außenpolitische Auswirkungen zu spüren sind: Die Eskalationsstrategie Erdoğans, die Ausrichtung auf den türkischen Nationalismus und sunnitischen Konfessionalismus hatten zwar zur Folge, dass die AKP ihre eigene Basis konsolidieren und nationalistische WählerInnen anderer bürgerlichen Parteien gewinnen konnte. Aber dadurch wurde die gesellschaftliche Spaltung derart vertieft, dass rund die Hälfte der Bevölkerung – allen voran kurdische, alewitische und laizistische Teile – dem AKP-Regime unversöhnlich gegenüberstehen. Dessen ungeachtet lässt die AKP-Regierung die zersprengte Opposition die volle Arroganz der Macht spüren, ermutigt durch den Umstand, dass sich neben den gesellschaftlichen Kerngruppen ihrer Unterstützer nahezu alle türkischen Kapitalfraktionen, die zivile und die militärische Staatsbürokratie und die nationalistisch gesinnten Kräfte hinter der Regierung versammelt haben. Medien und Justiz sind mittlerweile praktisch gleichgeschaltet, die bürgerliche Opposition macht- und einflusslos. Sowohl die USA als auch die EU sehen dem blutigen Treiben seit Langem lautlos zu. Es gibt guten Grund anzunehmen, dass sie der bereits stattfindenden Installation eines diktatorischen Regimes nicht widersprechen werden, ebenso wenig wie die türkische Monopolbourgeoisie — solange die ökonomischen

Verhältnisse im Land unangetastet bleiben. Die Fehleinschätzung aber liegt darin, dass die AKP die derzeitige gesellschaftliche Unterstützung als in Beton gegossen betrachtet. Dabei ist die Unterstützung der ärmeren sunnitisch-konservativen Bevölkerungsteile durchaus brüchig. Wenn man bedenkt, wie hoch die Verschuldung der privaten Haushalte ist und ein Großteil der Gehälter zur Zins- und Kreditzahlung verbraucht wird, wird das deutlich. Eine wirtschaftliche Krise, die nicht auszuschließen ist, würde diese Unterstützung auf die Kernbasis schrumpfen lassen. Die Wahlergebnisse vom 7. Juni 2015 (also der *ersten* der beiden Wahlen von 2015)[228] haben das gezeigt. Die regierungsseitig geförderte gesellschaftliche Spaltung gefährdet die innere Stabilität, was nur durch immer autoritärere Maßnahmen gesichert werden kann. Und genau diese Maßnahmen sind der Grund für den außenpolitischen Druck, den die strategischen Partner USA und EU erhöhen. Diesem Druck kann das Regime nicht standhalten.

Obwohl inzwischen Erdoğan und seine AKP verstanden haben, dass sie die politischen Realitäten der Region falsch eingeschätzt haben und zurückrudern müssen, hegen sie dennoch Hoffnungen auf die Verbesserung ihrer Situation und auf weitere Unterstützung ihrer strategischen Partner. Diese Erwartungshaltung begründet sich vor allem auf die geografische Lage des Landes.

Ein Blick auf die Weltkarte reicht aus, um die »geopolitische Schlüsselrolle der Türkei« zu erkennen: Die Türkei ist die einzige Landbrücke zwischen Schwarzem Meer und Mittelmeer, über den die Märkte, Energiequellen und Ressourcen im Kaukasus, Nahen und Mittleren Osten sowie in Zentralasien erreicht werden können. Sie ist Herrin der beiden Meerengen des Marmarameers, den die russischen Seestreitkräfte als

---

228. Für weitere Informationen über die wirtschaftliche Entwicklung in der Türkei seien zwei Websites zu empfehlen: Blog der Zeitschrift »Infobrief Türkei« unter: http://infobrief-tuerkei.blogspot.de und der persönliche Blog des Autors: http://murat-cakir.blogspot.de.

Zugang zum Mittelmeer und darüber hinaus benötigen. Das Land gilt inzwischen als einer der weltweit wichtigsten Energieumschlagsplätze, der für das EU-Ziel der »Energiediversifizierung« enorm wichtig ist. Ein NATO-Partner, der mit seiner modernisierten und gewaltigen Militärmaschinerie die beabsichtigte »Neuordnung des Nahen und Mittleren Ostens« überwachen kann und als billiger Produktionsstandort für westliche Güter sowie mit seiner jungen, aufstrebenden Bevölkerung als Markt hohe Profite verspricht. Besonders für die BRD ist die Türkei ein vertrauter Partner, deren militärisch-industrieller Komplex mit Hilfe deutscher Rüstungsexporte hochgezüchtet wurde und als Lizenznehmerin deutscher wie europäischer Rüstungskonzerne zur Umgehung von Rüstungsexportrichtlinien bestens geeignet ist. Und nicht zuletzt ist die Türkei das Land, dem die Aufgabe zufällt, das EU-Grenzregime aufrecht zu erhalten und Migrationsströme abzuwehren.

Die AKP-Regierung ist seit Mitte 2013 dabei, eine auf Schadensbegrenzung orientierte, reaktive Außenpolitik zu verfolgen. Offensichtlich baut das Regime auf diese »geopolitische Schlüsselrolle« und rechnet damit, die strategischen Partnerschaften zu erneuern, um so die AKP-Herrschaft absichern zu können. Diese Rechnung könnte durchaus aufgehen, denn das Angebot an die westlichen Großmächte ist höchst attraktiv: Ein diktatorisches Regime, das den globalen Kapitalflüssen gegenüber offen ist, das bewiesen hat, eine neoliberale Wirtschaftspolitik par excellence umzusetzen und die Kämpfe der Lohnabhängigen und weitere Widerstandpotenziale zurückzudrängen. Ein Regime, das mit der autoritären Regierungsführung die erforderliche »Stabilität« sichert und nicht davor zurückschreckt, mit paramilitärisch umgebauten Polizeikräften und der zweitgrößten NATO-Armee sowohl gegen die eigene Bevölkerung als auch, wenn erforderlich, gegen die Nachbarländer vorzugehen. Ein Regime, das bereit ist, als schlagkräftige Vorhut imperialistischer Mächte zu fungieren und als regionaler Gendarm die Interessen nationaler wie internationaler Monopole zu verteidigen.

Geostrategische Hintergründe türkischer Syrienpolitik

Um den außenpolitischen Zickzackkurs der Türkei und die aggressive Syrienpolitik Erdoğans nachvollziehen zu können, ist es unabdingbar die geostrategischen Hintergründe zu beleuchten. Um das Bild deutlich zu machen: Man muss sich die Türkei wie eine Spinne vorstellen, die auf einem Netz von Erdgas- und Erdölpipelines sitzt. Das Ziel der Pipelines und des Umschlagshafens Ceyhan im östlichen Mittelmeer ist Europa. In den vergangenen zwei Jahrzehnten haben sowohl staatliche als auch private türkische Unternehmen immense Investitionen im Energiesektor getätigt. Aber der Pipelinebau und der zentrale Vertrieb sind immer noch in staatlicher Hand. Der türkische Staat will die Kontrolle des Energiesektors nicht aus der Hand geben – genau wie im Bereich des militärisch-industriellen Komplexes. Für Investitionen und Transportwege ist seit 1973 die hundertprozentig staatliche Unternehmung BOTAS zuständig.

Aus Türkei-interessierten Kreisen ist vielfach zu hören, dass man es nicht nachvollziehen könne, warum die Türkei, während sie gegen die eigene kurdische Bevölkerung einen blutigen Krieg führt und mit aller Macht das Entstehen von autonomen kurdischen Strukturen in Nordsyrien verhindern will, auf der anderen Seite die Unabhängigkeitsbestrebungen der von Mesud Barzani geführten Kurdischen Autonomieregion im Nordirak (Südkurdistan) unterstützt. In der Tat: Seit dem Ende des Irak-Kriegs ist die Türkei dabei, im Nordirak zu investieren. Laut der türkischen Statistikbehörde haben türkische Firmen rund 75 Prozent der Infrastruktur der Kurdischen Autonomieregion aufgebaut. Zahlreiche türkische Unternehmen, übrigens auch staatliche, haben dort große Summen investiert. Barzani gilt als Vertrauter Erdoğans und Erdoğan hofft, mit Hilfe Barzanis die PKK aus den Qandil-Bergen im Nordirak vertreiben zu können.

Freilich ist das nicht der einzige Grund, warum die AKP-Regierung Südkurdistan wirtschaftlich und politisch unterstützt. Ausschlaggebend sind vielmehr die auf 45 Milliarden Barrel geschätzten Erdölvorkommen im Nordirak. Dank des Erdöls konnte Barzani die Autonomieregion zu einem quasi Rentierstaat umwandeln und seinen Clan bereichern. Durch Verbeamtung der Peschmerga-Kräfte und anderer Gruppen konnte er sich gesellschaftliche Unterstützung erkaufen. Wirtschaftlich ist aber die Kurdische Autonomieregion völlig vom Erdölverkauf abhängig, da kaum produzierendes Gewerbe vorhanden ist und Nahrungsmittel importiert werden müssen. Luxusresidenzen und moderne Einkaufszentren in Erbil sollten darüber nicht hinwegtäuschen.[229]

Aus diesen Gründen ist Barzani gezwungen, die Erdölförderung zu erhöhen. Um vom Verkaufserlös der irakischen Zentralregierung nichts mehr abgeben zu müssen, strebt er die staatliche Unabhängigkeit an. Noch 2014 erklärte Barzani, dass seine Autonomiebehörde bis 2016 die Voraussetzungen für die tägliche Erdölförderung von bis zu 2 Millionen Barrel schaffen werde.[230] Dieses Ziel konnte allerdings nicht erreicht werden.

Die Erdölförderung ist aber grundsätzlich das kleinere Problem. Schwieriger ist dagegen der sichere Transport zum Konsumenten – und hier kommt die Türkei ins Spiel. Nordirakisches Erdöl und Erdgas werden seit 1973 über die Pipeline Kirkuk-Yumurtalık transportiert, um nach Bearbeitung vom Umschlaghafen Ceyhan bzw. über Pipelineverlängerungen nach Europa gebracht zu werden. Die Kapazität dieser Pipeline ist gering und kaum kostengünstig zu erweitern. Zudem verläuft die Pipeline über kurdische Gebiete in der Türkei, in denen die kurdische Befreiungsbewegung über starken gesellschaftlichen Rückhalt verfügt. Sabotageakte an der Pipeline Kirkuk-Yumurtalık belegen diese Sicherheitsproblematik.

Aus diesem Grund ist seit ca. 10 Jahren eine Alternativroute geplant, die von Kirkuk über Nordsyrien nach Ceyhan führen soll. Schon lange

229. Siehe den Bericht der Tageszeitung »Die Welt«: http://www.welt.de/wirtschaft/article127397351/Die-geheimnisvolle-Oase-im-Norden-des-Irak.html.
230. http://www.haberler.com/barzani-2-mayis-ta-ceyhan-daki-petrolu-5962052-haberi/.

vor dem Beginn des Bürgerkrieges in Syrien hatten Katar und die Türkei die syrische Regierung für diesen Plan gewinnen wollen. Katar hatte und hat weiterhin ein großes Interesse am Bau dieser neuen Pipeline. Als weltgrößter Verkäufer von verflüssigtem Erdgas beabsichtigt Katar seit Längerem auf Pipelinetransport umzusteigen, weil damit die Produktions- und Transportkosten immens gesenkt werden können. Daher hatte der katarische Despot immer wieder Baschar al-Assad überzeugen wollen, diese Pipelinepläne zu unterstützen. Doch Assad lehnte die Offerte ab – die Interessen des strategischen Partners Russland wogen schwerer. Für Assad zahlte sich diese Ablehnung aus: Russland hielt seinerseits die Treue.

Nachdem für die türkischen Machthaber Assad 2011 »vom Paulus zum Saulus« mutierte, begann Erdoğan mit der Forderung nach einem »humanitären Korridors« in Nordsyrien. Noch im Jahr 2011 sinnierte Erdoğan öffentlich davon, »in ein paar Wochen in der Umayyaden-Moschee in Damaskus beten zu können«. Als Anfang Oktober 2012 in der kleinen Grenzstadt Akçakale an der türkisch-syrischen Grenze eine Mörsergranate in ein Haus einschlug und fünf Menschen (zwei Frauen und drei Kinder) ums Leben kamen, beantragte die Türkei eine Sitzung nach dem Art. 4 des NATO-Vertrages. Das türkische Parlament fasste darauf den Beschluss, dass die Streitkräfte nach eigenem Ermessen militärisches Vorgehen vorbereiten sollten. Kurze Zeit später wurden US-amerikanische, niederländische und deutsche Patriot-Systeme in der grenznahen Region der Türkei aufgestellt. Nun sprach der damalige türkische Außenminister Ahmet Davutoğlu von der »Notwendigkeit eines sicheren Korridors«. Doch das Verhalten der Türkei, dschihadistischen Terrorbanden Unterschlupf zu gewähren und Unterstützung zu leisten, führte zu Missstimmungen. Als dann das AKP-Regime der nordsyrisch-kurdischen Stadt Kobanê, die von dem IS massiv bedroht wurde, keine Unterstützung leistete und sogar Unterstützungsleistungen behinderte, war die Aufstellung der Patriot-Systeme in der westlichen Öffentlichkeit nicht mehr zu vertreten.

Interessant ist in diesem Zusammenhang, dass der von der Türkei geforderte »Korridor« punktgenau mit dem Landstreifen übereinstimmte, auf dem die neue Pipeline gebaut werden soll. Da die Patriot-Systeme gegen Mörsergranaten unwirksam sind, aber Raketen und Flugzeuge abwehren können, war klar, dass eine »No-Fly-Zone« eingerichtet werden soll. Aber diese Pläne fielen mit der erfolgreichen Verteidigung der Stadt Kobanê, durch die kurdisch-syrischen »Volksverteidigungseinheiten« ins Wasser.

Das bedeutet aber nicht, dass diese Pläne endgültig ad acta gelegt sind, im Gegenteil: Sie sind immer noch aktuell und werden weiter verfolgt. Dafür gibt es viele Gründe. Zum einen ist im Levante-Becken im östlichen Mittelmeer ein riesiges Erdgasreservoir von über 9,5 Billionen Kubikmeter entdeckt worden.[231] Israel hat längst begonnen, 180 km von seiner Küste entfernt Erdgas zu fördern. Aber auch für Israel gilt: Die Schwierigkeit liegt nicht bei der Förderung, sondern beim Transport. Eine Pipeline über Libanon kommt für Israel schon aus Sicherheitsbedenken nicht in Frage. Die Produktion von verflüssigtem Erdgas und Transport mit eigens dafür gebauten Schiffen ist kurzfristig nicht möglich und würde auch enorme Kosten verursachen. Als Ausweg bleibt nur eine Option: eine neue Pipeline über die Golanhöhen und durch das syrische Staatsgebiet zu führen und diese in der Nähe der türkischen Stadt Kilis an die geplante Kirkuk-Ceyhan-Pipeline anzuschließen. Für Israel wäre damit ein Zusatznutzen verbunden: Mit einer zur Erdgaspipeline parallel zu bauenden Wasserpipeline soll kurdisches Trinkwasser aus dem Euphrat und Tigris den chronischen Wassermangel Israels beseitigen. Die Wasservorräte der besetzten Golanhöhen und des Jordan-Tals sowie unterhalb der illegal gebauten israelischen Siedlungen können den großen Durst der israelischen Landwirtschaft nicht löschen. Von daher war es auch kein Zufall, als der israelische Ministerpräsident

---

231. http://www.ingenieur.de/Branchen/Rohstoffindustrie/Gasfoerderung-im-Mittelmeer-Pulverfass.

Benjamin Netanjahu die »internationale Gemeinschaft« aufforderte, »die Bestrebungen der irakischen Kurden für einen unabhängigen Staat zu unterstützen«.[232] Es steht aber außer Frage, dass es Netanjahu nicht um die Freiheit und Gleichberechtigung des kurdischen Volkes in allen vier Teilen Kurdistans geht, sondern um die »Unabhängigkeit« eines Barzanistans, der nichts anderes als ein Vasallenstaat regionaler und imperialistischer Mächte sein würde.

Für eine solche »Unabhängigkeit« kooperiert Barzani gegen die demokratischen Kantone Rojavas mit dem AKP-Regime, Katar, Israel und Saudi-Arabien und versucht durch Grenzschließungen die Lebensadern Rojavas und somit die Verteidigungsfähigkeit gegen die dschihadistischen Terrorbanden abzuschneiden. Barzani war selbst für medizinische Hilfsleistungen nicht bereit, die Grenze nach Rojava zu öffnen. Es ist offensichtlich, dass man in Erbil hofft, nach der Unabhängigkeit die angrenzenden Gebiete in Rojava Südkurdistan anzuschließen, um so »einen Zugang zum Mittelmeer zu erhalten«, wie es vielfach auf Internetseiten der kurdischen Nationalisten zu lesen ist. Die deutschen Waffenlieferungen an Peschmerga-Kräfte, die Errichtung einer US-Luftwaffenbasis nahe Erbil[233] und die türkische Unterstützung verstärkten diesen Größenwahn Barzanis. Er und seine Autonomieregierung sind wohl der Auffassung, dass es sich der Westen nicht leisten kann, Südkurdistan fallen zu lassen. Die tatsächliche Suche der USA nach einem »Stabilitätsanker in der Region« und bekannt gewordene Überlegungen für den Aufbau einer großen US-Basis im Format von »Camp Bondsteel« (Kosovo) verstärken diesen Eindruck. Dadurch ermutigt, versucht Barzani in Rojava Fuß zu fassen. Obwohl seine Partei dort keine gesellschaftliche Verankerung hat, drängt Barzani die syrisch-kurdische PYD dazu, ihre Macht mit Barzani-Leuten in Rojava zu teilen. So wird die PYD, die nach eigenen Angaben »taktische Bündnisse mit strategischen Gegnern« (PYD Co-Vorsitzender

---

232. http://www.zeit.de/politik/ausland/2014-06/netanjahu-befuerwortung-kurdistan-isis
233. http://rudaw.net/english/kurdistan/110220152

Salih Muslim) eingeht, also im Kampf gegen den sogenannten Islamischen Staat und andere dschihadistische Gruppen je nach Lage sowohl mit den USA als auch mit der syrischen Armee und Russland militärisch zusammenarbeitet, von Barzani politisch unter Druck gebracht. Noch scheint die PYD mit ihrer Strategie Erfolg zu haben und kann Barzanis Druck abwehren. Ob sie aber langfristig diese Kraft haben wird, ist nicht sicher.

Übrigens, einer der Gründe für den Putschversuch am 15. Juli 2016 in der Türkei, der kläglich gescheitert ist, scheint die Syrienpolitik zu sein – und zwar die der USA. Vieles deutet darauf hin, dass die Putschisten von denjenigen Kreisen in der NATO, die ein militärisches Vorgehen in Syrien befürworten, zu diesem Staatscoup ermutigt worden sind. Wenn man die Debatte um Strategieänderung in der US-Syrienpolitik berücksichtigt – erst vor Kurzem hatten US-Diplomaten eine Militärstrategie gegen das Assad-Regime gefordert[234] – und die (nicht bewiesenen) Gerüchte über die Verwicklung von US-Militärs, die den neokonservativen Falken nahestehen, in den Abschuss eines russischen Militärjets am 24. November 2015 bedenkt, dann ist es nicht von der Hand zu weisen, dass es Versuche gibt, die zweitgrößte NATO-Armee in den Syrienkonflikt zu verwickeln.

Die Interessen am Zerfall Syriens

Erdoğan, der dem Putschversuch vom 15./16. Juli 2016 gestärkt hervorging und die Türkei in Richtung einer autoritären Präsidialdiktatur steuert, feilscht mit den imperialistischen Mächten und versucht dabei, die Interessenswidersprüche zwischen der EU (sprich der BRD) und den USA auszunutzen. Die Unterstützung saudischer Despoten im Rücken hofft Erdoğan darauf, dass die mögliche neue US-Präsidentin Hillary Clinton dem Druck nach einer Strategieänderung nachgeben und der Errichtung einer Flugverbotszone in Nordsyrien zustimmen wird. Das

---

234. http://de.euronews.com/2016/06/17/syrienkrieg-us-diplomaten-fordern-militaerschlaege-gegen-assad-regime

würde die Bedeutung der Türkei immens erhöhen und das AKP-Regime als Partner unverzichtbar machen.

Für diese Forderung hat Erdoğan die politische Unterstützung der deutschen Bundesregierung längst erhalten. Bundeskanzlerin Merkel hat sich für eine Flugverbotszone ausgesprochen und will dafür die EU-Türkei-Flüchtlingsabkommen weiter gesichert wissen. Sowohl die EU als auch die Türkei behandeln die syrischen Flüchtlingsmassen als »Faustpfand«, um gegenseitig ihre strategischen Interessen durchzusetzen.[235]

Gemeinsames Interesse aber haben die USA, die EU, die Türkei, Israel, Katar und Saudi-Arabien an dem Zerfall des syrischen Staates. Während es für die imperialistischen Mächte in erster Linie um die Sicherung der Kontrolle der regionalen Energieressourcen und der Transportwege geht, wollen Israel, Saudi-Arabien und die Türkei die regionale Hegemonie erringen und jeweils »der erste« strategische Partner des Westens werden.

Für Saudi-Arabien geht es auch um den Zugang zum Arabischen Meer im Indischen Ozean. Aufgrund der Tatsache, dass Saudi-Arabien auf die Transportwege des Golfs von Aden und des Golfs von Oman angewiesen ist und Iran seinen Einfluss auch auf diese Regionen ausgeweitet hat, würde die Entmachtung des Assad-Regimes die sogenannte »schiitische Achse« erheblich schwächen. Zwar gab es auf der Seite der Türkei und Katars Missstimmungen wegen der saudischen Unterstützung der ägyptischen Sisi-Junta, aber die gemeinsamen Interessen in Syrien nahmen keinen Schaden. Zumal die saudischen Despoten, die die Muslimbrüder als eine Gefährdung ihrer Macht betrachten, im Grunde den Zugang zum Suez-Kanal sicherstellen wollten und derzeit mit Jemen beschäftigt sind. Saudi-Arabien verfolgt seit Jahren einen Plan, wonach eine Pipeline zur jemenitischen Hafenstadt al-Mukalla gebaut werden soll. So wollen die Saudis sich aus der Abhängigkeit von den Nachbarstaaten im Golf von Aden und im Golf von Oman befreien. Dafür müssen sie den Einfluss

---

235. Murat Çakır, Die »getürkte« Kandidatur, in: http://murat-cakir.blogspot.de/2016/05/die-geturkte-kandidatur.html

Irans in der Region zurückdrängen. Die syrische Regierung, die traditionell gute Beziehungen zum Iran unterhält, ist dafür ein Hindernis.

Hierbei spielt die Türkei wieder einmal eine verhängnisvolle Rolle. Den Herrschenden in der Türkei ist das Schicksal der syrischen Völker egal. Die fast 900 km lange syrische-türkische Grenze, die vor rund 100 Jahren mit einem Lineal gezogen wurde, ist nun wie eine offene Wunde, die Syrien dem Tode nahebringt.

Aber das AKP-Regime ist aufgrund seiner derzeitigen Stärke und der verfassungsmäßigen Möglichkeiten, wie die Verhängung des Ausnahmezustandes, verblendet und merkt nicht, dass es sich mit der Fortsetzung einer aggressiven Syrienpolitik sein eigenes Grab schaufeln könnte.

Russland und der Bürgerkrieg in Syrien

Gerhard Mangott

Einleitung

Seit der Machtübernahme von Hafiz al-Assad im Jahr 1970 verbindet Russland (vormals die UdSSR) und Syrien eine lang anhaltende (militärische) Zusammenarbeit, wenn diese auch nicht immer ungestört war. An den wiederkehrenden Dissonanzen änderte auch der im Oktober 1980 unterzeichnete Vertrag über Freundschaft und Zusammenarbeit nichts. Die Präsenz russländischer Militärberater, die Ausbildung syrischer Offiziere an sowjetischen und russländischen Militärakademien[236] und die Lieferung von Waffen beruhte auf gemeinsamen materiellen und strategischen Interessen, aber nicht auf einer geteilten Identität oder Ideologie. Nach dem Zusammenbruch der UdSSR bis zum Ausbruch des Bürgerkrieges waren die Waffenlieferungen den kommerziellen Interessen Russlands geschuldet. Russland unterhielt weiter den maritimen Stützpunkt in Tartus an der syrischen Nordküste.[237] Dabei handelt es sich aber nur um eine Versorgungs- und Reparaturbasis, nicht um einen vollwertigen Marinestützpunkt. Tartus ist aber immerhin die einzige maritime Basis Russlands außerhalb des Hoheitsgebietes der ehemaligen UdSSR.

Die Beziehungen zwischen beiden Staaten waren nicht auf persönliche Bindungen mit der Führung Syriens gestützt. Das zeigt sich auch daran, dass für Russland das persönliche Schicksal von Assad nachrangig

---

236. Viele der in den sowjetischen Militärakademien ausgebildeten syrischen Offiziere sind mit russischen Frauen verheiratet. Daher finden sich auch Tausende ethnische Russen in Syrien.
237. Tartus war der Stützpunkt der 5. Mittelmeerflotte der UdSSR.

gegenüber der Sicherung der russländischen Interessen in Syrien ist. Dies gilt umso mehr, als Syrien (neben dem Irak) der letzte verbliebene Partner Russlands im Nahen Osten ist. Die Beziehungen zwischen Moskau und Damaskus vor Beginn der innersyrischen Unruhen waren also freundschaftlich, pragmatisch, aber in keiner Weise eine Bündnisbeziehung. Dieser pragmatische Charakter hat mit der Machtübernahme durch Baschar al-Assad noch weiter zugenommen. Dmitri Medvedev, Vorsitzender der russländischen Regierung meinte denn auch, Russland habe »gute Arbeitsbeziehungen« mit Baschar al-Assad, aber keine »privilegierten Beziehungen« wie mit dessen Vater Hafez al-Assad.[238]

Russland als Schutzmacht Syriens

Nach dem Ausbruch der innersyrischen Unruhen im März 2011, dem brutalen militärischen Vorgehen des Assad-Regimes gegen Demonstranten und der wachsenden Militarisierung des Konflikts hat sich Russland auf globaler und regionaler Ebene immer als Beschützer des Regimes in Syrien verhalten. Gleichzeitig mit der Beschützerrolle hat Moskau schon 2011 Assad zu Reformen und einen Ausgleich mit der Opposition gedrängt.[239]

Die Schutzfunktion zeigte sich zum einen in der fortgesetzten Lieferung militärischer Ausrüstung an die syrischen Regierungsstreitkräfte. Trotz der Nutzung dieser Waffen im Bürgerkrieg betont Moskau, dass es kein Waffenlieferverbot an Syrien gebe, Russland mit den Lieferungen damit nicht internationales Recht breche und Russland nur bestehende Verträge erfülle. Moskau liefert(e) nach eigener Darstellung nur defen-

---

238. Slim, Randa, Putin's Master Plan for Syria. In: Foreign Policy, http://foreignpolicy. com/2016/03/18/putins-master-plan-for-syria-assad-isis-russia-peace-deal/?utm_content=buffer32c14&utm_medium=social&utm_source=twitter.com&utm_campaign=buffer (Zugriff am 30.7.2016).
239. Interview von Präsident Medvedev am 5. August 2011, abgedruckt auf der website des Präsidenten: eng.news.kremlin.ru/news/2680/ (Zugang am 16.8.2011).

sive Systeme (Buk M-2- und Pantsyr S1-Raketenabwehrsysteme; die Lieferung des Raketenabwehrsystems S-300 mit großer Reichweite und von Anti-Schiff-Marschflugkörper kann nicht verifiziert werden), aber eben auch Yak-130 Trainings- und Kampfflugzeuge. Die Lieferung von MiG-31 Kampfflugzeugen und von Igla-Luftabwehrsystemen wurde von Russland allerdings suspendiert. Syrien hat für diese Waffenlieferungen hohe finanzielle Schulden bei Russland; es wird vermutet, dass einige der Waffenlieferungen durch den Iran finanziert werden.[240] Zugleich wurden russländische Ausbilder und Militärberater zur Stärkung der operativen Fähigkeiten der syrischen Streitkräfte eingesetzt. Dazu ist eine verstärkte russländische maritime Präsenz im östlichen Mittelmeer gekommen.

Zum anderen zeigte sich diese Beschützerrolle in der Blockade – unterstützt durch die VR China – von Resolutionen des UN-Sicherheitsrates, deren Text auch nur im Ansatz rechtliche Grundlage für eine externe militärische Intervention in Syrien (militärische Zwangsmaßnahmen nach Kapitel 7 der Charta der Vereinten Nationen) hätte sein können. Die Erfahrungen mit der Libyen-Intervention der NATO 2011 und dem gewaltsam induzierten Regimewechsel in diesem Land wirkten sich direkt auf diese Haltung Moskaus aus. Aber auch Resolutionen, die die syrische Führung mit Sanktionen belegt hätten, wurden von Russland blockiert.

Russland verteidigte mit dieser Position auch seine Haltung zur Souveränität von Staaten und der Warnung vor dem Zerfall von Staaten (unter Verweis auf Länder wie Irak, Libyen, Jemen u.a.) und der Verbreitung von transnationalem islamistischem Terrorismus. Der Kreml fürchtet eine fortgesetzte Kettenreaktion an Staatszerfall, sollte Syrien auseinanderbrechen. Die Grenzregime in der Region könnten dann nicht mehr aufrechterhalten werden. Der Historiker und Direktor des Moskauer Carnegie-Centers Dmitri Trenin sieht in dem Verhalten

---

240. Allison, Roy, Russia and Syria: explaining alignment with a regime in crisis. In: International Affairs 89, 4, 2013, S. 795-823, hier S. 805-806.

Russlands und der USA ein Ringen um die internationale Ordnung, um die Prinzipien der Souveränität und der Nichteinmischung und der Menschenrechte.[241]

Der Russland-Forscher Roy Allison wiederum argumentiert, dass die russische Regierung Sorge vor einem Regime- bzw. Staatszerfall im eigenen Land habe. Die Sorge um Regimewechsel von außen, die gewaltsame Ablöse der Regierung durch die Opposition und die Risiken für eine integre Staatlichkeit sei nicht nur für Syrien gültig, sondern auch für Russland selbst.[242]

Trotz der Unterstützung des Kreml für das Regime von Baschar al-Assad ist darauf hinzuweisen, dass Moskau zu Beginn der inneren Unruhen bereits die syrische Führung ermahnt hatte, neben Härte auch Bereitschaft zum Dialog und zu Zugeständnissen an die Opposition zu zeigen.[243] Russland drängte auch nach der Eskalation der Kämpfe immer wieder auf einen Dialog zwischen den kriegführenden Parteien. Anders als die USA war Russland aber nicht bereit, Assad fallen zu lassen, zumal man – anders als im Westen – auch nicht annahm, dass Assad rasch stürzen würde.

Im Juni 2012 unterstützte Russland im Genfer Kommuniqué[244] einen »politischen Übergang« (Bildung eines »transitional governing organ«) in Syrien; allerdings konnte sich Russland nicht mit den westlichen Staaten einigen, ob der Rücktritt Assads die Voraussetzung für eine politische Übergangslösung sein müsse. Russland akzeptiert keine Vorbedingungen für eine politische Übergangslösung, die USA hingegen schon. Russland unterstützte aber weder die »Syrische Nationale Koalition« (vor allem

---

241. Trenin, Dmitri, The Mythical Alliance. Russia's Syrian Policy. Carnegie Moscow Center 2016, S. 4.
242. Allison, a. a. O., S. 817.
243. Trenin, a. a. O., S. 17.
244. Action Group on Syria. Final Communiqué vom 30. Juni 2012 (http://www.un.org/News/dh/infocus/Syria/FinalCommuniqueActionGroupforSyria.pdf (Zugriff am 24.7.2016).

oppositionelle Kräfte im Ausland) noch die im November 2012 in Doha (Katar) gegründete »Nationale Koalition der Syrischen Revolutionären und Oppositionellen Kräfte« als Partner für eine politische Übergangslösung; letztere wurde von den Golfmonarchien, der Türkei, der EU und den USA als »legitime Vertreterin des syrischen Volkes« anerkannt. Auch zur »Freien Syrischen Armee« – eines der militärischen Bündnisse gegen Assad – hielt Russland äußerst kritische Distanz. Moskau setzte vielmehr auf den »Nationalen Koordinationsrat für Demokratischen Wandel«, eine Koalition aus säkularen Oppositionskräften, die zu einem Dialog mit Assad bereit waren.

Die Bereitschaft Moskaus, eine politische Übergangslösung für Syrien zu ermöglichen, zeigte sich auch in der Unterstützung der diesbezüglichen UN-Resolutionen 2042 (2012) und 2118 (2013).

Trenin wirft Russland aber zu Recht vor, keinen ausreichenden Druck auf Assad ausgeübt zu haben, Zugeständnisse an und Aussöhnung mit der Opposition zu erreichen. Russland »has refused to use incentives and disincentives with Assad – such as security guarantees or threats of cutting aid – to make him more amenable to dialogue«.[245]

Nach dem Einsatz von Giftgas mutmaßlich durch das syrische Regime im östlichen Damaskus im August 2013 stellte sich Russland erneut vor die syrische Führung. Die Absicht, eine bewaffnete Intervention dritter Staaten (der USA und Frankreichs) in Syrien zu verhindern, hat Russland dazu bewogen, das syrische Regime zur Aufgabe seines chemischen Waffenarsenals zu drängen. Gemeinsam mit den USA wurden in der Resolution 2118 (2013) des UN-Sicherheitsrates die Bedingungen der Sicherstellung, der Zerstörung und der Ausschaffung chemischer Waffen aus Syrien vereinbart und bis Juni 2014 abgeschlossen.

---

245. Trenin, a. a. O., S. 20.

Die militärische Intervention Russlands

Die offene Militärintervention Russlands in Syrien im Sommer 2015 veränderte die politische und militärische Lage in diesem Land radikal. Südlich von Latakia – in Khmeimim – wurde ein Luftwaffenstützpunkt eingerichtet; Panzer (T-90), schwere Artillerie und Flugabwehrsysteme wurden stationiert, um diese Basis militärisch abzusichern. Russland verlegte Su-24- und Su-34-Jagdbomber, Su-25-Erdkampfflugzeuge, Mi-24-Kampfhubschrauber und Aufklärungsdrohnen nach Latakia, um Bodenoperationen aus der Luft zu unterstützen und Ziele am Boden anzugreifen. Darüber hinaus wurden Su-30-Kampfflugzeuge und andere militärische Systeme nach Syrien gebracht, um den Luftraum abzusichern und syrische wie russische Flugzeuge vor Angriffen durch Dritte zu schützen. Damit konnte grundsätzlich aber auch der Aktionsraum der von den USA geführten Koalition gegen den »Islamischen Staat« (IS) im syrischen Luftraum begrenzt werden.[246] Insgesamt wurden ca. 4.000 russländische Soldaten in Syrien stationiert.[247] Damit war die Intervention von Anfang an eine begrenzte Operation (auch wenn das Risiko einer schleichenden Ausweitung des Militäreinsatzes aufgrund operativer Schwächen natürlich niemals ausgeschlossen werden kann). Auch war angesichts des Stationierungs- und Entsendeprofils der russländischen Kräfte klar, dass Russland – wie es auch offen erklärte – sich nicht an substanziellen Bodenoperationen beteiligen würde.

Am 30. September 2015 begann die russländische Luftwaffe damit, Stellungen der syrischen Opposition und des seit April 2013 in Syrien operierenden »Islamischen Staates« (IS) zu bombardieren. Russland bombardierte entgegen seinen Aussagen aber nicht nur den Islamischen

---

246. Kaim, Makus/Tamminga, Oliver, Der russische Militäreinsatz in Syrien. SWP Aktuell 88, 2015, S. 2.
247. Simon, Steven, Putin's Long-Term Strategy in Syria. https://www.foreignaffairs.com/articles/syria/2016-03-15/putins-long-term-strategy-syria (Zugriff am 25.7.2016).

Staat, sondern auch Rebellenverbände, die von den USA oder der Türkei unterstützt werden. Seit 2012 dominieren die Islamisten die Reihen der Rebellen in Syrien.[248] Für Russland ist die im März 2015 gegründete Jaish-al-Fath, der die Jabhat-al-Nusra[249] und die von der Türkei, Saudi-Arabien und Katar unterstützte islamistisch-salafistische Ahrar-al-Scham angehören, ein legitimes militärisches Ziel. Anders als al-Nusra, das eine militärische Agenda verfolgt, die über Syrien hinausgeht, konzentriert sich Ahrar-al-Sham auf den Aufbau einer islamistischen Ordnung in Syrien, in dem es für religiöse Minderheiten wie Christen, Alawiten und Schiiten keinen Raum mehr geben soll.[250] Die Luftangriffe der Russen konzentrierten sich daher vor allem auf das nordwestliche Syrien und die Region östlich von Homs und Hama, in denen diese Aufständischen besonders stark vertreten sind.

Putin hatte sich dazu entschlossen, dem syrischen Regime zu Hilfe zu kommen, weil Assad in den Monaten davor deutliche Gebietsverluste hat hinnehmen müssen; Gebietsverluste, die das alawitische Kernland an der Küste bedrohten. Dazu kamen ernste Verschleißerscheinungen bei den syrischen Regierungsstreitkräften. Die Moral der Soldaten war niedrig; die Unterstützung durch Russland sollte die Soldaten remobilisieren, aber auch die Eliten, die hinter Assad stehen, stabilisieren. Die Autoren Charap/Shapiro nennen das militärische Eingreifen eine »counter-escalation – a response to the gains made over the summer by the opposition, which left the regime in a precarious state«.[251]

Mit den russischen Luftangriffen wurden die syrischen Streitkräfte am Boden – im Verbund mit iranischen und libanesischen Verbänden sowie

---

248. Steinberg, Guido, Ahrar ash-Sham: Die »syrischen Taliban«. SWP Aktuell 28, 2016
249. Jabhat al-Nusra (al-Nusra-Front) hatte im April 2013 ihre Loyalität zu al-Qaida bekundete. Am 28. Juli 2016 erklärte die Organisation, nicht mehr Teil von al-Qaida zu sein und nannte sich in Jabhat Fatah al-Scham um.
250. Steinberg, a. a. O., S. 2-3.
251. Charap, Samuel/Shapiro, Jeremy, The Right Way to Think About the Syria Talks. https://www.foreignaffairs.com/articles/syria/2016-02-08/right-way-think-about-syria-talks (Zugriff am 25.7.2016).

schiitischen Freischärlern aus dem Irak und Afghanistan – an allen Fronten unterstützt. Dabei ging es zunächst darum, eine Implosion des Regimes von Assad zu verhindern. Aus Sicht Russlands trägt die Implosion des Regimes von Assad das Risiko des Zerfalls Syriens *und* eines fortgesetzten Bürgerkrieges entlang ethnischer und religiöser Bruchlinien in sich. Mit der Luftpräsenz richtete Russland auch eine Flugverbotszone ein, die westliche militärische Angriffe auf Regimestellungen unmöglich machte.

Russlands Intervention war niemals darauf gerichtet, Baschar al-Assad persönlich als Präsidenten Syriens zu retten. Das Ziel Moskaus war immer, in Syrien eine Führung an der Macht zu sehen, die Russlands Interessen in diesem Land garantiert. Das zeigen auch Gerüchte um eine Mission des mittlerweile verstorbenen Vorsitzenden des russländischen militärischen Geheimdienstes GRU, Igor Sergun, Assad im Dezember 2015 zum Rücktritt zu bewegen. Assad soll die Initiative Moskaus aber kategorisch abgelehnt haben. Offiziell wurde diese Mission von Russland dementiert.[252]

Russland verfolgt mit der militärischen Intervention in der Syrienkrise innersyrische, regionale und internationale Interessen. In Syrien will Russland eine sunnitisch dominierte Regierung verhindern, vor allem eine, an der radikale sunnitische Kräfte beteiligt sind. Die russische Führung fürchtete, dass nach einer Implosion des alawitischen Regimes ein radikal-sunnitisches Regime an die Macht gelangen könnte, das nicht nur Russlands Interessen in Syrien bedroht, sondern auch die Unversehrtheit der religiösen Minderheiten, allen voran der Christen in Syrien. Aber auch die Konsequenzen einer extremistischen sunnitischen Regierung in Damaskus – unter dem Einfluss Saudi-Arabiens und Katars – für die islamistische Szene im russländischen Nordkaukasus zählt zu den Sorgen der Moskauer Führung. Russland fürchtet sowohl den Rückstrom von nordkaukasischen Kämpfern aus Syrien, als auch

---

252. Jones, Sam; Solomon, Erika; Hille, Kathrin. Vladimir Putin asks Bashar al-Assad to step down. In: Financial Times vom 22. Januar 2016 (https://next.ft.com/content/735b4746-c01f-11e5-9fdb-87b8d15baec2 (Zugriff am 22.1.2016).

die Unterstützung junger religiöser Aktivisten im Nordkaukasus für die sunnitischen Rebellen in Syrien. »It seems difficult for the Russian security elite to dissociate the Syrian conflict from Russia's own experience of Sunni insurgency.«[253]

Russland will sicherstellen, dass als Ergebnis politischer Verhandlungen im Rahmen der Genfer Gespräche eine Übergangsregierung gebildet wird, in der es ein ausgewogenes Verhältnis zwischen Alawiten, Christen, Kurden und Sunniten gibt. Dieses Ziel aber kann nur erreicht werden, wenn die militärische Position der sunnitischen Opposition schwach ist. Die neue Regierung muss auch die russländischen Interessen in Syrien garantieren und die Militärbasen in Tartus und Latakia unangetastet lassen.

In der Region will Russland mit seinem militärischen Engagement den Einfluss der Türkei und Saudi-Arabiens auf den syrischen Bürgerkrieg zurückdrängen und beschneiden. Auch dieses Ziel sollten fortgesetzte russländische Militäroperationen erreichen. Zudem ist Moskau geneigt, in der hegemonialen Auseinandersetzung zwischen Iran und Saudi-Arabien die iranische Position zu stärken. Nicht uneingeschränkt, denn auch Russland hat Vorbehalte gegenüber iranischer Dominanz gerade in Syrien, aber doch. Die westlichen und arabischen Attacken gegen Syrien werden auch nämlich auch (oder eigentlich) als Versuch gesehen, Iran zu schwächen, in dem es seines wichtigsten Alliierten – Assads Syrien – beraubt wird.

International verfolgt Moskau mit seinem militärischen Engagement in Syrien mehrere Ziele: Zum einen soll deutlich gemacht werden, dass Russland eine militärische Großmacht ist, die mit den modernisierten Streitkräften Macht auch in Regionen außerhalb des post-sowjetischen Raumes projizieren kann. Russland hat das in Syrien eindrucksvoll bewiesen.

---

253. Allison, a.a.O., S. 813.

Zum anderen erhebt Russland den Anspruch auf die Anerkennung als Großmacht und macht deutlich, dass es eben nicht nur eine Regionalmacht ist, wie es Obama 2014 abschätzig eingestuft hat.[254] Dabei ist der ausgebaute Marinehafen im syrischen Tartus und die Luftwaffenbasis südlich von Latakia nur Teil einer breiteren Militärstrategie Russlands, das östliche Mittelmeer mit zu kontrollieren.[255] Die Zusammenarbeit mit Zypern, Griechenland und mit Ägypten geht in diese Richtung.

Russland will weiterhin zugleich deutlich machen, dass regionale Konflikte nicht ohne Beteiligung Russlands, nicht gegen russländische Interessen und nicht ohne Anerkennung Russlands als Großmacht gelöst werden können. Moskau will seinen mit den USA gleichberechtigten Status in der internationalen Ordnung zurückgewinnen und macht mit seiner Intervention deutlich, dass eine politische Lösung der Syrienkrise ohne es nicht möglich sein wird. Russland wird am Verhandlungstisch dabei sein müssen, um seine Interessen in Syrien abzusichern.

Zudem dient das russländische militärische Engagement in Syrien auf globaler Ebene auch dazu, die westliche Neigung, Regime zu stürzen, zurückzudrängen. Der Kreml hat in seiner Diplomatie immer sehr stark den Stabilitätsgedanken betont. Er verweist zu Recht auch auf die Ergebnisse westlicher Interventionspolitik in Afghanistan, Irak und in Libyen. Der Versuch, Regierungen in diesen Staaten zu Fall zu bringen, habe das Chaos, die Radikalisierung und die Instabilität in diesen Ländern erhöht. Der radikale dschihadistische Islam sei dadurch hervorgerufen oder zumindest gestärkt worden. Russland will daher in Syrien auch die Regierung verteidigen, um einen weiteren Versuch, einen Regierungswechsel zu erzwingen, zu vereiteln.

---

254. Barack Obama: Russia is a regional power showing weakness over Ukraine. In: The Guardian, 25.3.2014, https://www.theguardian.com/world/2014/mar/25/barack-obama-russia-regional-power-ukraine-weakness (zugriff am 31.7.2016).
255. Altman, Jonathan, Russian A2/AD in the eastern Mediterranean. A Growing Risk. In: Naval War College Review 69, 1, 2016, S. 72-84.

Russland konnte mit dem Militäreinsatz auch seine moderne Militärtechnik testen und den Einsatz als operative Kampferfahrung für seine Streitkräfte nutzen. Das sollte die Erfolge der seit 2009 laufenden russländischen Militärreform auch nach außen eindrücklich dokumentieren. Zuletzt will Moskau mit der zumindest taktischen Unterstützung Assads auch klarstellen, dass es nicht bereit ist, Alliierte fallen zu lassen – anders als die USA, die den Fall des Bündnispartners Mubarak 2011 in Ägypten hingenommen haben. Zwar ist die Sicherung der russländischen Interessen in Syrien vorrangig, doch will Moskau Assad auch nicht vorschnell dafür opfern. Der bleibende russländische Schutz der Eliten in befreundeten Ländern soll mit der Intervention glaubhaft dokumentiert werden.

In Russland selbst musste Putin um Unterstützung in der Bevölkerung werben. Die staatlich kontrollierten Medien arbeiteten daran, die Intervention als notwendigen Krieg gegen den islamistischen Terrorismus darzustellen, der in Syrien bekämpft werden soll, um ihn von Russland fernzuhalten. Zur Legitimitätsabsicherung nach innen wurde auch die russisch-orthodoxe Kirche benutzt. Der Sprecher des Moskauer Patriarchen Wsewolod Tschaplin nannte die Militärintervention eine »heilige Schlacht«,[256] der Patriarch selbst bezeichnet sie als »verantwortliche Entscheidung«.[257]

Russlands militärische Intervention im syrischen Bürgerkrieg 2015 beruhte also auf einem Bündel an Motiven, das deutlich über die Regelung des Syrienkonfliktes hinausgeht und grundsätzliche Ordnungsvorstellungen Russlands in der Region, aber auch auf globaler Ebene berührt.

---

256. Amerika zweifelt Russlands Angriffsziele an. http://www.faz.net/aktuell/politik/ausland/amerika-zweifelt-russlands-angriffsziele-in-syrien-an-13832294-p3.html (Zugriff am 20.7.2016).
257. Erster Schritt Richtung Frieden? http://www.domradio.de/themen/kirche-und-politik/2015-10-01/russischer-patriarch-begruesst-russischen-militaereinsatz-syrien (Zugriff am 20.7.2016).

Der partielle Rückzug Russlands

Russland hat mit den intensiven Luftoperationen (zusammen mit den Bodentruppen syrischer Regierungssoldaten, schiitischen Söldnern, der Hisbollah und iranischen Soldaten) große Geländegewinne erzielt. Die bewaffnete Opposition in den Regionen Latakia und Idlib befindet sich bei Redaktionsschluss dieses Buches im Spätsommer 2016 auf dem Rückzug; Aleppo ist eingekreist. Mit der gezielten Zerstörung von Infrastruktur haben die Koalitionäre die Lebensbedingungen für die Zivilbevölkerung in den von den Rebellen gehaltenen Gebieten deutlich erschwert und massive Fluchtbewegungen ausgelöst. In vielen Gebieten standen die Aufständischen vor der endgültigen Niederlage. Inmitten dieser veränderten militärischen Lage fällt die Ankündigung Vladimir Putins am 14. März 2016, einen substanziellen Teil der russländischen Streitkräfte aus Syrien abzuziehen.

Welche Faktoren erklären diesen zunächst überraschenden Schritt Russlands? Das hat in erster Linie mit der Einigung auf eine Waffenruhe in Syrien zu tun. Schon am 12. Februar 2016 hatte sich die International Syria Support Group (ISSG) am Rande der Münchner Sicherheitskonferenz darauf geeinigt, innerhalb einer Woche die Einstellung der Kampfhandlungen zu erzielen. Das Ziel konnte aber zunächst nicht erreicht werden. Erst die Einigung zwischen Russland und den USA am 22. Februar 2016 ebnete einer Waffenruhe den Weg. Die Waffenruhe wurde in der Resolution 2268 des UN-Sicherheitsrats am 26. Februar 2016 bestätigt und trat am Tag danach in Kraft. Russland und die USA einigten sich auf die Einrichtung eines gemeinsamen Beobachtungsmechanismus für die Waffenruhe. Von der Waffenruhe ausdrücklich ausgenommen wurden der IS und die Jabhat-al-Nusra. Russland reduzierte seine militärischen Einsätze massiv und konnte auch das Assad-Regime zum militärischen Innehalten bewegen. Die Zahl der Getöteten unter den Konfliktparteien war im März 2016 so niedrig wie seit November 2011 nicht mehr.[258] Auch wurde es möglich, internationale Hilfslieferungen in belagerte Städte in Syrien durchzuführen. Die Waffenruhe ist aber weiterhin brüchig geblieben, allen voran in der und um die Stadt Aleppo, wo sich Kämpfer, die von der Waffenruhe ausgenommen sind, mit Aufständischen mischten, die eigentlich von der Waffenruhe mit erfasst werden.[259]

Ein wesentlicher Faktor für die partielle Rückzugsentscheidung Russlands war aber, dass es die meisten der strategischen Ziele, die es mit der militärischen Intervention im Herbst 2015 verbunden hatte, erreichen konnte. Der Kreml wollte eine Implosion des Assad-Regimes und damit auch der staatlichen Strukturen in Syrien verhindern. Das Regime, das durch den Vormarsch der militärischen Kräfte der Opposition stark geschwächt worden war, sollte stabilisiert, durch Geländegewinne abgesichert und seine Position im Rahmen eines noch zu definierenden Verhandlungsprozesses gestärkt werden. Russland hat mit seiner Intervention in Syrien niemals versucht, eine militärische Lösung des Konfliktes zu erzielen. Das wäre mit dem beschränkten Einsatz von militärischem Gerät und Personal auch nicht erreichbar gewesen. Darin unterschieden sich Russlands Ziele von Anfang an von den Maximalzielen Assads, der darauf drängte, die Kontrolle über ganz Syrien wieder herzustellen.

Die finanziellen Kosten des russländischen Einsatzes dürften kein gewichtiges Argument dafür gewesen sein, Teile der militärischen Kapazität in Syrien abzubauen. Die Kosten für den Einsatz wurden auf ca. 120 Mio. US-Dollar pro Monat beziffert.[260] Damit waren die Kosten deutlich niedriger als die Einsatzkosten der USA gegen den IS im Rahmen der Operation Inherent Resolve.

---

258. Lundgren, Magnus, Mediation in Syria: initiatives, strategies and obstacles, 2011-2016. In: Contemporary Security Policy 37, 2, S. 273-288, hier S. 279.
259. Ebda.
260. Sisk, Richard, Russia Spending $ 4 Million a Day in Syria to Back Assad Regime. http://www.military.com/daily-news/2015/10/27/russia-spending-4-million-a-day-in-syria-to-back-assad-regime.html (Zugriff am 24.7.2016)

Das zweite strategische Ziel Russlands, das mit der Militärintervention angestrebt wurde, ist auch erreicht worden. Die Intervention stellte klar, dass eine Lösung der Syrienkrise ohne Russland und gegen die Interessen Russlands nicht zu erzielen ist. Die USA waren angesichts des russländischen militärischen Vorgehens immer stärker bereit, eine Verhandlungslösung in Syrien mit Russland zu akkordieren.

Russlands partieller Rückzug ist ein Beitrag zur erleichterten Suche nach einer Verhandlungslösung im Syrienkonflikt. »The maneuver demonstrates Russian restraint and cooperation at a crucial stage in the Geneva negotiating process.«[261] Die Mischung aus diplomatischen Initiativen und militärischen Schlägen hat von Anfang an Russlands Intervention in Syrien gekennzeichnet.

Moskau machte Assad deutlich, dass mit Russland eine militärische Lösung nicht drinnen ist. Stattdessen soll Assad zu einer politischen Lösung gezwungen werden, die substanzielle Zugeständnisse der syrischen Führung, mutmaßlich auch den Rücktritt von Assad, miteinschließt. Baschir al-Assad hatte sich der Illusion hingegeben, dass mit dem russländischen militärischen Engagement eine ausschließlich militärische Lösung erzielt werden könnte. Wenige Wochen vor der Rückzugsankündigung stellte er klar, ganz Syrien zurückerobern zu wollen – nur um sich eine Abmahnung Russlands einzuholen. Russlands UN-Botschafter Vitalij Tschurkin hatte daraufhin am 18. Februar 2016 öffentlich eine scharfe Warnung an das syrische Regime abgegeben.[262] Am 12. März 2016 schließlich erklärte Syriens Außenminister Walid al-Muallim, dass die Frage des Rücktritts von Assad für die syrische Verhandlungsdelegation in Genf eine »rote Linie« bedeuten würde und vorgezogene Präsidentenwahlen auszuschließen seien. Das war klar gegen die Interessen Russlands gerichtet. Mit der Rückzugsankündigung am 14. März 2016 hat Moskau

261. Simon, a. a. O.
262. Russia warns Assad not to snub Syria ceasefire plan. Reuters, 19.2.2016. http://uk.reuters. com/article/uk-mideast-crisis-russia-syria-idUKKCN0VR287 (Zugriff am 24.2.2016).

klargemacht, dass Assad nicht auf die bedingungslose Hilfe Russlands rechnen kann und an einer politischen Lösung entlang der Interessen Russlands teilhaben muss. »In short, Moscow's move puts it in a better position to attach clear conditions to whatever support it provides.«[263] Die syrische Führung hat bislang aber noch immer keinen ernsthaften Verhandlungswillen gezeigt.

Die Ankündigung eines teilweisen Rückzugs ist damit nicht zuletzt der Wiederaufnahme der Genfer Gespräche – »Genf III« – zwischen Vertretern der syrischen Regierung und der bewaffneten Opposition im Februar 2016 geschuldet, die durch den Wiener Prozess vorbereitender Gespräche der von Russland gemeinsam mit der USA geführten »International Syria Support Group« (ISSG) im Oktober 2015 möglich gemacht wurden. Daraus ist im Dezember 2015 die Resolution 2254 des UN-Sicherheitsrates hervorgegangen, die Grundlage für die neuen Gespräche ist. Russland hatte zunächst den Ausschluss von Ahrar-al-Sham von den Verhandlungen und stattdessen eine Beteiligung der Kurden verlangt. Dies blieb aber unerreichbar, weshalb Russland der Aufnahme der Verhandlungen im derzeitigen Format zustimmte. Die im Februar 2016 aufgenommenen indirekten Gespräche zwischen der syrischen Führung und dem von Saudi-Arabien organisierten »Hohen Verhandlungskomitee« der bewaffneten Opposition wurden bisher aber immer wieder unterbrochen.

Der Teilrückzug beinhaltete zunächst ein kleines Risiko – Teile der dschihadistischen und nicht-dschihadistischen Opposition hätte der russische Teilrückzug ermuntern können –, doch wieder auf eine militärische Lösung zu setzen. Dem hat Russland vorgebeugt: zwar sollten Flugzeuge und Personal aus Syrien abgezogen werden, die militärische Infrastruktur aber blieb erhalten. Sollten die Kämpfe erneut ausbrechen, könnte Russland seine militärische Präsenz in Syrien innerhalb kurzer Zeit wieder aufbauen.

---

263. Russia's Choice in Syria. Crisis Group Middle East Briefing 47, 29.3.2016, S. 4.

Die Suche nach einer politischen Lösung

Russland unterstützt den politischen Prozess zur Lösung des syrischen Bürgerkrieges, der in der UN-Resolution 2254 vorgesehen ist. In dieser Resolution wird wie in der Resolution 2118 klar von einer politischen Transition in Syrien gesprochen. Nach einer Waffenruhe soll innerhalb von sechs Monaten eine Übergangsregierung gebildet, innerhalb von zwölf Monaten eine Verfassung verabschiedet und innerhalb von 18 Monaten freie und faire Wahlen abgehalten werden. Darüber soll im Rahmen der »Genf-III«-Gespräche zwischen Vertretern der Regierung und der Aufständischen (dem Hohen Verhandlungskomitee) verhandelt werden.

Russland hat mit dem Teilrückzug eine Vorleistung zugunsten des diplomatischen Prozesses gemacht. Moskau erwartet nun umgekehrt, dass die USA ihre Bündnispartner Türkei und Saudi-Arabien auch dazu zwingen, auf ihre Klienten in Syrien einzuwirken, konstruktiv an einer Verhandlungslösung mitzuwirken.

Russland ist an der intensiven Abstimmung und Koordination mit den USA interessiert. Die langen Verhandlungen zwischen den Außenministern Sergei Lavrov und John Kerry am 23. Juli 2016 in Moskau zeigten deutlich, wie sehr den beiden Seiten an einer koordinierten Regelung eines verstetigten Verhandlungsprozesses gelegen ist.

Für Russland gibt es im Rahmen des Verhandlungsprozesses aber auch klare rote Linien: »Moscow will not accept coercive regime change, and it will not endorse a process whereby outside powers pick the winners of the civil war.«[264] Russland wird dabei darauf drängen müssen, dass die syrische Regierung sich ernsthaft verhandlungsbereit zeigt. Aufgrund der militärischen Geländegewinne des syrischen Regimes, die durch die russländische Unterstützung möglich geworden waren, scheint Assad an einer Verhandlungslösung derzeit nicht wirklich inte-

---

264. Charap/Shapiro, A. a. O.

ressiert. Das könnte Russland in eine strategische Zwangslage bringen: Eine Verhandlungslösung, die von Anfang an Teil der russländischen Interventionsstrategie war, könnte am Widerstand Assads scheitern.

Trotz des Bemühens um Akkordierung, haben Russland und die USA noch immer unterschiedliche Konzepte für eine Verhandlungslösung. Putin will al-Assad als zumindest vorübergehenden Teil einer Übergangsregierung, die USA sehen den syrischen Präsidenten immer noch als eine Hürde für eine Einigung. Allerdings hat sich im ersten Halbjahr 2016 abgezeichnet, dass die USA (und andere westliche Staaten) Assad allenfalls für eine kurze Übergangszeit akzeptieren könnten. Als Bündnispartner im Kampf gegen den IS will die USA Assad nicht akzeptieren, während Russland in ihm einen Partner gegen den IS sieht.

Russland erwartet von einer neuen Regierung die Beteiligung der Alawiten und der Christen und Vorkehrungen, um ethnische Säuberungen, die sich gegen die Alawiten richten könnten, zu verhindern. Unverhandelbar ist für Moskau auch in einem Post-Assad-Syrien die dauerhafte russische Militärpräsenz. Diese Bedingungen sind für Russland in den Verhandlungen mit den USA unverzichtbar.

Die USA scheinen an einer Einigung mit Russland interessiert. Obama muss erkennen, dass Russland einen militärischen Sieg der Rebellenverbände über Assad nicht zulassen würde und eine Eskalation des Konfliktes, bei der Russland und die USA ihr militärisches Engagement in Syrien verstärken, den Konflikt verlängern würde und zudem zu einer direkten Konfrontation zwischen beiden Staaten führen könnte.

Eine Einigung zwischen Russland und der USA scheint leichter möglich zu sein, als ein Minimalkonsens zwischen Regime und Aufständischen über den Ablauf und die Ergebnisse der Genfer Gespräche. Der Einfluss beider Seiten auf ihre Klienten im syrischen Bürgerkrieg muss jedoch als begrenzt angesehen werden.

Verlust der Glaubwürdigkeit – Deutsche Medien zum Konflikt in Syrien

Karin Leukefeld

Journalistenehrungen sind eine heikle Angelegenheit. Klassische Ehrungen werden für aufklärende Reportagen, Filme und Fotos verliehen. Zweifelhaft sind Ehrungen für Kriegsreporter, die bei der Ausübung ihrer Arbeit entführt, verletzt oder getötet wurden. Häufig sind Ehrungen geworden, die Journalisten für ihre Arbeit im Heimatland erhalten, wenn sie verfolgt, angeklagt und inhaftiert werden.

Auch das »Netzwerk Recherche« (Berlin) vergibt jährlich zwei Preise. Journalisten ehren Journalisten oder Politiker, Institutionen und Konzerne für ihren Umgang mit Informationen und mit den Medien. Der »Leuchtturm für besondere publizistische Leistungen« ehrt zumeist Kolleginnen und/oder Kollegen, die unter schwierigen Verhältnissen Großes geleistet haben. Die »Verschlossene Auster« wird an »Informationsblockierer« verliehen, die Journalisten Auskünfte verweigern. 2016 ging der Preis für den »Informationsblockierer« des Jahres an den internationalen Konzern »Facebook«. Kritisiert wurde damit eine Intransparenz, insbesondere im Umgang mit »Hasskommentaren«, die sich über das Netzwerk international schnell verbreiten können. Der »Leuchtturm-Preis« 2016 wiederum wurde an Can Dündar verliehen. Der Chefredakteur der oppositionellen, der CHP (Cumhuriyet Halk Partisi, Republikanische Volkspartei) nahestehenden Zeitung *Cumhuriyet* und einer der bekanntesten Journalisten der Türkei, wurde für seinen »unermüdlichen Einsatz für die Pressefreiheit« in der Türkei geehrt.

Can Dündar wurde in der deutschen Öffentlichkeit vor allem dadurch bekannt, dass er vom türkischen Präsidenten Recep Tayyib Erdoğan hinter Gitter gebracht werden sollte. Grund des präsidialen Zorns war die Veröffentlichung von Videoaufnahmen, die den Schmuggel von Waffen in das Grenzgebiet zwischen Türkei und Syrien zeigten. Die Veröffentlichung geschah im Mai 2014. Dündar wurde daraufhin von Erdoğan persönlich angezeigt, der bei dem Prozess ein Jahr später (2015) ebenso wie der türkische Geheimdienst (MIT) als Nebenkläger auftrat. Mit auf der Anklagebank saß Erdem Gül, ein Kollege von Dündar. Hintergrund der Anklage war eben jener *Cumhuriyet*-Bericht über Waffenlieferungen im Mai 2014. Die Waffen waren vom türkischen Militärgeheimdienst (MIT) bereits im Januar 2014 von Ankara quer durch die Türkei in das Grenzgebiet zu Syrien transportiert worden. Als Empfänger wurden islamistische Kampfgruppen in Syrien vermutet. Lokale Medien hatten noch am gleichen Tag (19.1.2014) über die Waffenlieferungen berichtet, waren aber staatlicherseits umgehend gestoppt worden.

Das von *Cumhuriyet* veröffentlichte Video war bei der Durchsuchung der Lastwagen entstanden. Die Aktion war vom Gouverneur von Adana und einem Staatsanwalt angeordnet und durchgeführt worden. Ausgelöst wurde die Durchsuchung durch einen »Whistleblower«, der die Behörden auf die Waffenlieferungen aufmerksam gemacht hatte. Offiziell waren die Fahrzeuge mit »medizinischen Hilfsgütern« unterwegs, gefunden wurden Munition, Mörsergranaten und andere militärische Ausrüstungsgegenstände. Die Polizisten, die die Durchsuchung vornahmen, wurden vom Begleitschutz der Lastwagen – Offiziere des türkischen Militärgeheimdienstes MIT – bedroht und angegriffen. Die Fahrzeuge setzten schließlich ihren Weg fort, nachdem der durchsuchenden Behörde klar gemacht worden war, dass der Transport »von oberster Stelle« angeordnet worden sei.

Kurz nachdem Can Dündar und Erdem Gül von *Cumhuriyet* das Material im Mai 2014 veröffentlicht hatte, meldete sich diese »oberste Stelle«, Präsident Erdoğan, persönlich zu Wort. Die Veröffentlichung sei »unrechtmäßig«, es seien »Lügen über die nationale Geheimdienstbehörde« – gemeint ist der MIT – von der Zeitung verbreitet worden, das sei »ein Spionageakt«. Diejenigen, die für den Bericht und die Veröffentlichung verantwortlich seien, würden einen »hohen Preis dafür bezahlen«, drohte Erdoğan. Obwohl auf den Bildern die Waffen deutlich sichtbar waren, bestand Erdoğan darauf, dass die Lastwagen humanitäre Hilfe für die syrischen Turkmenen transportiert hätten.

Ein Jahr später kam es zum besagten Prozess gegen Dündar und Gül, er endete mit hohen Haftstrafen. Die Journalisten legten Berufung ein und kamen frei. Nun berichtete auch die deutschsprachige Presse ausführlich, denn – sehr zum Unmut von Präsident Erdoğan – waren unter den internationalen Prozessbeobachtern Diplomaten, wie der britische Generalkonsul, der deutsche Botschafter in der Türkei und deutsche Parlamentarier. Der Fokus der Berichterstattung deutschsprachiger Medien lag auf dem Vorgehen des türkischen Präsidenten gegen Journalisten, also auf der Gefahr für die Pressefreiheit in der Türkei. Die kriminellen Waffenlieferungen, von »oberster Stelle« abgesegnet, waren nicht der Skandal. Auch die Ehrung von Can Dündar durch das »Netzwerk Recherche« kurz darauf galt ihm persönlich als in der Türkei verfolgtem Journalisten und seiner Zeitung, nicht seinen Recherchen zu den illegalen Waffenlieferungen. Ende Juli 2016 erhielten Dündar und Gül als »mutige Kämpfer für die Meinungsfreiheit« auch noch den »Hermann Kesten«-Preis des deutschen PEN-Zentrums. Zu diesem Zeitpunkt – zwei Wochen nach einem gescheiterten Putsch gegen Erdoğan am 15. Juli – war unklar, ob die beiden »von oberster Stelle« verfolgten Journalisten jemals in ihre türkische Heimat würden zurückkehren können.

Anders als bei den Mohammed-Karikaturen der dänischen Zeitung *Jyllands-Posten* im September 2005 druckten weder das »Netzwerk Recherche« noch das PEN-Zentrum die von Erdoğan beanstandeten Informationen der verfolgten Journalisten nach, um sie massenweise zu verbreiten und damit die Kollegen zu schützen. Was, wenn die 2014 bekannt gewordenen Waffenlieferungen durch die Türkei an islamistische Kampfgruppen in Syrien zu einer massiven internationalen Berichterstattung geführt hätten? Was, wenn das »Netzwerk Recherche«, das immerhin mit den »Panama Papers« einen internationalen Scoop (Exklusiv-Meldung) landen konnte, unmittelbar nach Bekanntwerden der Waffenlieferungen 2014 seine Kontakte, Geld und Personal für die Recherche über die internationalen, illegalen Waffenlieferungen nach Syrien eingesetzt hätte?

Wäre den beiden Journalisten das Schicksal von Verhaftung, Anklage und Todesdrohungen vielleicht erspart geblieben, wenn die internationale Öffentlichkeit, wenn Medien schon früher und sehr viel ausführlicher über die systematischen Waffentransporte durch türkisches Territorium ins türkisch-syrische Grenzgebiet berichtet hätten? Hätte es politische Konsequenzen für den Krieg in Syrien gehabt, der inzwischen auch die Türkei und selbst Europa ergreift? Hätte es vor allem den Syrern die anhaltende Zerstörung ihres Landes erspart, wenn Medien nachdrücklich die Frage nach der völkerrechtlichen Legitimität der Waffenlieferungen an Kampfgruppen in Syrien gestellt hätten? Welche Aufgabe kommt Medien zu, wenn ein Krieg sich entwickelt und sichtbar wird, wie dieser Krieg angefacht wird und von wem? Reicht es, Journalisten, die Daten und Fakten der illegalen staatlichen Machenschaften nannten, auf die Schulter zu klopfen und einen Preis zu überreichen?

Bei der gewissenhaften Berichterstattung versagt

Anlässlich des Prozesses gegen Dündar und Gül im Jahr 2015 hatte die Nachrichtenagentur *Reuters* in einem »Exklusiv-Report« sehr detaillierte Informationen über das Geschehen veröffentlicht. Seit Ende 2013 seien wiederholt Waffentransporte in der Türkei gestoppt worden, hieß es da. Raketenteile, Munition und in Konya gefertigte Rohre – Teile von Mörsergranaten – waren demnach im November 2013 und im Januar 2014 bei der Durchsuchung von insgesamt vier Lastwagen in der Provinz Adana gefunden worden. Die Agentur berief sich auf Gerichtsprotokolle, die ihr offenbar schon länger vorgelegen hatten. Die damals für die Durchsuchung verantwortlichen türkischen Staatsanwälte waren angeklagt und vor Gericht gebracht worden. Aus den Protokollen ging hervor, dass ein Lastwagen beschlagnahmt worden war, drei andere Fahrzeuge musste man weiterfahren lassen, nachdem der geheimdienstliche Begleitschutz, MIT, sich der Durchsuchung gewaltsam widersetzt und die Polizei bedroht hatte, so die Aussagen der beiden Staatsanwälte. Sie waren festgenommen worden, weil sie eine »illegale Durchsuchung« vorgenommen hätten, hieß es in der Anklage. Mehr als 30 Offiziere der Gendarmerie, die die Durchsuchung durchgeführt hatten, wurden wegen Militärspionage und versuchten Sturzes der Regierung entlassen, festgenommen und ebenfalls angeklagt.

In den Gerichtsprotokollen wurde auch ein Lastwagenfahrer zitiert, der beschrieb, wie er seine Ladung auf dem Flughafen von Ankara von einem »ausländischen Flugzeug« abgeholt habe. Das sei nicht das erste Mal gewesen, so der Mann. Ein anderer Lastwagenfahrer sagte, er habe zwei Mal solche Lieferungen transportiert, die er auf einem Feld etwa 200 Meter von einem Militärposten bei Reyhanli (Provinz Hatay) abgeladen habe, nahe an der Grenze zu Syrien. Einer polizeilichen Untersuchung zufolge, die den Protokollen beilag, waren diese Waffen »für ein Lager bestimmt, das von einer Terrororganisation der al-Qaida an der syrischen Grenze benutzt wurde«. Ein Gendarmerieoffizier sagte demnach aus, die MIT-Offiziere, die die Waffenlieferungen begleitet hätten, hätten gesagt, die Waffen sollten in Depots an der türkisch-syrischen Grenze gebracht werden. Zum damaligen Zeitpunkt wurde die syrische Seite der Grenze (Provinz Hatay) von der Gruppe Ahrar al-Sham kontrolliert, ein enger Kampfpartner der al-Nusra-Front (al-Qaida).

Can Dündar und sein Kollege Erdem Gül waren also nicht die Ersten, die im Mai 2014 der staatliche Bannstrahl traf, sie waren nur die Bekanntesten. Ihr Fall wurde in deutschsprachigen Mainstreammedien zu einer Zeit bekannt, als die westliche Welt ohnehin die Türkei und die dortige Lage der Menschenrechte sehr kritisch beobachtete. Als Journalisten erhielten Dündar und Gül internationale Aufmerksamkeit und Unterstützung, die den angeklagten Gendarmerieoffizieren und Staatsanwälten nicht zuteilwurde. Das Versagen (nicht nur) deutschsprachiger Medien, über die Ereignisse in und um Syrien seit 2011 umfassend und gewissenhaft zu informieren, hat viele Opfer gekostet.

Bekannt waren diese Waffenlieferungen spätestens seit März 2013, als die *New York Times*[265] eine Langzeitreportage von Mitarbeitern veröffentlichte, in der Waffenlieferungen an die Kampfgruppen in Syrien seit Januar 2012 dokumentiert wurden. Diese hätten nicht nur unter der Kontrolle des türkischen MIT stattgefunden, so die *New York Times*, auch der CIA habe die Lieferungen kontrolliert.

Journalisten, die die Entwicklung des Krieges in Syrien und das Verhalten der Türkei, des Westens und der Golfstaaten beobachtet haben, wussten sehr wohl, dass Anfang 2014 – der Fall, den *Cumhüriyet* bekannt machte – nicht das erste Mal unter dem Schutz des MIT Waffen an die Kämpfer in Syrien geliefert wurden. Schon im April 2012 beschlagnahmte die libanesische Armee ein Schiff, das Waffen aus Libyen zum Hafen von Tripoli/Libanon transportierte. Von dort sollte die tödliche Ladung an die Kämpfer in Syrien geschmuggelt werden. Eine Journalistin der *Irish Times* beschrieb im Frühjahr 2012, wie libysche Kämpfer per Schiff und mit Waffen über das Mittelmeer in einen türkischen Hafen kamen, um in das Kriegsgebiet in Nordsyrien zu ziehen. Ein französischer Arzt der Hilfsorganisation »Ärzte ohne Grenzen« beschrieb, wie er Anfang 2012 auf Kisten mit zwei Dutzend Raketenwerfern sitzend aus dem Libanon nach Baba Amr (Homs) geschleust wurde. Das habe zwar dem medizinischen Eid widersprochen, doch anders sei er nicht in die Kriegszone gelangt, um den Menschen dort »irgendwie zu helfen«.[266]

---

265. Arms Lift to Syria, with aid from CIA, in: New York Times vom 24. März 2013
266. Guardian vom 10. Februar 2012

Im Mai 2012 berichtete der außenpolitische Redakteur des US-Magazin *Chronicles*[267], Srdja Trifcovich, dass »syrische Rebellen in einem Trainingscamp im Kosovo ausgebildet würden, das einst für die Kosovo Befreiungsarmee angelegt worden war, eine Gruppe, die inzwischen von den Vereinten Nationen als »Terror-Organisation« gelistet ist. Sollten »die Rebellen der syrischen Opposition« dort ausgebildet werden, so der Redakteur, werde die Menschen in Syrien »nach dem Sturz von Assad ein Blutbad erwarten«.

Im Sommer 2012 war ein hochrangiger kroatischer Politiker in Washington auf Verkaufstour. Er bot den USA große Mengen alter Waffen an, die sie nach Syrien transportieren könnten, so die *New York Times* im Februar 2013. Washington stellte einen Kontakt zwischen Kroatien und Saudi-Arabien her, die ihre Einkaufsliste präsentierten. Beide Staaten kamen ins Geschäft, die Waffenlieferungen begannen 2012, wie die *New York Times* in ihrem Bericht »Arms lift to Syria« notierte. Der dort veröffentlichten Graphik zufolge fanden zwischen Dezember 2012 und März 2013 auf dem Luftweg 36 Waffentransporte von Kroatien nach Amman statt. Saudi-Arabien hatte demnach im Oktober 2012 mit Waffenlieferungen nach Ankara begonnen, bis März 2013 wurden 37 Lufttransporte notiert. Am eifrigsten lieferte Katar Waffen, um den Krieg in Syrien anzufachen. Zwischen Januar 2012 und März 2013 wurden 85 Lufttransporte aus Doha nach Ankara gezählt. Alle genannten Staaten dementierten die Waffentransporte nach Syrien.

Hofberichterstattung statt kritischem Hinterfragen

In deutschsprachigen Mainstreammedien wurde in dieser Zeit über illegale Waffenlieferungen entweder gar nicht oder im Konjunktiv spekulativ berichtet, als sei es nicht erwiesen, dass Waffen über das

---

267. Interview in Russia Today vom 4. Mai 2012

Territorium des NATO-Partners Türkei über die Grenze nach Syrien geschleust wurden. »CIA unterstützt offenbar Waffenlieferungen an syrische Rebellen«, titelte beispielsweise *Die Zeit* am 25. März 2013. Andere Medien berichteten hingegen, als sei es eine normale Sache, über internationale Grenzen hinweg illegale Kampfverbände in einem souveränen Nachbarstaat zu bewaffnen. »Neue Lieferungen: Syriens Rebellen bekommen bessere Waffen«, hieß es bei *Spiegel-Online*[268], der eine Art Hofberichterstattung für die Kampfgruppen in Syrien lieferte, die sich lediglich gegen die »Gewalt des Assad-Regimes« verteidigen müssten: »Angesichts aktueller Armee-Attacken auf die Rebellenhochburgen liefern Unterstützer aus dem Ausland zunehmend stärkere Waffen. Auch radikale Dschihadisten profitieren«, so der *Spiegel*, ohne die Legitimität der ursprünglichen Waffenlieferungen zu hinterfragen. Fast bewundernd wurde berichtet, dass die Kämpfer – und infolgedessen auch »radikale Dschihadisten« – »Panzerabwehrhandwaffen (auch Panzerbüchsen genannt), Panzerabwehrlenkraketen und schultergestützte Flugabwehrraketen« erhielten. Und das werde in Zukunft noch zunehmen, so das Hamburger Magazin weiter: »Am Samstag haben die ›Freunde Syriens‹ beschlossen, dass sie die Aufständischen gegen Baschar al-Assad mit Waffenlieferungen unterstützen wollen. Die wichtigsten Mitglieder dieser Gruppe sind neben den arabischen Golfstaaten Saudi-Arabien und Katar die USA, Frankreich, Großbritannien und auch Deutschland.« Der »Druck auf Assad« solle erhöht werden, damit er an den Verhandlungstisch komme.

Zentrale EU-Mächte waren also Partner im Geschäft mit dem Tod in Syrien, spätestens das hätte mehr europäische Medien auf den Plan rufen müssen. In deutschsprachigen Medien war kaum zu hören, dass diese Waffenlieferungen gegen das Völkerrecht verstießen. Kein Wort über die von dem ersten UN-Vermittler für Syrien, Kofi Annan, bereits

---

268. Spiegel-Online vom 29. Juni 2013

im Juni 2012 ausgehandelte Genfer Vereinbarung, in der nicht Krieg, sondern Verhandlungen für eine politische Lösung und innersyrische Gespräche beschlossen worden war. Unterzeichnet hatten die Vereinbarung die Außenminister der fünf UN-Vetomächte Ende Juni 2012 in Genf. Damaskus – das nicht an den Verhandlungen direkt beteiligt war – hatte sich einverstanden erklärt. Doch die damalige US-Außenministerin Hillary Clinton wandte sich unmittelbar nach der Unterzeichnung an die Medien und erklärte, die Vereinbarung sei zwar brauchbar, könne jedoch nur umgesetzt werden, wenn Assad zurückgetreten sei.

Hätten die Redakteure des *Spiegel*, die ihren Lesern vermittelten, die Waffenlieferungen sollten den »Druck auf Assad« erhöhen, ihre Aufgabe ernst genommen, hätten sie diese Worte von Außenministerin Clinton reflektieren und die Frage stellen müssen, wie die Waffenlieferungen den syrischen Präsidenten an den Verhandlungstisch zwingen sollten, wenn doch weder die Waffenlieferanten noch die Empfänger der Waffen mit ihm überhaupt verhandeln wollten? Es ging also bei den Waffenlieferungen und bei der Politik der »Freunde Syriens« – auch in Europa – nicht um Verhandlungen in Syrien, es ging um den Sturz des syrischen Präsidenten Baschar al-Assad und seiner Regierung.

Und darum ging es in Syrien von Anfang an, wie die französischen Kollegen Georges Malbrunot und Christian Chesnot in einem Kapitel ihres 2014 erschienenen Buches »Les Chemins de Damas« beschreiben. Darin geht es um ein Treffen im französischen Außenministerium (Quai d'Orsay), das im Frühsommer 2011 stattfand. Eingeladen waren Beamte des Ministeriums, die mit Syrien und dem Mittleren Osten zu tun hatten, Angehörige des Innen- und Auslandsgeheimdienstes und auch Nicolas Galey, Berater des damaligen französischen Präsidenten Nicolas Sarkozy für den Mittleren Osten, war anwesend. Eingeladen war auch der französische Botschafter aus Damaskus, der die Lage in Syrien aus eigener Anschauung schilderte. Ausgiebig hatte Eric Chevallier die Brennpunkte der Protestbewegung in den vorangegangenen Wochen bereist, kaum eine Kundgebung oder auch Beerdigung von getöteten Demonstranten hatte er ausgelassen. Die Regierung habe die Lage unter Kontrolle, so der Botschafter, es bestehe nicht die Gefahr eines politischen Chaos. Syrien und die Position des Präsidenten seien stabil. Präsidentenberater Galey habe den Botschafter angefahren: »Hören Sie auf, solchen Quatsch zu erzählen.« Man müsse sich »nicht an Fakten halten, sondern über unsere Nasenspitze hinausblicken«. Alle Anwesenden seien »schockiert über die unerhörte Feindseligkeit« gewesen, mit der Galey den Botschafter angefahren hätte. Hervé Ladsous, damaliger Stabschef im Außenministerium, erinnerte sich, dass der Präsidentenberater offenbar »nicht zu dem Treffen gekommen war, um gemeinsam die Sachlage zu erörtern, sondern um einen speziellen Auftrag zu erfüllen. Es ging um die politische Vorgabe, dass der Sturz von Assad unvermeidlich ist«, so Ladsous. Eine andere Meinung sei nicht toleriert worden. Soweit Malbrunot und Chesnot in ihrem Buch.

Keinem deutschsprachigen Journalisten ist es gelungen, ähnlich offene Aussagen von Regierungsangestellten zu bekommen. In Deutschland liegt das vermutlich nicht an mangelnden Kontakten, sondern eher daran, dass sowohl Regierungsbeamte in Berlin als auch Journalisten in umstrittenen politischen Phasen eine Untertanen-Mentalität entwickeln, die sie daran hindern, zum »whistle blower« zu werden. Die am Quay d'Orsay vorgebrachte Formel, »der Sturz von Assad ist unvermeidlich«, wurde wenige Wochen später, im August 2011 gleichzeitig von US-Präsident Barack Obama, in Frankreich, Deutschland, Großbritannien und in der Europäischen Union mit den »magischen drei Worten ›Assad muss gehen‹« verkündet. Gleichzeitig wurde ein Wirtschaftsembargo gegen Syrien eingesetzt, das vor allem den staatlichen Öl- und Gassektor betraf. Man habe sich abgesprochen, hieß es in einem Artikel der *Washington Post*.[269.]

---

269. Washington Post vom 19. Oktober 2015, https://www.washingtonpost.com/business/economy/assad-must-go-these-three-little-words-present-a-huge-obstacle-for-obama-on-syria/2015/10/19/6a76baba-71ec-11e5-9cbb-790369643cf9_story.html

Mit Sicherheit gab es – wie das Beispiel Frankreich zeigt – Widerspruch und Zweifel an dem Vorgehen der europäischen Großmächte. Mitarbeiter deutscher Institutionen, wie des Deutschen Akademischen Austauschdienstes (DAAD) oder der Gesellschaft für internationale Zusammenarbeit (GIZ), die in Syrien arbeiteten, zeigten sich schockiert darüber, dass sie quasi über Nacht den Marschbefehl bekamen, Syrien zu verlassen. Mit militärischem Begleitschutz reiste man – wie im Krieg – im Konvoi über Aleppo in die Türkei aus, obwohl der Weg in den Libanon sehr viel kürzer gewesen wäre. Wie kann es sein, dass kein Wort des Widerspruchs und Zweifels die deutsche Öffentlichkeit erreichte? Wo waren die Journalisten, die »investigativ« recherchierten und den koordinierten Abzug der britischen, französischen, deutschen und US-Botschafter aus Syrien im Januar 2012 hinterfragten?

In Syrien war man irritiert über die Entwicklung. Eben noch Partner im Europa-Mittelmeerdialog war das Land plötzlich zum Paria-Staat geworden. Ali Haidar, in Syrien seit 2012 Minister für Nationale Versöhnung, erklärte Ende 2014 (im Gespräch mit der Autorin): »Bevor das hier alles begann und bevor ich der Regierung angehörte, habe ich Kontakt zu den meisten europäischen Botschaftern hier gehabt. Damals haben die Botschafter gute und reale Informationen an ihre Regierung weitergeleitet. Die meisten Botschafter waren überrascht, als ihre Außenministerien diesen Schwenk vollzogen, obwohl ihnen ja die Berichte aus den Botschaften hier vorlagen. Ich kenne einen europäischen Botschafter, der geweint hat, als seine Regierung ihn aus Syrien abzog. Er sagte damals, das sei eine Verschwörung gegen alle Staaten, nicht nur gegen Syrien. Das waren seine eigenen Worte.«

Syrien als Zentrum eines überregionalen Konflikts

In arabischen Printmedien und in vielen internationalen Medien wurde dieses Spiel mit dem Feuer in Syrien kritisch reflektiert. Die großen arabischen Fernsehsender *Al Arabiya* (Saudi-Arabien) und *Al Jazeera* (Katar) – Stichwortgeber der deutschsprachigen Mainstreammedien – bezahlten ihre einseitige Berichterstattung zugunsten der »Rebellen« in Syrien und »gegen den Schlächter Assad« mit der Kündigung ihrer besten Journalisten. Einige von ihnen gründeten den neuen Fernsehsender *Al Mayadeen* (Beirut), der in kurzer Zeit mit seiner differenzierten Berichterstattung – leider nicht in Englisch – zu den am meisten gesehenen arabischen Fernsehsendern wurde. Unter arabischen Journalisten fand seit 2011 eine lebhafte Debatte über ihren Informationsauftrag statt, die bei deutschsprachigen Medien ihresgleichen suchte. Der frühere Deutschlandkorrespondent von *Al Jazeera*, Aktham Suleiman, hatte Ende 2012 seine Arbeit für den Sender eingestellt. Im Gespräch mit der Autorin (im Mai 2013 im *Weltnetz-TV*) sagte er: »Es war ganz klar: wir sind ein staatlicher Sender geworden – von Katar. Und Katar betreibt eine ganz merkwürdige und umstrittene Politik in der Region im Zusammenhang mit anderen Akteuren weltweit. Und wir sind sozusagen die gekauften Journalisten, die die technische, die professionelle Arbeit zu erledigen haben, aber die Politik wird von oben aufgesetzt.«

Diese Art von selbstkritischer Reflexion fand in deutschsprachigen Medien nicht statt. Der ehemalige *ZDF*-Korrespondent in Bagdad und Grimme-Preisträger (2011), Ulrich Tilgner, hatte bereits 2010 seinen Vertrag mit dem *ZDF* auslaufen lassen. Er kritisierte schon damals »mangelnde Unabhängigkeit« in seiner Arbeit und zunehmenden »eingebetteten Journalismus«, der politischen und militärischen Bündnisrücksichten des Sender (angelehnt an die Regierungspolitik) geschuldet sei. Tilgner sprach von einem geschlossenen Kreislauf, »in dem die Journalisten die Adressaten symbolischer Politik sind und die Wahrheit auf der Strecke bleibt«. Beim Schweizer Rundfunk- und Fernsehen *SRF* blieb Tilgner bis 2016, offenbar gab es dort mehr journalistische Freiheit.

Ausnahmen in der Berichterstattung deutschsprachiger Mainstreammedien gab es nur wenige. Eine hervorragende Film-Dokumentation ist »Die Syrien-Falle« des Grimme-Preisträgers Hubert Seipel (Februar 2013), die in der *ARD* allerdings erst kurz vor Mitternacht ausgestrahlt wurde. Schon im Voraus hatte sich *Spiegel Online* über den Film hergemacht und ihn verrissen. Der Autor sei zu »befremdlichen Schlüssen« gekommen, heißt es: »Er will aufklären über die Risiken, die der Syrien-Konflikt für Deutschland darstellen könnte. Doch das gelingt leider überhaupt nicht.« Ausgehend von der Stationierung von Patriot-Raketen in der Türkei, hatte Seipel konsequent verschiedene Seiten des Konflikts in Syrien beleuchtet und internationale Akteure interviewt und war zu dem Schluss gekommen, dass die Bundeswehr Gefahr laufe, in einen Krieg in Syrien involviert zu werden. Ende 2015 war es soweit, dass der Deutsche Bundestag für die Entsendung von 1200 Soldaten in den sogenannten Anti-Terror-Einsatz gegen den »Islamischen Staat« stimmte. Es handelt sich um den größten aktuellen Auslandseinsatz der Bundeswehr.

In der *Frankfurter Allgemeinen Zeitung*[270] blieb es dem Professor für Strafrecht und Rechtsphilosophie Reinhard Merkel im Feuilleton überlassen, die westliche Politik gegen Syrien zu kritisieren.

Die Widersprüchlichkeit der westlichen Politik und deren brandgefährliche Richtung wurde in den deutschsprachigen Mainstreammedien kaum hinterfragt. Während Rundfunk und Fernsehen in der Schweiz und in Österreich zumindest noch kritische Stimmen – auch aus Syrien – zu Wort kommen ließen, wurden diese in den deutschen öffentlich-rechtlichen Medien (*ARD* und *ZDF*) fast vollständig ausgegrenzt. Gerade in der Zeit, als die Waffenlieferungen ungeniert immer umfangreicher und

---

270. Der Westen ist schuldig, in: Frankfurter Allgemeine Zeitung vom 2. August 2013, http://www.faz.net/aktuell/feuilleton/debatten/syrien-der-westen-ist-schuldig-12314314.html ?printPagedArticle=true#pageIndex_2).

die gelieferte Feuerkraft immer größer wurde – in den Jahren 2012 und 2013 – waren die meisten deutschsprachigen Medien damit beschäftigt, den Kampfgruppen in Syrien zu Legitimität zu verhelfen.

Dem Publikum wurde Frontberichterstattung geliefert. Korrespondenten ließen sich oft unter erheblichen Gefahren und für große Geldsummen vom Libanon, aus der Türkei oder Jordanien von den »Rebellen« in die Kampfzonen schmuggeln, um von dort aufsehenerregende Berichte zu liefern. »An der Front in Aleppo«, so ein Titel der österreichischen *Presse*[271], der offenbar die Schlagzeile am folgenden Tag unterstützen sollte: »›Freunde Syriens‹ beschließen Militärhilfe für Rebellen«.[272] Immerhin wurde in der Agenturmeldung (*APA*) – die gleichlautend im *Standard* gedruckt wurde – berichtet, dass zwei der elf bei dem Treffen in Doha vertretenen Staaten zum Weg der Waffenlieferungen – nicht grundsätzlich – anderer Meinung gewesen seien. Wer diese beiden Staaten waren und wie sie ihre Weigerung begründeten, blieb im Dunkeln. Ebenso »Geheimbeschlüsse«, die zur Unterstützung der Assad-Gegner getroffen worden waren.

Im Sommer 2016 wurde ein weiteres Mal belegt, dass und wie die »Freunde Syriens« den ursprünglich innersyrischen Konflikt anfeuerten. Ein Bericht des Investigativen Reportage-Netzwerkes Balkan (BIRN) und das Projekt »Berichte über organisiertes Verbrechen und Korruption« (OCCRP) veröffentlichten weitere Namen und Zahlen zum Waffentransport in die Kriegs- und Krisengebiete des Mittleren Ostens[273]

Acht europäische Staaten (Bosnien und Herzegowina, Bulgarien, Kroatien, die Tschechische Republik, Montenegro, Rumänien, Serbien und Slowenien) machten mit Waffenlieferungen seit 2012 demnach ein »Bombengeschäft im Wert von 1,2 Mrd. US-Dollar«. Geliefert wurden

---

271. Die Presse vom 21. Juni 2013
272. Die Presse vom 22. Juni 2013
273. http://www.balkaninsight.com/en/article/making-a-killing-the-1-2-billion-euros-arms-pipeline-to-middle-east-07-26-2016

Waffen, Munition und Waffensysteme an Saudi-Arabien (829 Mio. US-Dollar), Jordanien (155 Mio. US-Dollar), Vereinigte Arabische Emirate (135 Mio. US-Dollar) und die Türkei (87 Mio. US-Dollar). Auch die Abteilung für Spezialoperationen des Pentagon (SCOCOM) kaufte Waffen in Osteuropa ein, um sie den Kämpfern in Syrien zu liefern. Dem Bericht zufolge wurden neben verschiedenen Waffensystemen, Munition, schwere Maschinengewehre, Raketenwerfer, Mörser und Granaten geliefert. Der ehemalige US-Botschafter für Syrien, Robert Ford, bestätigte die Lieferungen gegenüber BIRN und sagte, die Waffen seien von den Zielflughäfen in Ankara und Amman ins Grenzgebiet zu Syrien transportiert worden. Die meisten der Waffenexporte seien vermutlich für Syrien bestimmt gewesen, so Jeremy Binnie, der für die Militärfachzeitschrift *Jane's Defence Weekly* Waffenlieferungen in den Mittleren Osten analysiert. Ein geringerer Teil sei für den Jemen und Libyen bestimmt. »Mit wenigen Ausnahmen setzten die Militärs in Saudi-Arabien, Jordanien, den Vereinigten Emiraten und der Türkei westliche Infanteriewaffen und Munition ein, keine Waffen, die in der Sowjetunion hergestellt wurden«, so Binnie. Mit sehr großer Wahrscheinlichkeit seien große Mengen dieser Waffenlieferungen von den Empfängerländern weiter »an ihre Verbündeten in Syrien, Jemen und in Libyen« geschickt worden. Zudem seien etliche dieser Waffen in den Händen des »Islamischen Staates« und anderer Terrororganisationen gelandet, heißt es in dem BIRN-Bericht. Wiederholt hatte zudem die al-Nusra-Front mit ihren Verbündeten Waffenlager der vom Westen, der Türkei und den Golfstaaten unterstützten »moderaten Rebellen« gestürmt und geplündert.

Und wieder war es so, dass es dieser Bericht, der im Juli 2016 bekannt wird, als Hunderttausende Flüchtlinge aus Syrien in Europa Zuflucht vor der Zerstörung ihres Landes suchen, es nicht in die Schlagzeilen der deutschsprachigen Medien schaffte.

Nachgedanken

Von Politikern, die in ein Geschehen involviert sind, kann man eine differenzierte Darstellung nicht erwarten. Sie folgen geostrategischen, »übergeordneten« Interessen, zu denen es gehört, der eigenen Bevölkerung nicht die Wahrheit zu sagen. Vor allem im Falle Deutschlands orientieren sich diese Interessen an den USA und an der NATO. Österreich und die Schweiz unterliegen dieser Bündnisverpflichtung nicht, das spiegelt sich in der dortigen Berichterstattung zumindest teilweise.

Als der ehemalige britische Premierminister Tony Blair und US-Präsident George W. Bush 380.000 Soldaten, Sondereinsatzkräften und (kurdischen) Milizen 2003 den Marschbefehl in den völkerrechtswidrigen Krieg im Irak erteilten – begleitet von rund 600 eingebetteten Journalisten – gaben sie an, die eigene Bevölkerung vor »irakischen Massenvernichtungswaffen« schützen und den Irakern »Freiheit und Demokratie« bringen zu wollen. Aus diesem Desaster scheinen Mainstreammedien nichts gelernt zu haben.

Tatsächlich ging es um nichts weniger als um die Erringung der Weltmacht, wie Tony Blair am Ende der ersten Kriegswoche an seinen Mitstreiter George W. Bush schrieb: »Jetzt ist der Moment, in dem man die internationalen Prioritäten für die nächste Generation bestimmen kann: die wahre Weltordnung nach dem Ende des Kalten Krieges. Unsere Ambition ist riesig: Eine globale Agenda zu definieren, um die herum wir die Welt vereinen können, damit sie nicht mehr in konkurrierende Machtblöcke zerfällt.«[274]

In Demokratien, als die sich europäische Staaten und Gesellschaften verstehen, sollen Medien die Bevölkerung informieren und damit zur öffentlichen Meinungsbildung und politischem Handeln in der Gesellschaft

---

274. Tony Blair letters to George Bush am 26. März 2003, http://www.huffingtonpost.co.uk/entry/tony-blair-george-bush-letters-notes-and-memos-published-by-chilcot-inquiry_uk_577cd52de4b073366f100055

beitragen. Sie sollen Transparenz herstellen, sind ein Korrektiv politischer, wirtschaftlicher und militärischer Macht, nicht deren Erfüllungsgehilfen. Doch internationale Netzwerke aus Politik und Wirtschaft und auch die NATO greifen in die Arbeit der Medien ein, indem sie Journalisten mit ausgewählten Informationen bedienen. Sie laden sie – unter dem Vorbehalt der Verschwiegenheit – zu Reisen, Hintergrundgesprächen, Konferenzen ein, die der Öffentlichkeit selten bekannt und meist nicht zugänglich sind. Sie wollen Journalisten zu Komplizen machen und zu viele Journalisten lassen dies zu. Ob gewollt oder nicht, wer einseitig Informationen von staatlichen, wirtschaftlichen und militärischen Einrichtungen und mit diesen verbundenen Think-Tanks verbreitet, verspielt jede Glaubwürdigkeit. Nur wenn diese Informationen durch Gegenstandpunkte hinterfragt und zusätzliche Positionen ergänzt werden, können sie der Aufklärung der Öffentlichkeit dienen.

Distanz und Neutralität, Trennung von Information und Meinung, ausgiebige Recherche und alle Seiten zu Wort kommen zu lassen, das war und ist es, was Medien Glaubwürdigkeit verleiht. Bei der Berichterstattung über den Krieg im Nahen Osten haben zu viele Journalisten und Medien von Anfang an diese Position verlassen. Politische Interessen und Widersprüche, Fakten, Ziele und Mittel mit denen der Krieg angefacht und das Völkerrecht systematisch gebrochen wurde, wurden nicht transparent gemacht und nicht gewissenhaft analysiert. Die deutschsprachigen Mainstreammedien folgten – mit wenigen Ausnahmen – in ihrer Berichterstattung zu Syrien politischen Interessen der Golfstaaten, der USA und EU-Europas. Haben sie ihren Auftrag zur umfassenden und aufklärenden Berichterstattung aus freien Stücken verletzt oder wurden sie dazu aufgefordert? Die Antwort auf diese Frage sind die Medien der Öffentlichkeit und sich selbst noch schuldig.

Der Krieg kehrt in die Zentren zurück

Hannes Hofbauer

Beginnen wir unsere Geschichte am 20. August 1998. Es ist einer jener Tage, die das kollektive historische Gedächtnis im Westen weitgehend vergessen hat, wiewohl die Auswirkungen der Ereignisse dieses Donnerstags den Weltenlauf seither entscheidend geprägt haben. Der 20. August 1998 trug ganz wesentlich dazu bei, dass europäische und nordamerikanische Städte seit Jahren Angriffen islamischer Radikaler ausgesetzt sind. Am 20. August 1998 fielen – wie an manchen Tagen davor und an vielen danach – jene Bomben in fernen Weltgegenden, die Hunderttausende, ja Millionen empörter Moslems zu erbitterten Feinden des Westens haben werden lassen. Es ist der Tag, an den manch ein Radikalisierter von ihnen zurückdenken mag, wenn er Hochhäuser, U-Bahnstationen, Flugplätze, Bahnhöfe oder Vergnügungsviertel in New York, Orlando, Brüssel, Paris, Nizza, London oder Madrid in Kriegsschauplätze verwandelt.

Von mindestens sieben Kriegsschiffen sowie einem Unterseeboot aus feuerte die US-Navy am 20. August 1998 insgesamt 88 Marschflugkörper gleichzeitig gegen Ziele im Sudan und in Afghanistan. Die sudanesische Arzneimittelfabrik al-Shifa, im Norden der Hauptstadt Khartum gelegen, wurde vollständig zerstört. Sie war das größte Werk seiner Art im Sudan und stellte überlebenswichtige pharmazeutische Produkte her: Antibiotika, Malariamittel sowie Medikamente gegen Durchfall. Ihre Fertigstellung war erst zwei Jahre zuvor mit technischer und finanzieller Unterstützung durch europäische, indische und thailändische Stellen erfolgt. Der damalige deutsche Botschafter im Sudan, Werner Daum, schätzte zwei Jahre später, dass der durch die Zerstörung der modernen

Anlage verursachte Mangel an Pharmazeutika zehntausende Sudanesen ihr Leben gekostet hat.[275]

Tausende Kilometer von al-Shifa entfernt schlugen US-Lenkwaffen im von den Taliban regierten Emirat Afghanistan ein und legten den Komplex Zhawar Kili al-Badr an der pakistanischen Grenze in Schutt und Asche. Betroffen waren Trainingscamps für islamische Kämpfer, Geschäfte und Unterkünfte im Ort. Bis heute ist die genaue Zahl der Opfer nicht bekannt; mindestens fünf getötete Offiziere des pakistanischen Geheimdienstes ISI deuten darauf hin, dass es sich möglicherweise um ein Übungsfeld für Soldaten gehandelt haben könnte, die im Krieg gegen Indien in Kaschmir eingesetzt hätten werden sollen.

»Infinite reach« – »unendliche Reichweite« – nannte das Pentagon die Angriffe vom 20. August 1998. Washington gab unterschiedliche Gründe für die massiven Militärschläge an. Da war einmal eine »Fatwa« von Osama bin Laden vom 23. Februar 1998, die einer Kriegserklärung gegen die USA gleichkam und deren Präsenz im Nahen Osten und insbesondere in Saudi-Arabien verurteilte. Bin Laden soll sich in besagtem afghanischen Camp aufgehalten haben, verließ selbiges allerdings, bevor die Tomahawk-Marschflugkörper einschlugen; sie waren vom Zerstörer USS-Abraham Lincoln abgefeuert worden. Bin Ladens rechtzeitige Flucht mag nicht verwundern, im Sommer 1998 hatte der Sprössling einer der reichsten saudischen Familien noch viele Freunde in den USA, die ihn und seine Kumpanen 15 Jahre zuvor gegen die Sowjets überhaupt erst schlagkräftig gemacht hatten.

Offiziellerseits nannte die Administration William Clinton ihre Angriffe vom 20. August auch eine Racheaktion für die kurz davor durchgeführten Terroranschläge auf US-Botschaften in Nairobi und Dar-es-Salam. Keine zwei Wochen war es her, dass gleichzeitig gezündete Autobomben die US-Vertretungen in Kenia und Tansania zerstörten und dabei vor

---

275. Werner Daum, Universalism and the West. The Harvard International Review Nr. 23/2, 2001, http://hir.harvard.edu/the-future-of-waruniversalism-and-the-west/

allem in Nairobi ein Blutbad mit 213 Toten anrichteten. Washington machte dafür eine ägyptische Dschihadisten-Gruppe verantwortlich, die sich al-Qaida angeschlossen haben soll. Diese stellte ihrerseits die Anschläge in den beiden ostafrikanischen Hauptstädten als Racheakt für fünf vom US-Geheimdienst aus Tirana nach Ägypten verschleppte und dort (samt ihren Frauen) gefolterte Männer dar; Ahawqi Salama Mustafa Atiya war einer von ihnen. Ähnliches praktizierte die CIA in einer Reihe von Fällen, bis sie Verschleppung und Folter als gefährlich eingestufter Muslime mit einem ganzen Netz aus geheimen, über Europa und die Welt verstreuten Gefängnissen perfektionierte und schließlich auf dem US-Stützpunkt Guantanamo auf Kuba ab Januar 2002 eine exterritoriale Folterzentrale einrichtete.

In Deutschland erregte der Fall von Khaled al-Masri eine gewisse Aufmerksamkeit. Der in Kuwait geborene Deutsche war Ende 2003 in Makedonien von den dortigen Behörden festgenommen worden, weil sein Name auf einer »Terrorliste« der US-Amerikaner aufschien. Al-Masri wurde der CIA übergeben und diese verschleppte ihn in ein Foltergefängnis nach Afghanistan. Obwohl bald klar war, dass der Mann mit jemandem anderen gleichen (oder ähnlichen) Namens verwechselt worden war, ging sein Martyrium bis Ende Mai 2004 weiter. Er wurde schließlich von US-Begleitern zurück nach Europa gebracht und dort in einem Wald an der albanisch-makedonischen Grenze ausgesetzt. Mehrere Tage lang brauchte al-Masri, um sich nach Deutschland durchzuschlagen. Die Foltererlebnisse in Afghanistan haben sein Leben weitgehend zerstört. Seit seiner Rückkehr verbringt er seine Zeit zwischen psychiatrischen Anstalten und Gefängnissen, in die er immer wieder wegen Gewaltdelikten eingeliefert wird.

Zurück zu den US-Angriffen auf den Sudan und Afghanistan im August 1998. Washington nannte schließlich noch zwei spezielle Gründe dafür. Zum einen sollen dort chemische Kampfstoffe für den Irak hergestellt worden sein; und zum anderen hieß es, die pharmazeutische Fabrik in al-Shifa gehöre bin Laden, weswegen sie zerstört werden müsse. Beide Argumente erwiesen sich als haltlos. Bereits am Tag des US-Angriffs kabelte der deutsche Botschafter seinem Außenminister nach Berlin, dass er den Vorwurf, es handle sich bei der al-Shifa-Anlage um eine Chemiefabrik, nicht nachvollziehen könne. Sie sei jedermann frei zugänglich gewesen und Pharmazeutika-Vertreter aus der ganzen Welt gingen dort aus und ein. Bald stellte sich heraus, dass einer der bekanntesten Anwälte des Sudan, Ghazi Suleiman, diese Sicht der Dinge bestätigte. Er war oftmals im Auftrag von Klienten in al-Shifa gewesen und konnte bezeugen, dass dort kein Bezug zu irgendwelchen Chemiewaffen bestand. Suleiman war auch in den USA als einer der wenigen Menschenrechtsaktivisten geschätzt, die sich gegen die Regierung in Khartum stellten und dafür mehrmals im Gefängnis saßen. Seine Autorität als Oppositioneller war unumstritten. Botschafter Daum entlarvte dann noch in seinem Beitrag in der *Harvard International Review* den – im Übrigen seltsamen – Vorwurf der USA, die Fabrik hätte Osama bin Laden gehört, als völlig aus der Luft gegriffen. Der Besitzer war ein der oppositionellen Befreiungsfront des Sudan nahe stehender Geschäftsmann, der im Exil lebte.[276]

Welche Rechtfertigungen für die völkerrechtswidrigen Angriffe auf Afghanistan und den Sudan auch von US-Seite vorgebracht wurden, Beweise legten weder das Pentagon noch die CIA vor. Und auf die Aufforderung der sudanesischen Regierung, eine Expertenkommission an den Schauplatz der zerstörten Pharmafabrik zu schicken, reagierte US-Präsident Clinton nicht einmal.

Im Westen erregte die »Operation unendliche Reichweite« nur mäßig Aufmerksamkeit. Der deutsche Bundeskanzler Helmut Kohl und sein australischer Amtskollege John Howard nickten die Attacken auf Afghanistan und den Sudan routiniert ab. China und Russland äußerten leise Kritik am völkerrechtswidrigen US-Angriff. In der arabischen und

---

276. ebd.

islamischen Welt hingegen liefen Tausende auf die Straßen, verbrannten Stars-and-Stripes-Fahnen und protestierten gegen die Luftangriffe Washingtons. Die pakistanische Regierung verurteilte die Militärschläge als Verletzung der territorialen Integrität zweier Staaten; der Irak zeigte sich empört und rief dazu auf, der feindlichen Politik der USA entgegenzutreten; in Teheran nannte man die Bombenkampagne »Staatsterror«; Muammar Gaddafi erklärte, den Sudan gegen die US-Aggression unterstützen zu wollen; der tschetschenische Vizepräsident warf den USA vor, einen unerklärten Dritten Weltkrieg begonnen zu haben und auf Kuba gab man eine Presseerklärung heraus, in der Clinton beschuldigt wurde, die Souveränität des Sudans und Afghanistans zu ignorieren und im Übrigen mit dem Waffengang von seinem Sexskandal ablenken zu wollen. Tatsächlich war es erst drei Tage her gewesen, dass der US-Präsident seine Aussage zur Causa Monica Lewinsky getätigt hatte, die ihm im Weißen Haus – wie er am 17. August 1998 in umschweifenden Worten zugab – sexuell befriedigt hatte. »No war for Monica«, titelten einige englischsprachige Zeitungen in der arabischen Welt. Die Ablenkung von kleinen Problemen im Sexhaushalt Bill Clintons mag erwünscht gewesen sein, als Grund für die militärische Aggression gegen Kabul und Khartum ist sie freilich nicht ausreichend. Dieser liegt viel eher in der universalistischen Allmachtsfantasie der stärksten Militärmacht der Welt, für die es schlicht nicht akzeptabel war (und ist), dass in irgendeiner Ecke des Planeten die westlichen Wertvorstellungen missachtet und gesellschaftliche Gegenkonzepte gleich welcher Art versucht werden. Dazu kamen (und kommen) noch ein ausgeprägter Rassismus gegen Araber und ein kulturelles Überlegenheitsgefühl gegenüber dem Islam, die zu einer Missachtung arabischer und muslimischer Lebensweisen führten, wie eine Reihe von militärischen Kampagnen seither bezeugen. Die Rede vom sogenannten »Krieg gegen den Terror« soll diese Mischung aus militärischer Allmacht und tief verwurzeltem Rassismus übertünchen helfen.

Die halbe Welt als Feinde im Visier

Acht Jahre lang verdienten Waffenhersteller auf der ganzen Welt, aber insbesondere in den USA, an einem der opferreichsten Kriege seit 1945. Im sogenannten »ersten Golfkrieg« zwischen dem Irak und dem Iran blieben fast eine Million Leichen auf den Schlachtfeldern zurück, der Iran trug mit zwei Dritteln der Toten die Hauptlast. Als der irakische Präsident Saddam Hussein am 22. September 1980 den Befehl zum Angriff gab und über 100.000 seiner Soldaten auf iranisches Gebiet vordrangen, hörte man kein böses Wort dazu aus den USA. Im Gegenteil: Saddam Hussein konnte für seinen Überfall mit zumindest klammheimlicher Rückendeckung aus Washington rechnen. Erst im Jahr zuvor war der amerikanische Statthalter der Region, ein Sprössling der Schah-Familie Pahlavi, aus dem Land gejagt worden. Die Etablierung einer islamischen Republik in Teheran war Washington vom ersten Tag ihrer Existenz an ein Dorn im Auge; die Schmach einer gescheiterten Geiselbefreiung in der US-Botschaft verhärtete die Fronten zusehends.

So wohlwollend die USA den irakischen Vorstoß gegen den Iran begleiteten, so feindselig reagierten sie zehn Jahre später, als Saddam Hussein im August 1990 die kleine Golfmonarchie der Familie al-Sabah annektierte. Der kuwaitische Scheich floh nach Saudi-Arabien und Washington zog in den Krieg zur Rettung der Monarchie. Seit damals befindet sich der Irak im Fadenkreuz US-amerikanischer Strategen, die das weite Land auch als ideales Testgelände für neues militärisches Gerät entdeckten. So fand der erste massive Einsatz von Cruise Missiles, den mittlerweile fast überall in der Welt gefürchteten »Tomahawks«, 1991 gegen den Irak statt. Die US-Navy probte den Abschuss von 300 Marschflugkörpern an lebenden Subjekten. Auch wurde erstmals panzerbrechende Munition, die abgereichertes Uran-235 enthält, in großem Stil verwendet. Stark erhöhte Krebsraten, Missbildungen und Dauerschäden am Erbgut sind die Folgen. Iraker hielten dabei als

Versuchskaninchen für eine Munition her, die noch Generationen lang Land und Leute verstrahlt.

550.000 Soldaten brachte das Pentagon im Jahr 1991 gegen Bagdad auf, daneben zogen – neben einzelnen arabischen Staaten mit kleineren Kontingenten – Großbritannien, Frankreich, Spanien, Belgien und Italien in die Schlacht. Das zu diesem Zeitpunkt im Erweiterungsprozess steckende Deutschland zog es vor, sich nur an den Kosten zu beteiligen und schickte keine eigenen Streitkräfte. Die Toten dieser US-Mission wurden nie gezählt, Schätzungen gehen von 20.000 bis 70.000 aus.

Seit diesem »zweiten Golfkrieg« steht Irak unter internationaler Kuratel. Der Operation »Desert Storm« von 1991 folgte 1996 »Desert Strike« und 1998 »Desert Fox«. Im April 1996 fand auch eine israelische Intervention im Libanon statt. Dieser Operation »Früchte des Zorns« fielen 200 Menschen zum Opfer, 400.000 wurden zur Flucht getrieben. Ein gewisser Mohammed Atta, damals 27 Jahre alt, war darüber dermaßen erschüttert, dass er ein Testament aufsetzte, in dem er versprach, sein Leben für einen Gegenschlag zu opfern.[277] Fünf Jahre später erfüllte sich sein Letzter Wille; Atta war einer jener Piloten, der die erste Boeing 767 ins World Trade Center flog. Dies alles fand lange vor dem 11. September 2001 statt. Die Terroranschläge auf das World Trade Center in New York und das Pentagon in Washington nutzte US-Präsident George Bush (der Jüngere) dann zum großen Rundumschlag in der muslimischen Welt, der seither als »Krieg gegen den Terror« in die Geschichtsbücher eingeht.

Knapp vier Wochen nach Nine-Eleven warfen sich die USA, mit Großbritannien und kurz darauf auch Deutschland im Schlepptau, in die Schlacht gegen Taliban-Afghanistan. Eine stark interpretierfähige UN-Resolution 1368 bezeichnete den Anschlag in New York als Bedrohung des Weltfriedens, weshalb sich Washington zur kollektiven Abwehr dieser Bedrohung selbst als Kriegspartei mandatierte. Obwohl

---

277. Lawrence Wright, Der Tod wird euch finden. Al-Qaida und der Weg zum 11. September. München 2007, S. 382

die Täter durchwegs aus Saudi-Arabien stammten und ihre technische Ausbildung in Deutschland und den USA erhalten hatten, wählte das Pentagon Afghanistan als Zielland der seither andauernden Militäroperation. Die Taliban, so die Rechtfertigung der stärksten Militärmacht der Welt, hätten den Planern von Nine-Eleven Unterschlupf geboten. Was den Aufenthaltsort von US-Staatsfeind Nr. 1, Osama bin Laden, betraf, mag dies gestimmt haben; die Logistik kam allerdings vor allem aus Pakistan. Dieses Land wollte (und konnte) man wegen der militärischen Verbundenheit (und dem Besitz der Atombombe) nicht angreifen. Mit der Kriegserklärung gegen das talibanische Afghanistan machten sich Washington und seine Alliierten nicht nur Afghanen zu Feinden, sondern auch Studenten (arabisch: talib) aus einer Vielzahl von moslemischen Ländern, die im von Bürgerkriegen zerrütteten und unter UN-Embargo stehenden Land eine Art moslemische Internationale probten. Die NATO rief den Bündnisfall aus, besetzte das Land und hält die Menschen seither in Angst und Schrecken, indem sie selbiges – nicht unberechtigt – auch von den Taliban und anderen radikal-islamischen Gruppen behauptet.

Woche für Woche fliegt sie mit Marschflugkörpern, Jagdflugzeugen und Drohnen Angriffe auf eine bereits seit Generationen im Kriegszustand lebende Bevölkerung, nennt jedes Opfer »Terrorist« und entschuldigt sich selten für offensichtliche Fehlschüsse, bei denen Heiratsgesellschaften, Trauerzüge oder MarktbesucherInnen zu Tode kommen. Der als »Whistleblower« berühmt gewordene NSA-Mitarbeiter Edward Snowden hat u. a. eine Liste von Zielpersonen öffentlich gemacht – die sogenannte »Joint Prioritized Effects List« –, auf der 744 Namen von Menschen aufgeführt sind, die wie in einem Buchhaltungsprogramm abgearbeitet, sprich: ermordet werden. Niemand davon stellt für die USA eine direkte Bedrohung dar, es sind durchwegs in fernen Provinzen lebende, salafistisch orientierte Muslime oder solche, die Washington dafür hält.

Deren gezielte Tötung läuft völlig mechanisch über die Bildschirme des Verteidigungsministeriums.[278]

Mehrere Regionen Pakistans leiden wie das Nachbarland Afghanistan unter dem »Krieg gegen den Terror«, obwohl ein solcher dort gar nicht erklärt worden ist. Washington legitimiert seine Angriffe in Waziristan und Khyber-Pakhtunkhwa damit, den talibanisch oder anderswie radikal-islamischen Feind überall zu zerschlagen, wo er Sympathisanten hat oder welche vermutet werden. Damit ist neben Afghanistan auch Pakistan ständiges Ziel unangekündigter Luftschläge.

Krieg führt der Westen spätestens seit 2002 auch im Jemen, wo es am 3. November zu einem ersten dokumentierten Drohneneinsatz kam, bei dem der mutmaßliche al Qaida-Führer Abu Ali al-Harithi (wahrscheinlich) getötet wurde und mit ihm fünf weitere Männer, davon ein US-amerikanischer Staatsbürger.[279] Das in London ansässige »Bureau of Investigative Journalism« hat Mitte 2013 eine Studie herausgegeben, in der 155 US-Militäroperationen im Jemen dokumentiert sind, davon 56 mit Drohnen. Der Blutzoll: 190 bis 240 Personen, darunter 13 Kinder.[280]

Im Sudan griffen die USA, wie weiter oben berichtet, bereits lange vor Nine-Eleven an, und zwar im August 1998. Seither sind zumindest vier israelische Bombenangriffe in den Jahren 2009 und 2011 bekannt geworden, bei denen es Tote gab.

In Somalia begann das militärische Engagement der USA im August 1992 und endete – vorläufig – am 3./4. Oktober 1993 in einem Debakel. In der Schlacht von Mogadischu fielen 18 US-Soldaten, nachdem sie von einer aufgebrachten Menge eingekesselt und anschließend zwei Leich-

---

278. Ryan Devereaux, Manhunting in the Hindukush. The Drone Papers, Nr. 5 vom 15. Oktober 2015
279. www.worldlibrary.org/articles/List-of-military-strikes-against-presumend-terrorist-targets (30.5.2016)
280. Knut Mellenthin, Von Afghanistan bis Somalia: Massenmord durch US-Drohnen. In: Peter Strutynski (Hg.), Töten per Fernbedienung. Kampfdrohnen im weltweiten Schattenkrieg. Wien 2013, S. 37

name von GIs hinter Pick-up-Trucks durch die Straßen der Hauptstadt geschleift wurden. Der daraufhin erfolgte Abzug betraf indes nur die Bodentruppen. In der Luft blieben die Amerikaner todbringend. So zuletzt am 7. März 2016 bei einem Angriff auf ein Lager der al-Shabaab-Milizen, bei dem mindestens 150 Menschen starben.[281] Das »Bureau of Investigative Journalism« listet zwischen 2001 und 2016 über 20 US-Luftschläge in Somalia auf.[282]

In Westafrika mischte sich die französische Soldateska in einen Bürgerkrieg ein und schickte Bodentruppen und Luftwaffe nach Mali. Allein während der Operation »Serval« blieben über 800 Menschen auf den Schlachtfeldern zurück, darunter sechs Franzosen.

Am 19. März 2013 startete die westliche Kriegsallianz, auf intensives Betreiben Frankreichs, einen neuen Krieg. Unruhen in der libyschen Provinz Kyrenaika nahm die NATO zum Anlass, Kampfflugzeuge gegen Tripolis zu schicken, wobei die UNO – wieder einmal – Schützenhilfe leistete. Ihre Resolution 1973 zum Schutz der Zivilbevölkerung, nach der der Luftwaffe Gaddafis verboten wurde, im eigenen Land zu operieren (was euphemistisch »Flugverbotszone« genannt wird), interpretierten Paris und Washington in einen wahrhaften Luftkrieg um, an dessen Ende ein unter den Augen des Westens gelynchter Staatschef, geschätzte 50.000 Tote und ein zerstörtes Land stehen. Wie Afghanistan und Irak ist auch Libyen nach dem Eingreifen des Westens ein »gescheiterter Staat«.

Im Nahen Osten findet sich Ende September 2014 ein neues Kampfgebiet für NATO-Truppen: Syrien. Dort sind soziale Proteste Anfang 2011 in Windeseile militant geworden, wobei der westliche Einfluss sich anfangs auf eine (waffentechnische) Unterstützung regierungskritischer Gruppen beschränkte. Verdeckte Operationen, die einen Regierungswechsel zum Ziel hatten, wurden bald durch direktes Eingreifen ergänzt, wobei das

---

281. Washington Post vom 7. März 2016
282. www.thebureauinvestigates.com/2016/03/07/unprecedented-death-toll-us-air-strike-somalia/ (30.5.2016)

in Westeuropa und Nordamerika dafür ausgegebene Feindbild multipel ist. Einerseits geht es in Syrien gegen die nicht kooperationsbereite, arabisch-sozialistisch geprägte Baath-Partei und ihre politische Führung, andererseits gegen deren Hauptfeind, radikal-muslimische Kämpfer unterschiedlicher Organisationen, darunter auch jene des islamischen Kalifats. Friedensbemühungen scheitern seit Jahren an den USA, wie der Sondergesandte der UNO und der Arabischen Liga, Martti Ahtisaari, in einem Interview Mitte September 2015 erklärte. Konkrete russische Vorschläge zur Deeskalation schlug Washington schon im Frühjahr 2012 in den Wind. »Was heute passiert«, so Ahtisaari im britischen *Guardian*, »ist ein selbstgemachtes Desaster. (…) Wir zahlen die Rechnung, die wir selbst verursacht haben«, meinte er zum nicht versiegen wollenden Flüchtlingsstrom aus Syrien.[283]

Die USA missachteten die syrische territoriale Integrität übrigens schon lange bevor der »arabische Frühling« das autokratische Regime ins Wanken brachte. So ist ein US-Helikopter-Angriff vom 26. Oktober 2008 dokumentiert, der einem gewissen Abu Ghadiyah galt, den Washington auf einer seiner Todeslisten führte. Die syrische Regierung beklagte damals, dass dabei acht Zivilisten getötet wurden.[284] Amerikanische Jubelmeldungen wie jene von der gezielten Tötung des vermutlichen IS-Führers Abu Omar al-Schischani vom 9. März 2016 bei Raqqa[285] gehören mittlerweile zur schaurigen Kriegsroutine des »Kampfes gegen den Terror«.

Deutschland beteiligt sich an nahezu allen US-Kriegsschauplätzen, mal direkt im Kampf, öfters auch »nur« in der Nachschublogistik oder mit Ausbildungslagern. Die Statistik offenbart dazu genaue Zahlen. Demnach sind im April 2016 2107 Bundeswehr-Soldaten in Afghanistan,

---

283. https://www.theguardian.com/world/2015/sep/15/west-ignored-russian-offer-in-2012-to-have-syrias-assad-step-aside (7.6.2016)
284. www.worldlibrary.org/articles/List-of-military-strikes-against-presumend-terrorist-targets (30.5.2016)
285. Frankfurter Allgemeine Zeitung vom 9. März 2016

am Horn von Afrika, in Senegal, Mali, an der türkisch-syrischen Grenze und im Nordirak stationiert.[286]

Praxis und Theorie: »Gezieltes Töten«

Eine der mittlerweile gängigsten Praktiken im schmutzigen Krieg des Westens, der eine blutige Spur von Afghanistan über den Nahen Osten bis nach Westafrika zieht, ist die mit High-Tech-Geräten durchgeführte, massenhafte Ermordung von Feinden. Mit dem Begriff »gezieltes Töten« soll diesem Morden Legitimität verliehen werden.

Freilich gehören staatliche Mordaufträge schon immer zum herrschaftlichen Repertoire, um entweder politische Gegner im Inneren oder auf der internationalen Bühne zu eliminieren. US-amerikanische Geheimdienste leisteten diesbezüglich seit Ende des Zweiten Weltkrieges (wie ihre französischen, sowjetischen/russischen und britischen Gegenüber) ganze Arbeit. So deckte ein Report des US-Senators Frank Church bereits im Jahre 1975 auf, dass allein die CIA bis dahin acht Mordanschläge auf den kubanischen Präsidenten Fidel Castro geplant hatte[287]; und auch die Fliegerangriffe auf die libyschen Städte Tripolis und Bengasi im April 1986 zielten auf einen den USA unliebsamen Politiker, Muammar Gaddafi, ohne ihn allerdings töten zu können. Als »Kollateralschäden« starben damals einige seiner Familienmitglieder und zufällig am Einschlagsort vorübergehende Passanten.

Im Unterschied zu derlei tatsächlich (mehr oder weniger) gezielten Morden bzw. Mordversuchen hochrangiger Führer operieren die USA im »Krieg gegen den Terror« mit massenweise durchgeführten Tötungen an Tausenden von Menschen. Diese verwirken ihr Leben in den Augen von

---

286. http://de.statista.com/statistik/daten/studie/72703/umfrage/anzahl-der-soldaten-der-bundeswehr-im-ausland/ (30.5.2016)
287. Church-Committee. Siehe: https://www.aarclibrary.org/publib/church/reports/ir/pdf/ChurchIR_3B_Cuba.pdf (6.6.2016)

Pentagon oder Geheimdienst oft schon deshalb, weil sie einer begangenen oder einer möglichen zukünftigen Tat verdächtigt werden. Als Vorbild für derlei massenweise durchgeführte »gezielte Tötungen« an zu Feinden erklärten politischen Gegnern gilt Israel. Nicht nur, dass Jerusalem schon in den 1950er-Jahren ägyptische Offiziere und später palästinensische AktivistInnen in großer Zahl erschießen oder vergiften ließ, wurde die Praxis des »gezielten Tötens« während der zweiten Intifada ab September 2000 praktiziert und im November desselben Jahres als Strategie »gegen den Terror« offen zugegeben.[288] In dutzenden solcher Operationen, meist in Form von Raketen- oder Drohnenangriffen durchgeführt, wurden anfangs eher laizistisch-links orientierte und später immer mehr moslemisch geprägte Palästinenser ermordet. Diese Art von Staatsterror, der so freilich weder in Israel noch in den USA benannt wird, beherrscht seitdem die Kampfplätze im Nahen und Mittleren Osten.

Die Technologie unbemannter Flugkörper, sogenannter Drohnen, hat die Machbarkeit solcher Massenmorde wesentlich erleichtert und die Hemmschwelle dafür gesenkt. Dies umso mehr, als dass die Täter nicht mehr wie bei Fliegerangriffen oder Giftmorden sich in die Nähe der Opfer begeben müssen, sondern oft Tausende Kilometer weit vom Tatort entfernt mit einem Apparat, der einem Joy-Stick beim Computerspiel ähnelt, die todbringende »Hellfire«-Rakete aus der Drohne klinken und auf den Weg ins Ziel, den jeweiligen Menschen oder die Versammlung, schicken. »Politik als Mord« nennt der Journalist und Filmemacher Jeremy Scahill den gespenstischen Vorgang.[289] Die u. a. von ihm betriebene Nachrichtenwebseite »The Intercept« veröffentlichte geleakte »Drone Papers«. Darin wird deutlich, wie der staatsmörderische Apparat arbeitet. Von eigens eingerichteten Stellen im Pentagon und der CIA werden lange

---

288. vgl. Gabriella Blum/Philip Heymann, Law and Policy of Targeted Killing. Harvard 2010, S. 151
289. Jeremy Scahill, The Assassination Complex. The Drone Papers Nr. 1 vom 15. Oktober 2015. Vgl. auch sein Buch Dirty Wars. The World is a Battlefield. New York 2013

Listen von Menschen erstellt, die verdächtigt sind, Terrorattacken gegen die USA, andere westliche und verbündete Staaten oder ihre politischen und militärischen Vertreter in Kampfgebieten ausgeführt zu haben oder zu planen. Für jedes dieser »Ziele« wird ein »Target Information Folder« erstellt, auf dem Metadaten der unterschiedlichen Kommunikationsformen – Telefonie, E-Mails, etc. – gespeichert und so Verbindungen zu anderen »Zielen« nachgezeichnet werden. Im Durchschnitt dauert es 58 Tage, bis US-Präsident Barack Obama, unter dessen Administration die Drohnenangriffe massiv angestiegen sind, das Todesurteil unterschreibt. Anschließend daran haben die Techniker des »gezielten Tötens« 60 Tage Zeit, den ausgewählten Mann zu eliminieren.[290] Er geht dann mit dem Kürzel »EKIA« – Enemy Killed in Action – in die Statistik ein, übrigens auch jene Personen, die zur falschen Zeit am falschen Ort waren und bei dem Angriff ebenfalls zu Tode kommen. Die dahinter stehende Doktrin heißt »Find, Fix, Finish«, oder – wie es US-Außenministerin Hillary Clinton anlässlich der Todesmeldung von Muammar Gaddafi in Tripolis freudig entschlüpfte: »Wir kamen, wir sahen, er starb.«[291]

Keiner der auf diese Art Getöteten wurde zu den Vorwürfen, die hinter seinem Todesurteil stehen, befragt, konnte sich dazu äußern oder bekam auch nur irgendeine Art von Gerichtsverfahren. Die argumentative Kette der staatlichen Mörder läuft entlang der Schiene Verdacht – Zusammentragen von Beweisstücken – Abklärung des politisch-kulturellen Umfeldes – Drohnen- oder Bombeneinsatz – Tod.

Das Bewusstsein über die Problematik, dass sich offiziell den Menschenrechten verpflichtete westliche Verwaltungen Todesurteile und deren sofortige Vollstreckungen anmaßen, ohne vorher auch nur in Kontakt mit dem »Ziel« getreten zu sein, ist vorhanden. Deshalb wird

---

290. ebd.
291. Daily Mail vom 21. Oktober 2011, zit. in: Diana Johnstone, Die Chaos-Königin. Hillary Clinton und die Außenpolitik der selbsternannten Weltmacht. Frankfurt/Main 2016, S. 169

auch in politikwissenschaftlichen Kreisen eine heftige, die Praxis in keiner Weise beeinflussende Diskussion darüber geführt, ob die »gezielte Tötung« rechtens sei. Die Debatte kreist um die Begriffe Verbrechen und Krieg. Oder anders gesagt: Ein Verbrecher darf ohne Einschaltung der Justiz nicht einfach hingerichtet werden; im Krieg jedoch steht der Feind außerhalb solcher Gesetze. Die Frage lautet also: Ist der Terrorist, den man zu bekämpfen vorgibt, ein Verbrecher oder ein Krieger?

Um ein Verbrechen zu sühnen, bedarf es zuvor eines Gerichtsurteils, das den Tatbestand untersucht und die Schuldfrage klärt. Dergleichen findet im »War on Terror« nicht statt. Wie schon der Name sagt, wird dieser von den USA und ihren Verbündeten als »Krieg« geführt. Im Kriegsfall bedarf es keines individuellen Schuldbeweises, wenn es gegen »Kombattanten einer feindlichen Armee geht. Sie werden getötet, nicht weil sie schuldig sind, sondern weil sie potentiell tödliche Agenten der feindlichen Macht sind«, wie es in der spitzfindigen Juristensprache heißt.[292] Doch wer und wo ist der Feind? Die allermeisten solcher »gezielten Tötungen« durch US-Einrichtungen finden außerhalb von Kriegszonen statt, z.B. in Pakistan. Aber auch mit Ländern wie Jemen, Sudan, Somalia usw. befindet sich Washington nicht im Krieg, obwohl dort Monat für Monat Luftangriffe stattfinden. Die Definition des Krieges als »asymmetrisch« hilft diesbezüglich auch nicht weiter, umso weniger, als dass es amerikanische Angriffe sind, die diese asymmetrische Kriegsführung betreiben, z.B. im Sudan mit der bereits angesprochenen Zerstörung einer pharmazeutischen Fabrik im August 1998, ohne dass zuvor irgendeine Terror- oder Kriegshandlung vom Sudan aus gegen den Westen lanciert worden wäre.

Im westlichen Diskurs über Terror oszillieren viele Experten und noch mehr politische und mediale Meinungsbildner zwischen den Zuordnungen »Krieg« oder »Verbrechen«. Mit dieser Unklarheit lassen

---

292. Gabriella Blum/Philip Heymann, Law and Policy of Targeted Killing. Harvard 2010, S. 146

sich einerseits die feindlichen islamischen Terroristen als Verbrecher beschimpfen und braucht man andererseits gegen sie kein Recht zu beachten; nicht einmal ein Kriegsrecht, das ja dann zum Tragen käme, wenn sich der Westen tatsächlich im Krieg befände. Die ganze Hilflosigkeit, mit der selbst die führende todbringende Macht, die USA, dieser Frage gegenüber steht, zeigt sich in dem seit über 15 Jahren bestehenden Lager im kubanischen Guantanamo. Dort wird exterritorial agiert und kein Recht irgendwelcher Art angewandt, nicht einmal das US-amerikanische Militärrecht, um missliebige Menschen, denen oft nur Kontakt zum »Feind« vorgeworfen wird, zu verwahren; gar nicht zu reden von den Foltermethoden, die an diesen »Feinden« exerziert werden.

Das rechtfertigende Gerede über die Legalität des »gezielten Tötens« kippt spätestens an jenem Punkt in blanken Zynismus, an dem die Täter, allen voran die USA, jede Auskunft über die Vorgänge verweigern. So werden die Quellen, die zur Einschätzung einer Zielperson als gefährlich führen, was ihr Todesurteil bedeutet, nicht offengelegt; sie setzen sich aus geheimdienstlichen Informationen, Undercover-Hinweisen vor Ort oder irgendwelchen, womöglich unter Folter erzwungenen Aussagen zusammen. Auch über die Zahl der todbringenden Angriffe wird von offizieller Seite geschwiegen. Jede Kontrolle dieses staatlich betriebenen Mordens wird damit verunmöglicht.

Das Waffenarsenal und die Toten

Die Opfer des mittlerweile mehr als 15 Jahre andauernden »Krieges gegen den Terror« werden fast ausnahmslos aus der Luft getötet. Die unterschiedlichen Flugkörper kommen ohne Vorwarnung und zerschmettern alles und jeden, der sich im nahen Umkreis der Zielperson aufhält. Die »gezielten Tötungen« hinterlassen grausame Bilder, die in den Täterländern nie gezeigt werden; einzig Computersimulationen sollen den Eindruck präziser Einsätze vermitteln. Bis zur Unkenntlichkeit verstümmelte Leichen schaffen es als Bildmaterial nicht in die westlichen Haushalte. In Afghanistan, Pakistan, dem Irak, Somalia, dem Sudan, Jemen, Syrien und Libyen indes ist das von den Tötungsmaschinen hinterlassene Chaos allgegenwärtig. Und selbst dort, wo keine Bombe, kein Marschflugkörper und keine Rakete einschlägt, muss jederzeit damit gerechnet werden.

Seit der Schlacht von Mogadischu Anfang Oktober 1993, bei der 18 GIs ums Leben kamen, gilt in den zuständigen Ministerien der kriegsführenden Zentrumsländer, allen voran im US-Verteidigungsministerium, die Devise, das Risiko eigener Verluste auszuschalten. Deshalb kommen mehr und mehr unbemannte ferngelenkte Maschinen zum Einsatz und ersetzen traditionelle Kampfflugzeuge und Kampfhubschrauber. Der Einsatz von Drohnen hat sich nach der Machtübernahme Obamas (von 2008 bis 2011) verzehnfacht, um 2014/2015 wieder etwas zurückzugehen.[293] Die dazugehörigen Leitsysteme liegen oft weit entfernt von den Einsatzorten wie beispielsweise im französischen Militärcamp Lemonnier in Dschibuti am Roten Meer, das auch von den USA genutzt wird. Tötungsbefehle werden vom US-Hauptquartier in der Wüste Nevada, dem deutschen Stützpunkt in Stuttgart oder anderen Logistikzentralen aus exekutiert. Die entsprechenden Waffensysteme wie »MQ-5B Hunter«, »MQ-1 Predator« oder »MQ-9 Reaper« können zwischen elf und 24 Stunden in der Luft sein und eine tödliche Last von 100 bis 1700 Kilogramm (Reaper) weit tragen.[294]

Neben Kampf- und Aufklärungsdrohnen kommen Flugzeuge wie die Laserbomben tragende F-15E, die klassischen Kampfflugzeuge F-16, F-18 und F-22, der Langstreckenbomber B-1B, Marschflugkörper, Apache Hubschrauber und der Erdkampfflieger AV-8B-Harrier zum Einsatz. Flugzeugträger und U-Boote dienen als Startbasis.

293. New York Times vom 23. April 2015
294. Peter Strutynski (Hg.), Töten per Fernbedienung. Kampfdrohnen im weltweiten Schattenkrieg. Wien 2013, S. 17

Die Opferbilanz des »Krieges gegen den Terror« geht in die Hunderttausende; sie könnte nahe einer Million Menschen liegen, die für westliche Sicherheits- und Allmachtsfantasien in muslimischen Ländern ihr Leben gelassen haben. Genaue Zahlen gibt es keine. Washington hüllt sich in Stillschweigen. Halbwegs verlässliche Dokumentationen liegen für Pakistan und den Irak vor, Afghanistan und Libyen bleiben informationsmäßig schwarze Löcher, in denen Schätzungen über Tote stark variieren.

Am 19. März 2015 veröffentlichten die deutschen, US-amerikanischen und kanadischen Sektionen der »Internationalen Ärzte zur Verhütung des Atomkrieges« (IPPNW) eine Studie, die unterschiedliche Quellen zur Erfassung der Kriegsopfer zusammenfasst. Die Schätzung beruht im Wesentlichen auf Opferzählungen der zivilgesellschaftlichen Initiative »Iraq Body Count« und der medizinischen Fachzeitschrift *The Lancet*. Im Zeitraum zwischen 2003, der US-Invasion im Irak, und Ende 2014 kamen demnach in den drei Ländern Afghanistan, Irak und Pakistan 1,3 Millionen Menschen als Folge des Krieges ums Leben.[295] Die meisten Toten hat der Irak zu beklagen; dort starben etwa 240.000 direkt auf den Schlachtfeldern und 600.000 an den Folgen des Krieges. Afghanistan beklagt laut dieser Studie 220.000, Pakistan 80.000 Tote. Nicht dazugezählt sind alle Menschen, die vor 2003 westlichen Angriffen zum Opfer gefallen sind, so z. B. die geschätzten 20.000 bis 70.000 IrakerInnen der Operation »Desert Storm« von 1991. Auch alle Kriegstoten aus den Ländern Sudan, Somalia, Jemen, Libyen und Syrien fanden keinen Eingang in diese Studie.

Das »Bureau of Investigative Journalism« führt eine eigene Statistik zu Drohnentoten. Sie basiert im Wesentlichen auf Beobachtungen von Anti-Kriegsinitiativen vor Ort, wobei die Lage in Afghanistan total un-

---

295. IPPNW, Body Count – Casualty Figures after 10 Years on the War on Terror«. Siehe: http://www.ippnw.de/commonFiles/pdfs/Frieden/BodyCount_internationale_Auflage_deutsch_2015.pdf (6.6.2016)

übersichtlich ist und dort kaum Schätzungen möglich sind. Zum Zeitpunkt des 16. Juni 2016 befinden sich auf der Liste der Getöteten bis zu 7195 Namen, alles Menschen, für die Pentagon oder CIA eigene »Target Information Folder« erstellten, bevor sie durch den US-Präsidenten zum Abschuss freigegeben wurden.[296]

Die Menschenrechtsgruppe »Reprieve« hat das Verhältnis von gewünschten, absichtlich Getöteten und »Kollateraltoten« in Pakistan untersucht. In den zwölf Jahren des Untersuchungszeitraums belief sich dieses auf 1 zu 28, das heißt auf einen (mutmaßlichen) Terroristen kamen 28 zivile Opfer.[297]

Siebentausendeinhundertzweiundvierzig Leben, die durch Hellfire- oder ähnliche Raketentypen, abgeschossen von stundenlang über dem »Zielsubjekt« kreisenden Drohnen, ausgelöscht wurden. Nach diesen Zahlen kann wohl niemand mehr glauben, dass die Welt sicherer geworden sei. Der Hass auf den Westen allerdings hat bei Millionen von Menschen, die in diesem Krieg ihre Angehörigen, Freunde, Bekannten verloren haben, enorm zugenommen.

»Gezielte Tötungen« im Zentrum

Das Leid der Hinterbliebenen, deren Angehörige, Freunde, Bekannte im »Terrorkrieg« getötet werden, richtet sich freilich nicht danach, ob diese schuldig oder unschuldig, selbst Täter oder nur Opfer gewesen sind, umso weniger, als dass Schuld ja nie bewiesen werden musste. Zu dieser Trauer um den unmittelbaren Tod kommen die psychologischen Folgen eines Krieges, die alle BewohnerInnen in den betroffenen Gebieten betreffen. Allein die permanente Bedrohung durch ferngesteuerte

---

296. https://www.thebureauinvestigates.com/category/projects/drones/drones-graphs/ (6.6.2016)
297. http://www.reprieve.org.uk/press/2014_11_25_US_drone_strikes_kill_28_each_target/ (6.6.2016)

Marschflugkörper oder Kampfdrohnen stellt eine nur schwer erträgliche Belastung des Psychohaushaltes eines jeden und einer jeden Einzelnen dar. Die britische Menschenrechtsgruppe »Reprieve« gab diesbezüglich eine Studie in Auftrag, die von der Stanford-Universität im Nordwesten Pakistans durchgeführt wurde. Anlass dafür war eine Drohnenattacke, die am 17. März 2011 in Datta Khel zum unmittelbaren Tod von 44 Menschen geführt hat.[298] Der Direktor von »Reprieve«, Clive Stafford Smith, gibt einen Einblick in die Lebenssituation nach einem solchen Angriff: »Der Alltag bricht zusammen: Kinder sind zu verängstigt, um in die Schule zu gehen, Erwachsene meiden aus Angst Hochzeiten, Beerdigungen, Geschäftstreffen und alle Gelegenheiten, bei denen sich Menschen in Gruppen zusammenfinden. (…) Nirgends können sich die gewöhnlichen Männer, Frauen und Kinder in Nordwest-Pakistan sicher fühlen.«[299] Die Panik kommt EuropäerInnen bekannt vor, wenn nach Terroranschlägen in den Metropolen polizeiliche Sicherheitstipps gegeben werden.

Zu Krieg und Psychoterror kommen noch wirtschaftliche Sanktionen, mit denen jene Länder vom Westen belegt werden, die sich im Visier des »War on Terror« befinden. Diese gehen meist militärischen Schlägen voraus und betreffen eine bald unüberschaubare Anzahl an Staaten. Dabei marschieren die USA und die Europäische Union im Gleichschritt. So wurden in den vergangenen 25 Jahren – in chronologischer Reihenfolge – Embargomaßnahmen gegen den Irak (1990), Haiti (1991), Libyen (1992), Jugoslawien (1992), Kambodscha (1992, 2013) Serbisch-Bosnien (1994), Myanmar (1988, 1996), Sierra Leone (1997), Angola (1998), Afghanistan (1999), Liberia (2001), Simbabwe (2002, 2008), Nord-Korea (2006), Iran (2006, 2012), Belarus (2006), den Sudan (2008), Somalia (2010), Eritrea

---

298. Siehe: Peter Strutynski (Hg.), Töten per Fernbedienung. Kampfdrohnen im weltweiten Schattenkrieg. Wien 2013, S. 13
299. Stanford International Human Rights and Conflict Resolution Clinic and Global Justice Clinic an NYU School of Law: Living under Drones: Death, Injury, and Trauma to Civilians from US Drone Practices in Pakistan, 2012. Siehe: www.livingunderdrones. org/report/, zit. in: Strutynski 2013, S. 13

(2011), Syrien (2011), Mali (2012), Guinea-Bissau (2012), Belize (2013), Guinea (2013), Burundi (2015) und den Jemen (2015) verhängt. Betroffen sind davon weniger die dem Westen missliebigen Staatschefs, sondern die Durchschnittsbürger. Sie leiden unter fehlenden Medikamenten, teurer werdenden Importgütern oder Ausfuhrsperren von Produkten, an denen sie arbeiten. Und dort, wo den westlichen Institutionen und Machtblöcken freundlich gesinnte Regierungen am Ruder sind, wirken sich Austeritätsprogramme und sogenannte Partnerschaftsabkommen, die den ungleichen Tausch festschreiben, negativ auf die Lebensbedingungen der Mehrzahl der BewohnerInnen aus. So beschleunigt sich z. B. durch den für den Export nach Europa bestimmten Cash-Crop-Anbau von Gemüse und Obst in der Sahelzone die Verwüstung ganzer Länder, was örtliche Bauern von der Scholle treibt. Und die Ausweitung der internationalen Fischereigewässer rund um Afrika lässt lokale Fischer ohne Überlebenschance zurück.

Die hoch brisante Mischung aus Freihandelsdiktat, Landgrabbing, Wirtschaftssanktionen und »Krieg gegen den Terror« in all seinen beschriebenen Facetten gebiert Hass im muslimischen Süden und Osten (und nicht nur dort) auf den Westen, der bei vielen Einheimischen für das Chaos und die Misere verantwortlich gemacht wird. In den europäischen und nordamerikanischen Zentren wiederum leben Migranten-Communities aus den betroffenen Ländern oft schon in zweiter oder dritter Generation. Aus dortiger sozialer Deklassierung und kultureller Entfremdung speist sich bei manchen eine steigende Wut auf die Kultur und die Menschen des Gastlandes, ähnlich wie in den unter Beschuss befindlichen Herkunftsländern der Elterngeneration. Dazu kommt die internationalistische Attraktivität des Islamischen Kalifats im Irak und Syrien. Dieses zieht in Europa und Nordamerika geborene Muslime an, zwar in geringer Zahl, dafür aber die radikalsten unter ihnen. Seine kriegerische Rhetorik strahlt auf Muslime aus, die sich von der Gesellschaft in den Zentrumsländern ausgeschlossen fühlen. Die große Flüchtlingswelle, die seit Anfang September 2015 vor allem Ost-, Mittel- und Nordeuropa erreicht, tut ein Übriges, schleust das Kalifat doch mit ihr erwiesenermaßen Kämpfer ins Zentrum ein. Es ist diese Gemengelage, die zu Kriegshandlungen im Zentrum führt, die hier allerdings üblicherweise nicht als Krieg, sondern als Terror tituliert werden.

Der Politikwissenschaftler und zeitweise Berater der CIA, Chalmers Johnson, wies schon frühzeitig auf den Zusammenhang von westlicher Aggression und Rückkehr des Krieges in die Zentren hin. Aus seiner Karriere bei der CIA wusste er um die Bedeutung des Begriffes »Blowback« – »Rückstoß« –, der beim US-amerikanischen Geheimdienst intern in Verwendung war. Er bezeichnet die Folgen politischer oder militärischer Maßnahmen für die Heimatfront. »Was die Tagespresse als verwerfliche Akte von ›Terroristen‹ (…) darstellt«, so Johnson bereits vor dem 11. September 2001, »erweist sich oft als ›Rückstoß‹ früherer amerikanischer Operationen.«[300]

Seit über zwei Jahrzehnten tobt ein von den USA, der EU und der NATO betriebener Krieg in der muslimischen Welt, von Afghanistan im Osten bis Mali im Westen. Er tut dies mal im Gewand der NATO, mal als »Koalition der Willigen« oder in den Uniformen der US-Armee. Dieser Krieg kehrt als Terror in die Zentren zurück. Diesen Zusammenhang nicht herzustellen, dafür geben sich meinungsbildende Medien und Politiker die allergrößte Mühe. Doch er liegt auf der Hand und wird auch in Botschaften sowohl des Islamischen Kalifats und seiner Kämpfer als auch von diesen nicht direkt abhängigen Attentätern – sogenannten »einsamen Wölfen« – bei jeder Gelegenheit betont.

Den schrecklichen Anschlägen von Paris am 13. November 2015 folgte eine dieser klaren Botschaften zur Motivlage, warum das Kalifat seine Krieger ausgesandt hatte. In einem Video nennt der mutmaßliche Anführer der Terrorgruppe, Abu Omar al-Baljiki, die Gründe für die

---

300. Chalmers Johnson, Ein Imperium zerfällt. Wann endet das Amerikanische Jahrhundert? München 2001, S. 25

Anschläge. Der unter dem Namen Abdelhamid Abaaoud im belgischen Anderlecht geborene Kämpfer im Wortlaut: »Ich habe eine Botschaft an die Ungläubigen, die Muslime bekämpfen und an alle Staaten, die der Koalition gegen den Islamischen Staat angehören. Ihr, die gekommen seid, die gewagt habt, den Himmel Allahs zu durchfliegen, die gewagt habt, ins Land der Muslime zu kommen, um sie zu bekämpfen (...) ihr glaubt, ihr könnt einfach so hierher kommen und uns Muslime bekämpfen und zu Hause in euren Wohnungen weiter friedlich leben? Bei Allah, ihr werdet den Geschmack des Terrors erfahren, auch in euren Häusern. Wir werden kommen. Tatsächlich sind wir schon da, in euren Häusern, um euch zu töten. Und all dies geschieht aufgrund eurer Kriegspolitik bzw. der Kriegspolitik eurer politischen Führer. Ihr habt sie gewählt und das ist das Ergebnis. Das Ergebnis ist, dass eure Führer einen Krieg erklärt haben, den sie nicht handhaben können. Und bei Allah, sie werden auch nicht fähig sein, euch zu beschützen, weder außerhalb noch innerhalb eurer Länder. Solange die Bombardements anhalten, so lange ihr den Krieg gegen Muslime führt, werden wir nicht aufhören, euch überall auf der Welt zu bekämpfen.«[301]

Abu Omar al-Baljiki, der fünf Tage nach den Anschlägen am 18. November 2015 im Kugelhagel einer französischen Spezialeinheit im Pariser Vorort Saint-Denis starb, hat die Motive der Terrorkommandos klar beschrieben und den Zusammenhang zwischen den militärischen Interventionen des Westens und seiner Handlung deutlich gemacht.

Nach den Anschlägen in Brüssel vom 22. März 2016 wiederholten die Attentäter, warum sie den Dschihad ausgerechnet nach Belgien trugen. Sie führten, wiederum in einer Videobotschaft, Belgiens Beteiligung an der Koalition gegen den Islamischen Staat als Grund für den Terror an.

---

301. Stellungnahme von Abu Omar al-Baljiki in einer Videobotschaft, die zwei Monate nach den Anschlägen von Paris am 24. Januar 2016 vom Medienzentrum al-Hayat ausgestrahlt wurde. Siehe auch: http://www.memrijttm.org/isis-video-features-posthumous-message-from-paris-attackers-shows-attackers-prior-to-the-operation-executing-prisoners.html (28.1.2016)

Parolen wie »Brüder, steht auf! Beansprucht den Sieg! Haya! Geht in den heiligen Krieg!« liefen dazu in Spruchbändern vor schaurig-martialischen Kriegerposen über den Bildschirm.[302]

Auch unorganisierte, nicht vom Islamischen Staat ausgesandte Täter nennen als Motive ihrer mörderischen Aktionen den westlichen Imperialismus. So beispielsweise der in Nigeria geborene Mujaheed (Michael) Adebolajo aus Salxilby in Lincolnshire, der am 22. Mai 2013 auf offener Straße in London den britischen Soldaten Lee Rigby umbrachte. Die Hacke in der Hand, mit der er Rigby tötete, erklärt er einer Passantin, warum er diesen Mord für gerechtfertigt hält: »Beim allmächtigen Allah, wir hören nie auf, euch zu bekämpfen, solange ihr uns nicht in Ruhe lasst. Aug um Aug, Zahn um Zahn. Es tut mir leid, dass Frauen das mitansehen mussten«, spielt er auf die blutige Szene an, »aber in unserem Land müssen Frauen dasselbe mitansehen. Ihr werdet nie sicher sein. Setzt eure Regierung ab. Sie kümmert sich nicht um euch.«[303] In der Vernehmung gab Adebolajo dann noch zu Protokoll: »Der einzige Grund, warum wir diesen Mann heute getötet haben, ist, weil Muslime täglich von britischen Soldaten getötet werden. Und er ist einer davon. Bei Allah, wir schwören, dass wir nicht aufhören zu kämpfen, bis ihr uns in Ruhe lasst.«[304]

Immer wieder kommt dieses Motiv zum Vorschein, Rache für den Krieg zu nehmen, mit dem westliche Armeen im Nahen Osten (und anderswo in der muslimischen Welt) wüten. So auch in einem Interview, das der bekannteste englischsprachige Journalist, der – gezwungenermaßen – für den Islamischen Staat arbeitet, John Cantlie, am 2. Februar 2015 mit einem französischen Kämpfer führte. Salim Banghalem, ein

302. Siehe: http://heavy.com/news/2016/03/new-isis-islamic-state-news-pictures-videos-the-exile-of-islam-and-brussels-attacks-belgium-belgian-terrorist-attacks-zaventem-airport-maelbeek-metro-station-molenbeek-europe-english-translation-subti/ (8.6.2016)
303. https://www.youtube.com/watch?v=TJcCectCGLY (8.6.2016)
304. http://criminalminds.wikia.com/wiki/Michael_Adebolajo_and_Michael_Adebowale (8.6.2016)

Rekrut im Dienste des Kalifats, steht in den Trümmern einer Vorstadt von Haleb/Aleppo und erhebt warnend seine Stimme: »Ich sage allen westlichen Ländern, die sich entschieden haben, uns zu attackieren, wir werden kommen, euch zu attackieren. Wir sind schon da.«[305]

Trotz all dieser Bekenntnisse weigern sich westliche Medien und PolitikerInnen, diesen Zusammenhang zur Kenntnis zu nehmen. Viele tun so, als ob der »Krieg gegen den Terror« und der Terror in westlichen Metropolen in völlig verschiedenen Welten stattfinden würden. Zwar spürt jeder, der sich ein wenig mit der Thematik auseinandersetzt, dass es da einen Zusammenhang gibt, die Verantwortlichen wollen davon allerdings nichts wissen oder reden das Junktim klein. Und wenn doch einmal ein hochrangiger Vertreter des Westens auf die Verbindung von Antiterrorkrieg und Terror hinweist, dann ist es meist ein Militär (und kein Politiker) und oft einer, der gerade zurückgetreten ist.

So sprach niemand geringerer als der Direktor des US-amerikanischen militärischen Geheimdienstes DIA, Michael Flynn, ein Jahr nach seiner Abberufung im Oktober 2015 Klartext in Richtung Weißes Haus: »Wir tendieren schon eine Weile dazu, (Probleme dadurch zu lösen), indem wir einfach eine Bombe mit einer Drohne losschicken und eine Headline herausgeben, in der dann steht: ›Wir haben einen Abu Bag of Donut‹ getötet und fühlen uns dann für 24 Stunden gut. Und wissen Sie was? Das spielt überhaupt keine Rolle. Es produziert nur einen weiteren Märtyrer für sie (den IS) und einen neuen Grund, dass sie uns umso härter bekämpfen.«[306] Sein den Feind verachtender Duktus mag irritieren und ist in seiner militärischen Umgebung offenbar üblich; den Kern der Sache hat Flynn trotzdem erkannt. Der Krieg, den die USA in die Region hineinträgt, kehrt in die Zentren zurück.

305. http://www.memrijttm.org/archival-british-hostage-john-cantlie-interviews-top-french-isis-recruiter-salim-benghalem-in-isis-video.html (8.6.2016)

306. http://www.businessinsider.com/former-us-military-intel-chief-the-obama-administration-loves-the-ability-to-find-a-guy-in-the-middle-of-the-desert-in-some-sh-y-little-village-and-drop-a-bomb-on-his-head-and-kill-him-2015-10?IR=T (8.6.2016)

Ausgewählte Literatur

Ababsa, Myriam: Agrarian Counter-reform in Syria (2000-2010), Agriculture and Reform in Syria, University of St Andrews Centre for Syrian Studies, St Andrews (2010).

Aita, Samir: Labour Market Performance and Migration Flows in Syria, Robert Schuman Centre for Advanced Studies, San Domenico (2009).

Bar, Shmuel: Bashar's Syria – The Regime and its Strategic Worldview, in: Comparative Strategy, 25/5, London (2006).

Batatu, Hanna: Some Observations on the Social Roots of Syria's Ruling Military Group and the Causes for Its Dominance, Middle East Journal, volume 35, Washington D. C. (1981).

Batatu, Hanna: The Egyptian, Syrian, and Iraqi Revolutions: Some Observations on Their Underlying Causes and Social Character, Center for Contemporary Arab Studies, Washington D. C. (1984).

Batatu, Hanna: Syria's Peasantry, the Descendants of Its Lesser Rural Notables, and Their Politics, Princeton University Press, Princeton/New Jersey (1999).

Bender, Larissa (Hg.): Innenansichten aus Syrien, Frankfurt am Main (2014).

Brauns, Nikolaus/Kiechle, Brigitte: PKK – Perspektiven des kurdischen Freiheitskampfes – Zwischen Selbstbestimmung, EU und Islam, Stuttgart (2010).

Daum, Werner: Universalism and the West. The Harvard International Review Nr 23/2 (2001).

Eckelt, Marcus: Syrien im internationalen System: Die Politische Ökonomie des syrischen Ba'th-Regimes vor und nach der doppelten Zäsur 1990, Münster (2011).

Ende, Werner/Steinbach, Udo (Hg.): Der Islam in der Gegenwart. 3. Aufl., München (1991).

George, Alan: Syria – Neither Bread nor Freedom, London (2003).

Ginat, Joseph/Winckler, Onn (Hg.): Modern Syria: From Ottoman Rule to a pivotal Role in the Middle East, East Sussex (1999).

Haider/Hutter/Kreuzer (Hg.): Religionsgeschichte Syriens – Von der Frühzeit bis zur Gegenwart, Stuttgart/Berlin/Köln (1996).

Halm, Heinz: Die islamische Gnosis. Die extreme Schia und die 'Alawiten, Zürich (1989).

Helberg, Kristin: Brennpunkt Syrien: Einblick in ein verschlossenes Land, Freiburg (2012).

Heydemann, Steven: Authoritarianism in Syria: Institutions and Social Conflict, 1946-70, Cornell 1999

Hinnebusch, Raymond: Authoritarian Power and State Formation in Ba'thist Syria: Army, Party, and Peasant, Boulder/Colorado (1990).

Hinnebusch, Raymond: Syria: Revolution from Above, London/New York (2001).

Hinnebusch, Raymond: Globalization and Generational Change: Syrian Foreign Policy between Regional Conflict and European Partnership, The Review of International Affairs, volume 3, number 2, London (2003).

Hitti, Philip Khuri: History of Syria, including Lebanon and Palestine. S. VII, London (1951).

Inamo: Syrien Endspiel, Nr. 70, Informationsprojekt Naher und Mittlerer Osten e.V., Berlin (2012).

Jankowski, James/Gershoni, Israel (Hg.): Rethinking Nationalism in the Arab Middle East, New York (1997).

Johnson, Chalmers: Ein Imperium zerfällt. Wann endet das Amerikanische Jahrhundert? München (2001).

Johnstone, Diana: Die Chaos-Königin. Hillary Clinton und die Außenpolitik der selbsternannten Weltmacht. Frankfurt/Main (2016).

Kienle, Eberhard/Seale, Patrick: Contemporary Syria: Liberalization between Cold War and Cold Peace: Liberalization between Cold War and Peace, Hampshire (1997).

Kraitt, Tyma (Hg.): Irak. Ein Staat zerfällt, Wien (2015).

Lawson, Fred H. (Hg.): Demystifying Syria, SOAS Middle East Issues Series, London (2009).

Lesch, David W.: The New Lion of Damascus: Bashar al-Assad and Modern Syria, New Haven /Connecticut (2005).

Leukefeld, Karin: Flächenbrand. Syrien, Irak, die arabische Welt und der Islamische Staat, Köln (2015).

Levert, Flynt: Inheriting Syria – Bashar's Trial by Fire, Washington D.C. (2005).

Lister, Charles: Profiling Jabhat al-Nusra, Washington D.C. 2016.

Lister, Charles: The Syrian Jihad: Al Qaeda, the Islamic State and the Evolution of an Insurgery, Oxford (2015).

Littell, Jonathan: Notizen aus Homs, Berlin (2012).

Lobmeyer, Hans Günter: Opposition und Widerstand in Syrien, Hamburg (1995).

Lohlker, Rüdiger: Theologie der Gewalt: Das Beispiel IS, Wien (2016).

Marsing, Stephanie: Elitenwandel in Syrien: Wie Bashar al-Assad sein Image als Reformer verspielte, Hamburg (2012).

Müller, Hannelore: Religionen im Nahen Osten: Irak, Jordanien, Syrien, Libanon, Wiesbaden (2009).

Mufti, Malik: Sovereign Creations: Pan-Arabism and Political Order in Syria and Iraq, Ithaca (1996).

Nazdar, Mustafa: The Kurds in Syria, in: Chaliand, Gerard (Hg.): People without a Country, London (1980).

Öcalan, Abdullah: Democratic Confederalism, London (2011)

Perthes, Volker: Der Aufstand: Die arabische Revolution und ihre Folgen, München (2011).

Perthes, Volker: Geheime Gärten – Die neue arabische Welt, Berlin (2002).

Perthes, Volker: Staat und Gesellschaft in Syrien. 1970–1989, Duisburg (1990).

Petran, Tabitha, Syria: Modern Nation of the Modern World, (1972).

Pipes, Daniel: Greater Syria. The History of an Ambition, New York (1990).

Procházka-Eisl, Gisela/Prozcházka, Stephan: The Plain of Saints and Prophets, the Nusayri-Alawi Community of Cilicia (Southern Turkey) and its Sacred Places, Wiesbaden (2010).

Procházka, Stephan: Die Alawiten – Glaube und Geschichte einer gnostischen Gemeinschaft am östlichen Mittelmeer, in: Religionen unterwegs, Zeitschrift des Forums für Weltreligionen, 18. Jg., Nr. 2, Wien (2012).

Ramsauer, Petra: Mit Allah an die Macht: So verändern Arabiens Revolutionen unsere Welt, Berlin (2012).

Rogan, Eugene: The Arabs: A History, London (2011).

Ruf, Werner: Islamischer Staat & Co, Köln (2016).

Salloukh, Bassel F.: Demystifying Syrian Foreign Policy under Bashar al-Asad. Demystifying Syria, London (2009).

Scahill, Jeremy: The Assassination Complex. The Drone Papers Nr. 1 vom 15. Oktober 2015.

Schlicht, Alfred: Frankreich und die syrischen Christen 1799 – 1861. Minoritäten und europäischer Imperialismus im Vorderen Orient. Islamkundliche Untersuchungen Bd. 61, Berlin (1981).

Schiegl, Florian: Syriens Politik im Libanon (1975–2005): Auswirkungen der Besatzung auf Land und Region, Saarbrücken (2007).

Schmidinger, Thomas: Krieg und Revolution in Syrisch-Kurdistan – Analysen und Stimmen aus Rojava, Wien (2014).

Schumann, Christoph: Radikalnationalismus in Syrien und Libanon: Politische Sozialisation und Elitenbildung 1930–1958, Schriften des Deutsches Orient-Institut, Hamburg (2001).

Schweizer, Gerhard: Syrien: Religion und Politik im Nahen Osten, Stuttgart (1998).

Seale, Patrick: The Struggle for Syria, New Haven /Connecticut (1987).

Seale, Patrick: Asad: The Struggle for the Middle East, Berkeley (1990).

Seifan, Samir: Syria on the Path to Economic Reform, St Andrews (2010).

Stäheli, Martin: Die syrische Außenpolitik unter Präsident Hafez Assad: Balanceakte im globalen Umbruch, Stuttgart (2001).

Steinbach, Udo: Die arabische Welt im 20. Jahrhundert. Aufbruch – Umbruch – Perspektiven, Stuttgart (2015).

Strohmeier, Martin/Yalcin-Heckmann, Lale: Die Kurden – Geschichte, Politik, Kultur, München (2000).

Strutynski Peter (Hg.): Töten per Fernbedienung. Kampfdrohnen im weltweiten Schattenkrieg. Wien (2013).

Thoma, Nadja: Syrien – zwischen Beständigkeit und Wandel. Gesellschaftliche Strukturen und politisches System, Schriftenreihe der Landesverteidigungsakademie, Wien (6/2008).

Tibi, Bassam: Nationalismus in der Dritten Welt am arabischen Beispiel, Frankfurt/M. (1971).

Van Dam, Nikolaos: The Struggle for Power in Syria: Politics and Society Under Asad and the Ba'ath Party, London (1996).

Wieland, Carsten: Syria at Bay: Secularism, Islamism, and »Pax Americana«, London (2006).

Wieland, Carsten: Syria – Ballots or Bullets? Democracy, Islamism, and Secularism in the Levant, Seattle (2006)

Wieland, Carsten: Syria – A Decade of Lost Chances: Repression and Revolution from Damascus Spring to Arab Spring, Seattle (2012).

Wright, Lawrence: Der Tod wird euch finden. Al-Qaida und der Weg zum 11. September. München (2007).

Yazbek, Samar: Schrei nach Freiheit: Bericht aus dem Inneren der syrischen Revolution, Zürich (2012).

Zorob, Anja: The Syrian-European Association Agreement and its Potential Impact on Enhancing the Credibility of Reform, Mediterranean Politics, volume 13/1, London (2008).

Zeittafel Syrien

29.9.1914 Das Osmanische Reich tritt an der Seite von Österreich-Ungarn und dem Deutschen Reich in den Ersten Weltkrieg ein.

16.5.1916 Sykes-Picot-Abkommen: Der britische Parlamentarier Mark Sykes und der französische Diplomat François Georges-Picot schließen hinter dem Rücken ihrer arabischen Verbündeten das nach ihnen benannte Geheimabkommen, welches die Aufteilung des Osmanischen Reiches nach dessen angestrebter Zerschlagung zwischen England und Frankreich festlegt. Danach sollte das heutige Syrien unter französische Kontrolle fallen.

2.11.1917 Balfour-Deklaration: Die Briten erklären in einem Brief von Außenminister Arthur James Balfour an Lionel Walter Rothschild, dem Führer des Zionistischen Weltkongresses, die Errichtung einer »nationalen Heimstätte für das jüdische Volk« zu unterstützen.

1916–1918 Arabische Revolte gegen das Osmanische Reich.

1918 Faisal bin Hussein aus der saudi-arabischen Haschemiten-Dynastie, der Verbündete der Briten im Kampf gegen das Osmanische Reich, bildet in Damaskus eine Regierung, welche einige Gebiete von Großsyrien (bilad ash-sham), nämlich neben Syrien auch Jordanien, Palästina und Libanon, kontrolliert.

7.3.1920 Faisal bin Hussein lässt sich zum König von Syrien ausrufen – die Mandatsmacht Frankreich erkennt dies nicht an, besiegt ihn in der Schlacht von Maysalun am 24. Juli 1920 und vertreibt ihn in der Folge. Er geht nach Großbritannien ins Exil und wird von den Briten kurz danach als König des Irak eingesetzt, wo er zwischen 1921 und 1933 herrscht.

10.8.1920 Im Vertrag von Sèvres wird Frankreich die Kontrolle über folgende Gebiete des zerschlagenen Osmanischen Reiches zugesprochen: Syrien und Libanon. Frankreich denkt zunächst nicht an einen einheitlichen syrischen Staat, sondern an vier nach religiösen Gesichtspunkten organisierte Teilstaaten.

1925 Aufstand der Drusen gegen die französischen Teilungspläne. Frankreich reagiert mit massiven Bombardements. Schließlich stimmen die Franzosen einer Vereinigung der Gebiete von Damaskus und Aleppo zu, dieses Gebilde erhält die Bezeichnung »Syrien«. Hier werden politische Parteien zugelassen, auch eine Verfassung wird ausgearbeitet.

1936 Erste Ausrufung der Unabhängigkeit. Sie wird von der Kolonialmacht Frankreich jedoch nicht anerkannt.

1936 Arabischer Aufstand in Palästina: Im britischen Mandatsgebiet »Palästina« kommt es aufgrund der verstärkten jüdischen Einwanderung und der Weigerung der Mandatsmacht, einen arabischen Staat Palästina in die Unabhängigkeit zu entlassen, zu Widerstandsaktionen. Diese dauern bis 1939.

1937	Der Drusenstaat und das Gebiet um Latakia werden dem syrischen Staat einverleibt.
1939	Abtretung des Sandschaks von Alexandrette (auch: Iskenderun – heutige türkische Provinz Hatay mit der Hauptstadt Antakya) an die Türkei.
1940	Gründung der Baath-Partei: Die syrischen Christen Michel Aflaq und Salah ad-Din al-Bitar gründen in Damaskus die Baath-Partei. Das arabische Wort »Ba'th« bedeutet Wiedergeburt, Auferstehung oder Erneuerung.
1944	Zweite Ausrufung der Unabhängigkeit.
1945	Die Muslimbrüder treten zum ersten Mal auch in Syrien – als Ableger der im Jahr 1928 gegründeten ägyptischen Bruderschaft – in Erscheinung.
17.4.1946	Offizielle Anerkennung der Unabhängigkeit von Frankreich – die Arabische Republik Syrien wird eines der Gründungsmitglieder der Arabischen Liga (22. März 1945) und der Vereinten Nationen (24. Oktober 1945). Der 17. April ist bis heute der Nationalfeiertag Syriens.
14.5.1948	Gründung des Staates Israel.
1948/1949	Niederlage im arabisch-israelischen Krieg.
1.2.1958	Zusammenschluss mit Ägypten zur Vereinigten Arabischen Republik (VAR).
1961	Militärputsch und Erklärung der Trennung von Ägypten und Wiederherstellung der Unabhängigkeit Syriens.
8.3.1963	Militärputsch und Machtübernahme durch die Baath-Partei (im Irak kommt die Baath-Partei nach einem Militärputsch bereits am 8. Februar 1963 an die Macht).
2.4.1964	Schwere Kämpfe zwischen Muslimbrüdern und Sicherheitskräften in Hama.
28.5.1964	Gründung der PLO.
1966	Militärputsch unter Hafiz al-Assad; er übernimmt das Amt des Verteidigungsministers; es beginnt eine Periode jahrelanger interner Machtkämpfe in der Baath-Partei.
1967	Der Sechs-Tage-Krieg gegen Israel endet für Syrien mit dem Verlust der Golanhöhen, welche bis heute von Israel besetzt sind.
16.11.1970	Hafiz al-Assad wird Ministerpräsident.
12.3.1971	Hafiz al-Assad wird bei Volkswahlen mit 99,2 Prozent zum Präsidenten gewählt.
1973	Niederlage im Oktoberkrieg (Jom-Kippur-Krieg) gegen Israel.
1975	Beginn des Libanesischen Bürgerkrieges (offizielle Beendigung durch Abkommen von Taif 1989).

31.5./1.6.1976	Invasion im Libanon. Syrien greift auf Seiten christlicher Milizen in den libanesischen Bürgerkrieg ein.
1979	Camp-David-Abkommen (Folgen: Rückgabe der Sinai-Halbinsel von Israel an Ägypten; zeitweiliger Ausschluss Ägyptens aus der Arabischen Liga).
1.4.1979	Ausrufung der Islamischen Republik Iran.
4.11.1979	Geiselnahme von US-Diplomaten in Teheran.
1979	Beginn des Sowjetisch-Afghanischen Krieges (unter anderem auch Gründung von al-Qaida).
1980–1988	Während des ersten Golfkrieges zwischen dem ebenfalls von der Baath-Partei regierten Irak und Iran unterstützt Syrien den Iran. Die 1980 abgebrochenen diplomatischen Beziehungen zum Irak werden erst 2006 wieder aufgenommen.
1982	Israel greift in den libanesischen Bürgerkrieg ein und dringt bis nach Beirut vor (Massaker von Sabra und Schatila). Nach einem Waffenstillstandsvertrag zieht sich Israel in den Südlibanon zurück, den es aber bis ins Jahr 2000 besetzt hält. Eine der Folgen dieser israelischen Intervention ist auch die Gründung der schiitischen Hisbollah-Miliz.
2.2.1982	Massaker von Hama: Ein von den Muslimbrüdern inszenierter Aufstand wird mit großer Brutalität niedergeschlagen. Innerhalb weniger Stunden kommen an die 30.000 Menschen um, der Stadtkern wird weitgehend zerstört. Die militärische Verantwortung für diese Aktion trägt der jüngere Bruder von Hafiz al-Assad, Rifaat al-Assad. Dieser scheinbar endgültigen Auseinandersetzung mit der islamistischen (sunnitischen) Opposition war eine mehrjährige von den Muslimbrüdern organisierte Terrorwelle vorausgegangen.
11.3.1982	Nach einem längeren Konflikt zwischen den beiden Brüdern ernennt Hafiz al-Assad seinen Bruder zu einem von drei Vizepräsidenten, dieser ist auch verantwortlich für den Sicherheitsbereich. Diese Versöhnung bleibt aber oberflächlich, sodass Rifaat al-Assad – von kurzen Besuchen in Syrien abgesehen – ab Anfang 1984 im Exil lebt. Den Posten des Vizepräsidenten behält er nominell bis 1998.
6.10.1983	Der ägyptische Präsident Anwar al-Sadat wird von einem Attentäter der islamistischen Gruppierung al-Jihad ermordet.
1987	Erste Intifada in Palästina.
22.10.1989	In Taif (Saudi-Arabien) wird das auf Vermittlung von Saudi-Arabien, Algerien und Marokko zustandegekommene »Dokument der nationalen Verständigung« zwischen den wesentlichen libanesischen Bürgerkriegsparteien unterzeichnet. Das »Taif-Abkommen« beendet den libanesischen Bürgerkrieg, es bringt eine leicht korrigierte innere Machtverteilung zwischen den religiösen Gruppierungen des Libanon und legitimiert de facto auch die syrische Präsenz im Land.
Jan.-Apr. 1991	Zweiter Golfkrieg

Sep. 1991	Als Ergebnis des auch von anderen arabischen Staaten geförderten Verteidigungs- und Sicherheitspaktes zwischen Libanon und Syrien marschieren syrische Truppen im Libanon ein.
Sep. 1993	Beginn des Oslo-Friedensprozesses.
21.1.1994	Der älteste Sohn von Hafiz al-Assad und als dessen Nachfolger aufgebaute Basil al-Assad kommt bei einem Autounfall ums Leben. Der als Augenarzt in London tätige zweite Sohn Baschar rückt an dessen Stelle nach.
2000	Zweite Intifada in Palästina (dauert bis 2005).
10.6.2000	Tod von Hafiz al-Assad.
10.7.2000	Baschar al-Assad wird nach einer Verfassungsänderung in einer Volkswahl mit 97,29 % zum Präsidenten Syriens gewählt.
2003	Sturz Saddam Husseins.
14.2.2005	Mord am ehemaligen libanesischen Ministerpräsidenten Rafik al-Hariri (bis heute trotz jahrelanger Ermittlungen eines UN-Sondertribunals unaufgeklärt, eine syrische Beteiligung ist wahrscheinlich); Syrien zieht danach angesichts des starken internationalen Drucks seine Armee aus dem Libanon zurück.
7.4.2005	Der UN-Sicherheitsrat richtet zur Untersuchung des Hariri-Mordes die »International Independent Investigation Commission« ein.
6.6.2005	Der syrische Vizepräsident und kurzzeitige Übergangspräsident (2000) Abdul Halim Khaddam erklärt auf dem Parteitag der Baath-Partei seinen Rücktritt; im Laufe des Jahres 2006 gründet er im französischen Exil eine Exilregierung und die »Front zur Nationalen Rettung in Syrien« (National Salvation Front in Syria – NSF).
31.10.2005	Der UN-Sicherheitsrat fordert in einer Resolution Syrien zur vollen Unterstützung der Aufklärung des Hariri-Mordes auf.
6.9.2007	Die israelische Luftwaffe zerstört in al-Kibar einen angeblich in Bau befindlichen Atomreaktor nordkoreanischer Bauart.
22.4.2007	Parlamentswahlen: Die von der Baath-Partei geführte »Nationale Progressive Front« erhält 169 von 250 Sitzen im Volksrat, 134 davon die Baath-Partei. Der Rest geht an fraktionslose Kandidaten. Die Wahlbeteiligung beträgt 56,12 %.
27.5.2007	Präsidentenwahl: Baschar al-Assad wird für eine weitere siebenjährige Funktionsperiode wiedergewählt; ohne Gegenkandidat erhält er 97,62 %.
19.12.2009	Erster offizieller Besuch des libanesischen Ministerpräsidenten Saad Hariri, dem Sohn des ermordeten Rafik al-Hariri, zu Gesprächen mit Baschar al-Assad in Damaskus.
18.7.2010	Saad Hariri und Baschar al-Assad unterzeichnen in Damaskus 17 Kooperationsabkommen mit dem Ziel einer Intensivierung der Beziehungen zwischen Syrien und Libanon.

2010/2011	Beginn des »arabischen Frühlings« in Tunesien (14.1.2011: Präsident Ben Ali geht ins Exil).
11.2.2011	Rücktritt von Präsident Mubarak in Ägypten.
20.10.2011	Ermordung von Revolutionsführer Muammar Gaddafi.
4./5.2.2011	Der von verschiedenen oppositionellen syrischen Organisationen initiierte »Tag des Zornes« bleibt ohne große Resonanz.
15.3.2011	Die syrischen Sicherheitskräfte verhaften in der südsyrischen Stadt Daraa Schulkinder, die regimekritische Graffitis an verschiedenen Gebäuden angebracht hatten. Die Kinder werden teilweise gefoltert, die Forderung der Eltern nach Freilassung wird zunächst ignoriert.
17.3.2011	Erste größere friedliche Demonstrationen in Daraa werden mit Gewalt niedergeschlagen, die Zahl der Todesopfer wird mit fünf angegeben. Diese Demonstrationen werden gemeinhin als Beginn des Aufstandes gegen das syrische Regime bezeichnet. Im Laufe der nächsten Tage greifen die – nach wie vor friedlichen – Demonstrationen auch auf andere Landesteile über, wobei der Schwerpunkt jedoch noch im Süden des Landes liegt. Innerhalb weniger Tage kommen an die 100 Menschen ums Leben. Die Regierung spricht von »Verrätern und bewaffneten Banden«.
25.3.2011	Präsident al-Assad kündigt die Freilassung der festgenommenen Demonstranten an.
29.3.2011	Rücktritt der gesamten syrischen Regierung.
3.4.2011	Präsident al-Assad ernennt Assad Adel Safar zum neuen Ministerpräsidenten und beauftragt diesen mit der Bildung einer neuen Regierung.
21.4.2011	Präsident al-Assad hebt den seit 8. März 1963 geltenden Ausnahmezustand auf. Er erfüllt damit eine der wichtigsten Forderungen der Opposition.
22.4.2011	Nach dem Freitagsgebet finden die bislang größten Demonstrationen an verschiedenen Orten Syriens statt. Die Sicherheitskräfte gehen äußerst brutal gegen die Demonstranten vor. Die syrische Nachrichtenagentur SANA spricht von 10 Toten, andere Quellen von 75 bis 100.
24.4.2011	Verstärkte Militäraktionen in Daraa. Die Stadt wird von der Außenwelt abgeriegelt.
29.4.2011	Der UN-Menschenrechtsrat verurteilt die brutale Gewalt der syrischen Sicherheitskräfte gegen die Demonstranten und fordert eine Untersuchung der Todesfälle.
29.4.2011	US-Präsident Barack Obama setzt Sanktionen gegen syrische Regierungsmitglieder in Kraft.
29.4.2011	Die in London ansässige Führung der syrischen Muslimbrüder ruft erstmals zum aktiven Widerstand gegen das syrische Regime auf. Nach Angaben der Opposition beläuft sich die Zahl der Todesopfer bis Ende April auf 500.

7./8.5.2011	Die syrische Armee rückt in Baniyas und Homs ein.
8.5.2011	Einem von der UN entsandten humanitären Team wird der Zutritt zu Daraa, das bereits seit zwei Wochen von der Außenwelt abgeriegelt ist, untersagt.
10.5.2011	Panzerkolonnen der syrischen Armee rücken in Hama ein, wo es bereits in den Tagen zuvor Anti-Regierungs-Demonstrationen gegeben hat.
13.5.2011	»Tag für die Freiheit inhaftierter Frauen.« Demonstrationen in Homs, Latakia, einigen Vororten von Damaskus und in den kurdischen Gebieten im Norden; trotz Anweisung der Regierung, nicht auf Demonstranten zu schießen, gibt es Tote.
20.5.2011	Zahlreiche Demonstrationen in Vororten von Damaskus, Homs und Daraa sowie in Baniyas, Latakia und der kurdischen Stadt Amouda. Die Kurden haben den Tag unter das Motto »Azadi« (»Freiheit«) gestellt. Nach Angaben der Opposition gibt es an diesem Tag rund 30 Todesopfer.
24.5.2011	In Daraa wird die verstümmelte Leiche des dreizehnjährigen Hamza al-Khatib seiner Familie übergeben. Der Knabe war am 29. April bei einer Demonstration in der Nähe von Daraa festgenommen und anschließend gefoltert und getötet worden. Er wird zu einer Symbolfigur des syrischen Aufstandes.
3.6.2011	Großdemonstration in Hama mit 50.000 Teilnehmern. Die Angaben über die Todesopfer schwanken zwischen 50 und 100.
3./4.6.2011	»Freitag für die Freiheit der Kinder«. Laut UNICEF sind 30 Kinder unter den bislang rund 1.100 Todesopfern der Proteste in Syrien.
15.6.2011	Großdemonstration in Damaskus zur Unterstützung der syrischen Regierung, eine 2,3 km lange syrische Flagge wurde entlang einer Straße entrollt. Fotos des Präsidenten Baschar al-Assad sind ebenfalls zu sehen.
20.6.2011	Präsident Baschar al-Assad hält an der Universität Damaskus seine dritte Rede während der Proteste. Er beschreibt die Situation im Land als historisch wichtig und kündigt Dialoge über die Zukunft des Landes sowie die Möglichkeit von Verfassungsreformen an. Jedoch meint er, dass eine politische Lösung nicht möglich sei, solange Menschen Gewalt anwenden würden. Er nennt eine Zahl von 64.000 »Saboteuren« und »Gesetzlosen«, die ein Teil der an den Protesten teilnehmenden Menschen seien. Die aus Dschisr asch-Schughur geflüchteten Menschen ruft er zur Rückkehr in die Stadt auf.
24.6.2011	Nach den Freitagsgebeten kommt es wieder zu größeren Demonstrationen und Auseinandersetzungen mit Sicherheitskräften. In ganz Syrien gibt es an diesem Tag mindestens 15 Todesopfer bei den Demonstrationen, davon 14 in Homs. Nachdem die syrische Armee gegen Dörfer an der türkischen Grenze vorgegangen ist, in denen sich Flüchtlinge

aufhielten, sind 1.500 weitere Menschen in die Türkei geflohen. Die Anzahl der Flüchtlinge in der Türkei wird mit 11.000 angegeben.

27.6.2011 In Damaskus findet ein Treffen von 160 Oppositionellen statt, dessen Teilnehmer sich für eine Demokratisierung, ein Ende des gewaltsamen Vorgehens der Sicherheitskräfte und die Freilassung politischer Gefangener aussprechen. Nicht an dem Treffen teilnehmende Aktivisten kritisieren, dass die Organisatoren bestimmte Personen nicht einladen dürften und dass das Treffen auch dem Regime nütze. Die staatliche Nachrichtenagentur kündigt einen Dialog mit Oppositionellen für den 10. Juli an, viele Oppositionelle lehnen diesen aufgrund der Gewalt jedoch ab.

30.6.2011 Die syrische Armee führt im Nordwesten des Landes an der türkischen Grenze Operationen durch. Nach Angaben von Aktivisten werden Menschen an der Flucht in die Türkei gehindert und in der Gegend von Dschabal az-Zawiya am 29. und 30. Juni 19 Menschen getötet.

1.7.2011 In zahlreichen Städten gibt es Demonstrationen gegen und für das Regime. Die größte Demonstration findet in Hama mit angeblich 400.000 Teilnehmern statt. Weitere regierungskritische Demonstrationen gibt es in Aleppo und mit Zehntausenden Teilnehmern in Deir az-Zor. Die regierungskritischen Demonstrationen waren in Facebook unter dem Motto »Geh weg!« als Aufruf an den Präsidenten Baschar al-Assad dargestellt worden.

8.7.2011 Nach Angaben von Aktivisten demonstrieren über 500.000 Menschen in Hama gegen die Regierung und sprechen sich gegen den angekündigten nationalen Dialog aus. Der Botschafter der USA, Robert Ford, und der Botschafter Frankreichs, Eric Chevallier, besuchen am 8. Juli Hama und drücken ihre Solidarität mit den Einwohnern der Stadt aus. Vorwürfe der syrischen Regierung, Ford sei ohne Erlaubnis in die Stadt gekommen, weist die US-amerikanische Regierung zurück.

10.7.2011 In Damaskus beginnt der von der Regierung am 20. Juni angekündigte »Nationale Dialog«, der von manchen Oppositionellen jedoch abgelehnt wird. Vizepräsident Faruq al-Shara kündigt die Einführung eines Mehrparteiensystems in Syrien an.

16./17.7.2011 In Istanbul findet eine Konferenz Oppositioneller statt, bei der über eine Strategie zum Sturz des Regimes beraten wird. Nach einem Sturz des Regimes soll der Polizeistaat aufgelöst werden und alle Volksgruppen sollen gleiche Rechte erhalten. Nicht einigen können sich die Teilnehmer, ob bereits eine Übergangsregierung gebildet werden soll.

25.7.2011 Die syrische Regierung billigt einen Gesetzesentwurf, der die Gründung von politischen Parteien erlaubt. Parteien müssten die Verfassung respektieren und dürften nicht einzelne Religionen oder Volksgruppen repräsentieren. Die meisten Oppositionellen lehnen den Gesetzesentwurf ab.

1./2.8.2011 Mit Beginn des Fastenmonats Ramadan verstärken sich die Demonstrationen gegen die Regierung, die vor allem von den Moscheen ausgehen. Einer der Schwerpunkte ist neuerlich Hama, wo syrischen Oppositionsgruppen zufolge 140 Zivilisten ums Leben kommen. Dabei soll das Militär auch schwere Waffen eingesetzt haben. Die EU-Außenbeauftragte Catherine Ashton bezeichnet die Aktion als Massaker. Deutschland beantragt am 2. August eine Sondersitzung des UN-Sicherheitsrates, der sich jedoch nicht auf eine gemeinsame Resolution einigen kann. Eine solche wird vor allem von Russland und China verhindert.

3./4./5.8.2011 Die Kämpfe in Hama eskalieren weiter. Nach Angaben von Oppositionsgruppen sind Hunderte Tote zu beklagen.

7.8.2011 Erstmals verurteilt auch die Arabische Liga die Gewalt gegen Demonstranten.

9.8.2011 Der türkische Außenminister Ahmet Davutoğlu trifft sich in Damaskus mit dem syrischen Präsidenten Baschar al-Assad und überbringt diesem eine Botschaft des türkischen Ministerpräsidenten mit der Forderung, die Gewalt gegen Demonstranten in Syrien einzustellen. Assad lehnt die Forderungen mit deutlichen Worten ab.

13./14.8.2011 Die Kämpfe greifen auf die Hafenstadt Latakia über, wo nach Angaben von Oppositionsgruppen die Stadt auch von Kriegsschiffen aus beschossen wird.

Die staatliche syrische Nachrichtenagentur gibt abermals an, dass Sicherheitskräfte gegen bewaffnete Gruppen vorgehen würden und bestreitet einen Beschuss Latakias von See aus.

Die Regierungen der USA, Saudi-Arabiens und Großbritanniens fordern ein sofortiges Ende des gewaltsamen Vorgehens gegen Zivilisten.

18.8.2011 Die USA, Deutschland, Frankreich und Großbritannien distanzieren sich in deutlicher Form von Assad und fordern seinen Rücktritt. In einer gemeinsamen Erklärung der deutschen Kanzlerin Angela Merkel, des französischen Staatspräsidenten Nicolas Sarkozy und des britischen Premierministers David Cameron heißt es, Assad habe »jede Legitimität verloren«. »Wir rufen ihn auf, sich der Realität der vollständigen Ablehnung seines Regimes durch das syrische Volk zu stellen und im Interesse Syriens und der Einheit seines Volkes den Weg frei zu machen.« Ähnlich äußert sich die EU-Außenbeauftragte Catherine Ashton.

Vom Büro des UN-Menschenrechts-Hochkommissars wird ein Bericht über die Gewaltanwendung der Sicherheitskräfte gegen Demonstranten in Syrien veröffentlicht. Der Bericht dokumentiert die Anwendung schwerer Waffen in mehreren Städten.

23.8.2011	In Istanbul wird der Syrische Nationalrat (SNC) als Dachorganisation der im Ausland agierenden Oppositionsgruppen gegründet. Zum Vorsitzenden wird einige Wochen danach der in Paris lebende Intellektuelle Burhan Ghaliun bestimmt. Obwohl der SNC sehr rasch von einer großen Zahl an Staaten als legitime Vertretung Syriens anerkannt wird, schließen sich nicht alle Oppositionsgruppen an. Dem SNC wird von manchen Seiten eine zu große Nähe zu den Muslimbrüdern vorgeworfen.
23.8.2011	Der UN-Menschenrechtsrat eröffnet eine Untersuchung der Gewalt in Syrien.
2.9.2011	Die EU hat sich bei einem Außenminister-Treffen in Polen auf ein Öl-Embargo verständigt. Ab 3. September darf demnach kein Öl aus Syrien mehr in die EU importiert werden.
9.9.2011	»Freitag für internationalen Schutz«: Bei Großdemonstrationen in verschiedenen syrischen Städten wird eine ständige Beobachtermission der UN in Syrien gefordert.
10.9.2011	Besuch des Generalsekretärs der Arabischen Liga, Nabil al-Arabi, in Syrien. Nach dem Treffen mit Präsident Assad sagt er, dass eine Übereinstimmung über Reformschritte erzielt worden sei, und dass er diesen zu einem Zeitplan für Reformen gedrängt habe. Aktivisten kritisieren das lange Schweigen der Arabischen Liga zur Situation in Syrien und werfen dieser vor, die syrische Regierung im Amt halten zu wollen.
24.9.2011	Die Schweiz schließt sich dem Ölimport-Embargo der EU an.
2.10.2011	Auf einer Konferenz des Syrischen Nationalrates in Istanbul werden die Ziele der Organisation festgelegt. Diese möchte die zersplitterte Opposition gegen die syrische Regierung vereinen und vom Ausland als legitime Sprecherin des syrischen Volkes anerkannt werden.
7.10.2011	In verschiedenen Städten finden Demonstrationen gegen die syrische Regierung statt, bei denen auch immer wieder die Unterstützung des Syrischen Nationalrats zum Ausdruck gebracht wird. Nach Angaben oppositioneller Kreise kommen dabei 21 Menschen ums Leben. Unter den Getöteten ist auch der kurdische Oppositionelle Meshaal Tammo, der Mitglied der kurdischen Zukunftspartei und des Syrischen Nationalrats war.
12.10.2011	Im Stadtzentrum von Damaskus findet eine Großdemonstration zur Unterstützung der syrischen Regierung statt. Die Demonstranten wenden sich gegen eine Einmischung aus dem Ausland.
15.10.2011	Präsident Baschar al-Assad setzt ein Komitee zur Ausarbeitung einer neuen Verfassung ein. Die Arbeit soll in vier Monaten abgeschlossen sein. In der Verfassung soll unter anderem auch die Einführung eines Mehrparteiensystems vorgesehen werden.

28.-30.10.2011	In Homs kommt es zu schweren Gefechten zwischen Regierungstruppen und Deserteuren, die zur Opposition übergelaufen sind. Die Arabische Liga fordert von Präsident Baschar al-Assad ein Ende der Gewaltanwendung. Die britische Zeitung *Sunday Telegraph* veröffentlicht am 30. Oktober ein Interview mit Präsident al-Assad, in dem dieser den Westen vor einem Eingreifen in Syrien warnt. Ein Eingreifen würde neben Syrien auch die Nachbarländer destabilisieren, sagt er, und vergleicht diese Aussicht mit der Situation in Afghanistan. Zu den Aufständen in Syrien sagt Assad, dass Sicherheitskräfte anfangs »viele Fehler« begangen hätten, nun aber nur noch gegen »Terroristen« vorgehen würden.
2.-7.11.2011	Die Lage in Homs spitzt sich zu, es kommt zu Kämpfen in der Stadt.
8.11.2011	Die Kämpfe weiten sich auf die Stadt Hama aus. Der französische Außenminister Alain Juppe bezeichnet die Initiative der Arabischen Liga als gescheitert und bringt erstmals eine Anerkennung des oppositionellen Syrischen Nationalrats ins Gespräch.
9.11.2011	Bei Gesprächen der syrischen Oppositionsgruppe »Syrian National Coordination Committee« (NCC) mit der Arabischen Liga in Kairo kommt die Zersplitterung der syrischen Opposition klar zum Ausdruck.
12.11.2011	Die Arabische Liga suspendiert die Mitgliedschaft Syriens.
25.11.2011	Bei Kämpfen in der Provinz Homs sind zahlreiche Todesopfer auf beiden Seiten zu beklagen.
8.12.2011	In der Provinz Homs wird eine Ölpipeline in Brand gesetzt. Staatliche Medien machen bewaffnete Gruppen dafür verantwortlich.
12.12.2011	Auf Grundlage des im August erlassenen Wahlgesetzes werden in ganz Syrien Lokalwahlen durchgeführt.
13.12.2011	Die UN-Hochkommissarin für Menschenrechte, Navi Pillay, spricht von mehr als 5.000 Zivilisten, die von syrischen Sicherheitskräften getötet worden seien. Außerdem werde eine »gewaltige Anzahl« in Lagern gefoltert und vergewaltigt. Pillay empfiehlt dem UN-Sicherheitsrat daher, den Internationalen Strafgerichtshof anzurufen.
16.12.2011	Russland und China erklären sich bereit, im Sicherheitsrat eine Resolution gegen die staatliche Gewalt in Syrien zu unterstützen, jedoch ohne der Verhängung von Sanktionen gegen das Regime.
22.12.2011	Die ersten Mitglieder der Beobachtermission der Arabischen Liga treffen in Damaskus ein. Die Mission wird vom sudanesischen General Mustafa al-Dabi geleitet.
23.12.2011	Bombenanschläge auf zwei Standorte syrischer Sicherheitskräfte in Damaskus. Staatliche Medien berichten von 44 Toten und machen die Terrororganisation al-Qaida dafür verantwortlich.
27./28.12.2011	Mitglieder der Beobachtermission besuchen erstmals die Städte Homs

und Hama. Sicherheitskräfte hatten vor Ankunft der Beobachter Panzer aus der Stadt abgezogen. Al-Dabi nennt die Situation »an einigen Orten nicht gut«, insgesamt bezogen auf das, was die Beobachter hatten sehen können, aber »beruhigend«.

Das syrische Staatsfernsehen berichtet von der Freilassung von 755 Menschen, die »bei jüngeren Vorkommnissen« verhaftet worden seien.

30.12.2011 Massendemonstrationen gegen das Regime an mehreren Orten, darunter vor allem in der Region Idlib. Zahlreiche Zusammenstöße mit Toten auf beiden Seiten.

Die Beobachtermission der Arabischen Liga setzt ihren Besuch syrischer Orte fort. Bei den Demonstrationen wird auch Kritik an der Beobachtermission laut. Die Nachrichtenagentur Reuters berichtet von Transparenten mit der Aufschrift »Die Beobachter sind Zeugen, die überhaupt nichts sehen«.

Mitte Jänner kommt es landesweit zu Massendemonstrationen für Assad.

Ende Jänner unterbricht die Arabische Liga nach etwas über einem Monat ihre Beobachtermission. Mitglieder der Mission geben unterschiedliche Einschätzungen der Lage in Syrien ab, einige beenden ihre Teilnahme sogar vorzeitig. Auch der Vorschlag der Arabischen Liga, wonach Vizepräsident Faruk al-Scharaa das Präsidentenamt übernehmen soll, ist umstritten, und zwar sowohl bei der Opposition als auch im Regierungslager.

4.2.2012 Ein weiterer Versuch, im UN-Sicherheitsrat eine Resolution zur Verurteilung der Gewalt in Syrien zu verabschieden, scheitert am Veto Russlands und Chinas.

Massive Bombardements von Homs durch die syrische Luftwaffe.

12.2.2012 Rücktritt des Leiters der Beobachtermission der Arabischen Liga, General al-Diab. In seinen Berichten über die Arbeit der Beobachter in Syrien lobt er die erfolgreiche Mitarbeit der syrischen Behörden und verweist darauf, dass bewaffnete Extremisten und Söldner gegen die syrischen Militärs vorgehen.

24.2.2012 Der ehemalige UN-Generalsekretär Kofi Annan wird von den Vereinten Nationen und der Arabischen Liga zum Sondergesandten für Syrien ernannt, der zwischen den Oppositionellen und der Regierung vermitteln soll.

In Tunis findet eine Konferenz von 60 Staaten statt, die sich als »Freunde Syriens« titulieren und die Druck auf das syrische Regime ausüben wollen, um »innerhalb von 72 Stunden« einen Waffenstillstand auszurufen. Diese Gruppe entwickelt sich im Laufe der folgenden Monate immer mehr zu einer Plattform für politische und auch finanzielle Unterstützung der syrischen Opposition.

Nothelfer des Roten Kreuzes und des Roten Halbmondes erhalten erstmals Zugang nach Homs, um Verletzte sowie Frauen und Kinder zu versorgen bzw. zu evakuieren. Die Rettungseinsätze werden am 26. Februar 2012 – nach erfolglosen Verhandlungen über einen sicheren Korridor zur Evakuierung von Verletzten aus Homs – wieder eingestellt.

26.2.2012 Volksabstimmung über eine neue Verfassung. Die wichtigsten Änderungen: Bezüge zum Sozialismus werden gestrichen, auch der bisherige Führungsanspruch der Baath-Partei wird eliminiert; der syrische Präsident muss weiterhin Muslim sein, seine Amtszeit liegt bei sieben Jahren und er darf nur einmal wiedergewählt werden (diese Bestimmung gilt aber erst nach Amtsende von Baschar al-Assad). Kandidieren darf nur, wer die Unterstützung von mindestens 35 Mitgliedern des 250 Sitze umfassenden Parlaments hat. Parteien dürfen weiterhin nicht auf regionalen, religiösen oder ethnischen Grundsätzen existieren. Die Opposition ruft zum Boykott auf.

Nach den Verlautbarungen des Innenministeriums liegt die Wahlbeteiligung bei 57,4%, davon unterstützen 89,4% die neue Verfassung, 9,0% sind dagegen und 1,6% stimmen ungültig. Unabhängige Wahlbeobachter sind nicht zugelassen.

10.3.2012 UN-Sondergesandter Kofi Annan legt einen Sechs-Punkte-Plan für eine friedliche Lösung des Syrienkonfliktes vor. Dieser sieht vor: 1. Zusammenarbeit aller Beteiligten am politischen Dialog. 2. Von der UNO kontrollierter Waffenstillstand. 3. Ungehinderter Zugang von humanitären Organisationen zu Kampfgebieten. 4. Freilassung der politischen Gefangenen. 5. Bewegungsfreiheit für Journalisten. 6. Versammlungs- und Demonstrationsfreiheit in Syrien.

7.5.2012 Parlamentswahlen. Gemäß den Bestimmungen der neuen Verfassung und einem bereits im August 2011 per Präsidentendekret erlassenen Wahlgesetz werden die 250 Abgeordneten zum Volksrat (die offizielle Bezeichnung des syrischen Parlamentes) gewählt. Nach dem neuen Wahlgesetz sind zahlreiche neue Parteien entstanden, von denen sich aber nicht alle an den Wahlen beteiligten. Die Opposition boykottiert sie. Gemäß dem offiziellen Wahlergebnis liegt die Wahlbeteiligung bei 51,26 Prozent.

10.5.2012 Ungeachtet der Entsendung der UN-Beobachter kommt es zu Bombenanschlägen in Aleppo und Damaskus. Bei einer Doppelexplosion in der Hauptstadt Damaskus sterben 70 Menschen. Dies ist der schwerste Anschlag seit dem Ausbruch der Proteste im März 2011, zu dem sich eine Gruppe namens Dschabhat al-Nusra li Ahl al-Scham (Unterstützungsfront für das Volk Syriens) bekennt, die al-Qaida zugerechnet wird.

Die USA bezeichnen den Annan-Plan als bereits gescheitert. Kofi Annan widerspricht dem und spricht von Fortschritten; eine Krise, die seit mehr als einem Jahr anhalte, könne nicht »an einem Tag oder in einer

Woche« gelöst werden. Der russische Außenminister Sergej Lawrow spricht von »groben« Verletzungen des vereinbarten Waffenstillstandes durch die Opposition, deren Ziel es sei, den Friedensplan von Kofi Annan zum Scheitern zu bringen. Er erklärt, dass Russland von der syrischen Regierung »täglich« eine strikte Einhaltung des Annan-Plans fordere. Es sei unzulässig, dass man die Opposition nicht gleichfalls zurückhalte, sondern sogar zu weiteren bewaffneten Provokationen aufrufe.

26.5.2012	»Massaker von Hula«: 108 Todesopfer (siehe auch **15.8.2012**).
27.5.2012	Die Freie Syrische Armee distanziert sich vom Friedensplan der UNO.
29.5.2012	Mehrere westliche Staaten, darunter Deutschland, Frankreich, Großbritannien, Italien, Spanien und die Vereinigten Staaten weisen den jeweils ranghöchsten syrischen Diplomaten aus.
Anfang Juni	lassen bereits Zeugenaussagen regionaler Oppositioneller zum Tathergang des »Massakers von Hula« Zweifel an der alleinigen Schuld des Regimes aufkommen. Die Opfer sollen fast ausschließlich Angehörige der als regimetreu geltenden alawitischen Minderheit gewesen sein.
10.6.2012	Der britische Außenminister William Hague schließt ein militärisches Eingreifen des Westens nicht mehr völlig aus.
16.6.2012	Aussetzung der UN-Beobachtermission.
30.6.2012	Syrienkonferenz in Genf (Teilnehmer: die permanenten Mitglieder des Sicherheitsrates, EU, Irak, Katar, Kuwait und Türkei; Syrien und Iran sind nicht dabei): Man einigt sich auf die Bildung einer Übergangsregierung unter Einbeziehung des derzeitigen syrischen Regimes. Die syrische Regierung stimmt dem Resultat prinzipiell zu, der syrische Nationalrat lehnt es ab.
Juli 2012	In Damaskus kommt es zu ersten größeren Kämpfen zwischen der syrischen Armee und Einheiten der Freien Syrischen Armee.
18.7.2012	Bei einem Anschlag in Damaskus werden unter anderen der syrische Verteidigungsminister Daud Radschha und sein Stellvertreter Assef Schawkat, ein Schwager Präsident Assads, getötet. Der syrische Geheimdienstchef Hischam Bechtjar erliegt zwei Tage danach seinen Verletzungen.
2.8.2012	Kofi Annan erklärt seinen Rücktritt als Sondergesandter der UNO und der Arabischen Liga. In einem Kommentar in der *Financial Times* erläutert er seine Beweggründe, wobei er nicht nur die Haltung der syrischen Regierung verurteilt (seiner Meinung nach ist ein Rücktritt von Präsident Baschar al-Assad unabdingbar), sondern auch die Opposition; vor allem aber werden deren Unterstützer kritisiert. Man hätte einer friedlichen Lösung des Konfliktes von Anbeginn an keine Chance gegeben.
2.8.2012	Der venezolanische Präsident Hugo Chávez kritisiert die einseitige Syrienpolitik der westlichen Staaten.

3.8.2012	Die UN-Generalversammlung beschließt mit 133 Pro-, 12 Kontrastimmen und 31 Enthaltungen eine Resolution (A/66/L.57), in der sie das syrische Regime verurteilt aber auch mangelnde Aktivitäten des Sicherheitsrates kritisiert.
4.8.2012	Intensivierung der Kämpfe in Aleppo.
6.8.2012	Bombenanschlag auf das Zentrum des syrischen Fernsehens in Damaskus.
8.8.2012	Amnesty International veröffentlicht Satellitenaufnahmen, welche beweisen, dass bei den Kämpfen in Aleppo beide Seiten Verbrechen begangen haben.
9.8.2012	Die Freie Syrische Armee zieht sich aus Salahedin (Vorort von Aleppo) zurück.
10.8.2012	Großbritannien gibt neuerliche Unterstützung an die syrische Opposition in der Höhe von 5 Millionen Pfund bekannt.
15.8.2012	Die UNO veröffentlicht den offiziellen Bericht über das »Massaker von Hula« (A/HRC/21/50). Demnach liegt die überwiegende Verantwortlichkeit bei der syrischen Armee sowie den Shabbiha-Milizen. Diese Version wird von der syrischen Regierung, aber auch von einigen Beobachtern angezweifelt. Ihnen zufolge sollen manche Hinrichtungen sehr wohl auch von oppositionellen Einheiten durchgeführt worden sein.
15.8.2012	Die Organisation für Islamische Zusammenarbeit (OIC) setzt bei ihrer Gipfelkonferenz in Mekka gegen die vehementen Einsprüche von Algerien und dem Iran die Mitgliedschaft Syriens aus.
17.8.2012	Die Ernennung des algerischen Politikers und Diplomaten Lakhdar Brahimi zum Sondergesandten der UNO und der Arabischen Liga wird offiziell bekannt gegeben.
18.8.2012	Die letzten UN-Beobachter verlassen Syrien.
20.8.2012	Präsident Barack Obama warnt Syrien vor dem Einsatz chemischer und biologischer Waffen und kündigt militärische Maßnahmen der USA für diesen Fall an.
21.8.2012	Kämpfe zwischen sunnitischen und alawitischen Milizen in Tripoli/ Libanon.
24.8.2012	Frankreich spricht sich für eine Flugverbotszone aus.
26.8.2012	Schwere Kämpfe in Daraya, einer südwestlich von Damaskus gelegenen Stadt. Nach Informationen der Freien Syrischen Armee (FSA) und der »Syrischen Beobachtungsstelle für Menschenrechte« in London hätte die syrische Armee 200 Menschen getötet. Diese Informationen werden von der syrischen Regierung, aber auch von unabhängigen Beobachtern relativiert. Diese sprechen von schweren Kämpfen, bei denen auf beiden Seiten und auch unter der Zivilbevölkerung Todesopfer zu beklagen sind.

28.8.2012	Der französische Präsident François Hollande spricht sich für die Gründung einer provisorischen Regierung aus.
28.8.2012	In Berlin wird das Konzept »The Day After« präsentiert. Es ist das Ergebnis eines von der Stiftung für Wissenschaft und Politik Berlin und dem US-Institute of Peace ermöglichten Projektes, an dem sich rund 50 syrische Oppositionelle mit den Zukunftsperspektiven Syriens auseinandergesetzt haben. Das 122 Seiten umfassende Konzept enthält umfangreiche Vorschläge für den Aufbau eines demokratischen syrischen Staates nach dem Sturz des Baath-Regimes. Inwieweit dieses Konzept, an dessen Ausarbeitung überwiegend Exilsyrer mitgearbeitet haben, Bedeutung für die künftige Politik Syriens haben wird, wird erst die Zukunft weisen. Tatsächlich hat sich dieses Konzept nicht als tragfähige Basis herausgestellt und ist Mitte 2016 de facto vom Tisch.
1.9.2012	Lakhdar Brahimi übernimmt offiziell die Aufgabe des Syrien-Sondergesandten der UNO und der Arabischen Liga. Bei einem Autobombenanschlag in einem Vorort von Damaskus nahe dem palästinensischen Flüchtlingslager in al-Sbeineh kommen nach Angaben der staatlichen syrischen Nachrichtenagentur Sana mindestens 15 Menschen ums Leben.
14./15.9.2012	Der Sondergesandte der Vereinten Nationen und der Arabischen Liga, Lakhdar Brahimi, führt Gespräche mit Oppositionellen und mit Präsident Baschar al-Assad und bezeichnet danach die Krise des Landes als globale Bedrohung. »Die Lage verschlimmert sich und stellt eine Gefahr für die syrische Bevölkerung, die Region und die gesamte Welt dar«, so Brahimi.
27.9.2012	Bombenanschlag der Freien Syrischen Armee auf ein Zentrum der syrischen Armee nahe dem Omayyaden-Platz in Damaskus.
Ende Sep. 12	Bei Kämpfen in Aleppo werden große Teile des zum Weltkulturerbe zählenden historischen Basars in der Altstadt zerstört.
3.10.2012	Syrische Mörsergranaten töten eine fünfköpfige türkische Familie im türkischen Grenzort Akcakale. Die türkische Armee antwortet mit Artillerieangriffen auf syrische Streitkräfte und tötet 34 Soldaten. Das türkische Parlament bewilligt künftige Militäreinsätze in und gegen Syrien. Am gleichen Tag detonieren in der Innenstadt von Aleppo kurz hintereinander vier Autobomben. Dabei werden mindestens 27 Menschen getötet, unter den Todesopfern befinden sich eine Reihe von Regierungssoldaten.
11.10.2012	Die US-Regierung kündigt die Entsendung von 150 Militärexperten nach Jordanien an, um den jordanischen Behörden bei der Bewältigung der infolge der massiven Flüchtlingsströme aus Syrien entstandenen Probleme zu helfen.
12.11.2012	Die Arabische Liga erkennt bei einer Konferenz in Doha die neue

Führung der wichtigsten Oppositionsgruppen (Nationale Koalition der syrischen Revolutions- und Oppositionskräfte) unter dem Vorsitz des früheren Imam der Umayyaden-Moschee, Moaz al-Khatib, als legitime Repräsentantin Syriens an.

22.11.2012	Die Kämpfe zwischen Milizen der syrisch-kurdischen Partei der Demokratischen Union (PYD) und dschihadistischen Milizen (al-Nusra-Front, Ghuraba al-Sham) eskalieren nach einem massiven Angriff der Dschihadisten auf die kurdische Stadt Ras al-Ain im syrisch-türkischen Grenzgebiet. Die Freie Syrische Armee beschuldigt die PYD, auf Seiten der PKK und im Interesse des syrischen Regimes zu agieren.
11.12.2012	Die USA bezeichnen die Rebellengruppe »al-Nusra-Front« als terroristische Organisation.
12.12.2012	Bei einer Konferenz der »Freunde Syriens« in Marokko wird die neue Führung der »Nationalen Koalition« als legitime Vertreterin Syriens anerkannt.
12./13.12.2012	Fünf Bombenattentate in Damaskus fordern zumindest 50 Todesopfer.
25.12.2012	Der Chef der syrischen Militärpolizei, Generalmajor Abdelaziz Jassim-al Shalal, verlässt mit seiner Familie Syrien.
28./29.12.2012	Lakhdar Brahimi ist zu Gesprächen mit Präsident Assad in Damaskus. Es folgen anschließend Gespräche mit der russischen Führung in Moskau.
28.12.2012	Der Vorsitzende der »Nationalen Koalition«, Moaz al-Khatib, lehnt eine Einladung Russlands zu Friedensgesprächen nach Moskau ab.
2.1.2013	Die UN-Menschenrechtskommissarin gibt die Zahl der Todesopfer seit Ausbruch des Bürgerkrieges mit 60.000 an, über 700.000 seien in die Nachbarstaaten geflohen.
17.1.2013	Spannungen zwischen der Freien Syrischen Armee und Dschihadisten in Nord-Syrien eskalieren.
21.1.2013	Russland beginnt mit der Evakuierung seiner Staatsbürger aus Syrien.
27.1.2013	Der russische Ministerpräsident Dimitri Medvedev sieht die Tage von Baschar al-Assad gezählt.
29.1.2013	In einem südlichen Bezirk von Aleppo werden rund 120 Leichen aufgefunden; die syrische Armee und die Freie Syrische Armee beschuldigen sich gegenseitig eines Massakers.
30.1.2013	Auf einer Konferenz der syrischen Opposition und deren Unterstützer in Kuwait bietet der Vorsitzende der Nationalen Koalition Moaz al-Khatib erstmals Gespräche mit der syrischen Regierung an. Auf der Konferenz wird eine weitere Unterstützung von 1,5 Mrd. US-Dollar für die Opposition zugesagt.
31.1.2013	Die israelische Luftwaffe fliegt Angriffe in Syrien; als Ziele werden ein Forschungszentrum der syrischen Armee nordwestlich von Damaskus sowie ein vermeintlicher Waffentransport der Hisbollah an der libanesischen Grenze angegeben.

2.2.2013	Israelische Kampfflugzeuge bombardieren verschiedene Ziele in Syrien.
7.2.2013	Irans Sicherheitschef Said Dschalili bekräftigt Solidarität mit Syrien.
23.2.2013	Anschlagsserie in Damaskus mit zahlreichen Toten und Verletzten.
19.3.2013	Bei Kämpfen um Khan al-Assal/al-Arabia in der Nähe von Aleppo werden Chemiewaffen eingesetzt. Es kommen 500 Menschen ums Leben. Die syrische Armee und Aufständische beschuldigen sich gegenseitig, chemische Waffen verwendet zu haben.
21.3.2013	»Nationale Koalition« wählt Exilregierung unter der Führung von Ghassan Hitto.
10.4.2013	Bombenanschlag im Geschäftsviertel von Damaskus mit mindestens 15 Toten.
2.5.2013	Bombenanschlag auf den Autokonvoi des syrischen Ministerpräsidenten Wael al-Halki; dieser bleibt unverletzt, aber sechs Menschen sterben.
7.5.2013	Israelische Kampfjets bombardieren Ziele bei Damaskus.
3.6.2013	UN-Sicherheitsrat setzt al-Nusra-Front auf die Terrorliste.
7.6.2013	Die syrische Armee erobert die Stadt Kusair an der Grenze zum Libanon.
8.6.2013	Die USA liefern neue Waffensysteme an Jordanien, was von Moskau kritisiert wird.
13.6.2013	Die österreichischen UNO-Soldaten werden vom Golan abgezogen.
21.8. 2013	Bei Angriffen auf Gutha, einem Vorort von Damaskus, setzen – nach Angaben von Oppositionsquellen – Regierungstruppen Raketen mit Giftgasköpfen ein. Die syrische Regierung weist diese Vorwürfe zurück.
25.8.2013	UNICEF meldet, dass unter den rund sechs Millionen Syrienflüchtlingen alleine drei Millionen Kinder sind.
9.9.2013	Ehemalige US-Geheimdienstoffiziere richten ein Memorandum an Präsident Obama, wonach ihrer Meinung nach die syrische Armee nicht für den Chemiewaffenvorfall vom 21.8.2013 verantwortlich zeichnet.
22.9.2013	Iran unterbreitet einen neuen Vermittlungsvorschlag zur Abhaltung einer Syrien-Friedenskonferenz; aus den USA kommen positive Signale.
24.9.2013	Die syrische Opposition lehnt die iranischen Vermittlungsvorschläge ab. Syrien legt die vollständige Liste seiner Chemiewaffen vor.
29.9.2013	UN-Sicherheitsrat verabschiedet eine Syrien-Resolution, die die Vernichtung aller Chemiewaffen fordert.
16.10.2013	Syrien tritt der Chemiewaffenkonvention bei.
2.11.2013	Die UNO berichtet, dass die syrischen Chemiewaffenfabriken nun völlig funktionsuntüchtig sind.
14.12.2013	Die »Islamische Front« erobert das bisherige Hauptquartier der »Freien Syrischen Armee« Bab al-Hawa. USA und Großbritannien setzen die Waffenlieferungen an die Aufständischen aus.

21.1.2014	Israel beschießt Quneitra am Golan.
23.1.2014	Friedensverhandlungen in Montreux werden nach einem Tag vertagt.
24.1.2014	Die syrischen Kurden rufen ihre Autonomie aus und bilden eine Kantonalregierung.
2.2.2014	Mehrtägige Friedenskonferenz in Genf beginnt.
6.2.2014	Aufgrund einer Vereinbarung zwischen der UNO und der syrischen Regierung dürfen Zivilisten das umkämpfte Homs verlassen.
15./16.2.2014	Die Genfer Verhandlungen gehen ohne nennenswerte Ergebnisse zu Ende.
21.3.2014	Schwere israelische Luftangriffe auf dem Golan.
26.3.2014	Spannungen an der türkisch-syrischen Grenze; die Türkei schießt ein syrisches Kampfflugzeug ab.
27.3.2014	UN-Generalsekretär Ban Ki-moon kritisiert erstmals die syrische Opposition.
29.3.2014	Dschihadistische Großoffensive gegen kurdische Autonomie im Nordosten Syriens.
5.4.2014	Die Situation der syrischen Flüchtlinge im Libanon wird immer schlechter; täglich überschreiten 2.500 Neuankömmlinge die Grenzen.
15.4.2014	Einsatz von Chlorgas; die syrische Regierung und die Aufständischen beschuldigen sich gegenseitig.
30.4.2014	Bislang sind 92 % der syrischen Chemiewaffen außer Landes gebracht worden.
4.5.2014	Waffenruhe für Homs; die Aufständischen ziehen ab.
8.5.2014	Die Büros der »Nationalen Koalition« in New York und Washington werden zu »ausländischen diplomatischen Missionen« aufgewertet.
16.5.2014	Der Algerier Lakhdar Brahimi tritt als Syrien-Vermittler der UNO und der Arabischen Liga zurück.
4.6.2014	Präsidentenwahlen in Syrien; Präsident Baschar al-Assad setzt sich mit 88,7 % gegen zwei Gegenkandidaten durch.
25.6.2014	Die israelische Luftwaffe greift Stellungen der syrischen Armee an.
3.7.2014	Der Führer des »Islamischen Staates«, Abu Bakr al-Baghdadi, ruft sich zum »Auserwählten« aus und fordert alle Glaubenskämpfer auf, ihm Gefolgschaft zu leisten.
5.7.2014	Vor Italiens Küste wird mit der Vernichtung der syrischen Chemiewaffen begonnen.
10.7.2014	UN-Generalsekretär Ban Ki-moon ernennt den italienisch-schwedischen Diplomaten Staffan de Mistura zum neuen Syrien-Vermittler der UNO und der Arabischen Liga.
18.7.2014	Präsident Assad tritt seine dritte Amtszeit als syrischer Präsident an.
3.8.2014	Die Kämpfe zwischen dem »Islamischen Staat« (IS) und der al-Nusra-Front verstärken sich.
15.8.2014	Die vollständige Vernichtung aller syrischen Chemiewaffen wird offiziell gemeldet.

27.8.2014	Der »Islamische Staat« erobert den syrischen Militärflughafen Tabka.
28.8.2014	Die al-Nusra-Front nimmt 43 UN-Blauhelmsoldaten am Golan gefangen. Diese werden am 2.9. wieder freigelassen.
18.9.2014	Mit dem Abzug der letzten UN-Blauhelmsoldaten wird der UNDOF-Einsatz offiziell beendet.
23.9.2014	Der »Islamische Staat« beginnt neue Offensiven in Syrien.
24.9.2014	Die USA starten Luftangriffe in Syrien. US-Jets und Kampfflugzeuge aus den Golfstaaten bombardieren IS-Stellungen; Israel schießt einen syrischen Kampfjet ab.
20.10.2014	Der Kampf um die von IS-Verbänden angegriffene kurdische Stadt Kobanê/Ain al-Arab an der türkisch-syrischen Grenze verschärft sich. Die Türkei verhängt den Ausnahmezustand.
26.10.2014	Nach längeren Verhandlungen gestattet die türkische Regierung den Transport von irakisch-kurdischen Peschmerga-Kämpfern nach Kobanê.
30.10.2014	Die Zahl der Binnenflüchtlinge in Syrien wird inzwischen auf 7 Millionen geschätzt.
23.1.2015	In Nachfolge seines verstorbenen Bruders Abdullah wird Salman ibn Abd al-Aziz König von Saudi-Arabien.
13.4.2015	Verbände des »Islamischen Staates« erobern das palästinensische Flüchtlingslager Jarmuk in Damaskus. Nach mehrtägigen Kämpfen, an denen sich auch die syrische Armee und palästinensische Gruppen beteiligen, wird der IS wieder aus dem Lager vertrieben.
25.4.2015	Dschaisch al-Fatah und Freie Syrische Armee erobern Dschir asch-Schughur.
30.9.2015	Russland fliegt erste Luftangriffe in Syrien.
2.12.2015	Erste britische Lufteinsätze gegen den IS.
9.12.2015	Oppositionskämpfer im Stadtteil Waer von Homs kapitulieren und vereinbaren mit den Regierungstruppen einen Abzug.
13.12.2015	Aufständische beschießen Damaskus.
20.12.2015	Der libanesische Hisbollahkommandant und PLF-Aktivist Samir Kuntar wird von der israelischen Luftwaffe getötet.
25.12.2016	Der Führer der von Saudi-Arabien unterstützten »Armee des Islams« Sahran Allusch wird getötet.
9.-11.1.2016	Humanitäre Lieferungen in Dörfer unter Kontrolle der Regierung und von Aufständischen in Madaya, Foua und Kfarya werden durchgeführt.
26.1.2016	Die syrische Armee und die Hisbollah nehmen die Stadt asch-Schaich Miskin an der Straße Damaskus–Jordanien ein.
29.1.2016	In Genf beginnen neue Gespräche zwischen den Konfliktparteien unter dem Vorsitz von Staffan de Mistura.
Feb. 2016	Regierungstruppen setzen mit russischer Unterstützung ihre Angriffe

	auf Dörfer nahe Aleppo fort. Dadurch kommt es zu massiven Fluchtbewegungen Richtung türkische Grenze.
5.2.2016	Der türkische Präsident Erdoğan verlangt von den USA, PYD und YPG als Terrororganisationen einzustufen, was von den USA abgelehnt wird.
9./10.2.2016	Die syrischen Regierungstruppen setzen ihren Vormarsch im Norden fort.
27.2.2016	Um Mitternacht beginnt eine Waffenruhe, die zur Vorbereitung von Friedensgesprächen im März dienen soll. IS und al-Nusra-Front sind davon ausgeschlossen.
14.3.2016	Russland beginnt mit dem Teilabzug seiner Truppen.
23.3.2016	Syrische Regierungstruppen dringen bis an den Rand von Palmyra vor. Die Stadt wird am 27.3. eingenommen.
5.4.2016	Al-Nusra schießt ein syrisches Militärflugzeug ab.
18.4.2016	Mehrere Rebellengruppen kündigen den Waffenstillstand auf.
27./28.4.2016	Kämpfe um Aleppo eskalieren. Dabei wird ein Spital von »Ärzte ohne Grenzen« zerstört.
30.5.2016	Der Chefunterhändler der syrischen Opposition in Genf, Mohammad Alloush, erklärt die Gespräche für gescheitert und tritt zurück.
31.5.2016	Die YPG starten eine massive Offensive zur Befreiung der vom IS besetzten Stadt Manbidsch.
11.6.2016	Zwei Terroranschläge des IS in Damaskus verursachen 20 Tote.
20.6.2016	Bei Luftangriffen der russischen Luftwaffe auf einen Stützpunkt der Freien Syrischen Armee bei Deir ez-Zor kommt es beinahe zu einer Konfrontation zwischen US-amerikanischen und russischen Jagdflugzeugen.
8.7.2016	Syrische Regierungstruppen setzen den Vormarsch auf Aleppo fort.
15./16.7.2016	Putschversuch in der Türkei. Präsident Erdoğan verhängt den Ausnahmezustand und ordnet eine massive Verfolgung und Bestrafung an. Diese betrifft Angehörige der Armee, aber auch der gesamten Verwaltung. Ebenso kommt es zu einer weiteren Verschärfung in den kurdischen Gebieten. Gleichzeitig kündigt Erdoğan an, den Abgeordneten der pro-kurdischen HDP die parlamentarische Immunität entziehen zu wollen.
17.7.2016	Syrische Regierungstruppen erobern den letzten verbliebenen Nachschubweg der islamischen Rebellen in die Osthälfte von Aleppo.
2.8.2016	Rebellen und Regierungstruppen beschuldigen sich gegenseitig, chemische Waffen eingesetzt zu haben.
6.8.2016	Rebellenmilizen gelingt es, den Belagerungsring um Aleppo zu durchbrechen.
13.8.2016	SDF erobert mit US-amerikanischer Luftunterstützung Manbidsch.
22.8.2016	Türkische Truppen greifen Ziele der SDF bei Manbidsch an.

Zusammenstellung: Fritz Edlinger

Die AutorInnen

Johannes Raimund Auer, Jahrgang 1982, ist freier Publizist. Er beschäftigt sich hauptsächlich mit der Wechselbeziehung zwischen Religion, Politik und Kultur. Insbesondere arbeitet er zur islamischen und christlichen Kulturgeschichte. Zahlreiche Publikationen in unterschiedlichen Medien.

Nikolaus Brauns, Jahrgang 1971, studierte neue und alte Geschichte, Literatur und Buchwissenschaft in München. Er schreibt als freier Autor u. a. für die Tageszeitung *junge Welt* zu den Schwerpunkten Türkei/Kurdistan. Seit 2007 ist er wissenschaftlicher Mitarbeiter der Abgeordneten Ulla Jelpke (Die Linke) im Deutschen Bundestag.

Murat Çakır, geboren 1960, ist hauptberuflich Geschäftsführer der Rosa-Luxemburg-Stiftung Hessen. Er ist Publizist, Redaktionsmitglied der Zeitschriften *Infobrief Türkei* und der türkischen *Politika Gazetesi*. Mitglied im Herausgeberkreis der Zeitschrift *Marxistische Blätter*.

Fritz Edlinger, geboren 1948 in Wien, ist Generalsekretär der »Gesellschaft für Österreichisch-Arabische Beziehungen«. Seit 1979 gibt er die Zeitschrift *International* heraus. Zuletzt erschien von ihm (gemeinsam mit Tyma Kraitt) im Promedia Verlag der Band »Syrien. Ein Land im Krieg« (Wien, dritte Auflage 2015).

Hannes Hofbauer, geboren 1955 in Wien, studierte Wirtschafts- und Sozialgeschichte und arbeitet als Publizist und Verleger. Im Promedia Verlag sind von ihm zuletzt erschienen: »Die Diktatur des Kapitals. Souveränitätsverlust im postdemokratischen Zeitalter« (2014) und »Feindbild Russland. Geschichte einer Dämonisierung« (2016).

Tyma Kraitt, geboren 1984 in Bagdad, lebt seit ihrer frühen Kindheit in Österreich. Sie studierte Philosophie an der Universität Wien. 2015 erschien unter ihrer Herausgeberschaft das Buch »Irak. Ein Staat zerfällt. Hintergründe, Analysen, Berichte« im Promedia Verlag.

Karin Leukefeld, geboren 1954 in Stuttgart, studierte Ethnologie, Islam- und Politikwissenschaft und arbeitet als freie Korrespondentin im Nahen Osten. 2003 erschien von ihr das Buch »Bomben auf Bagdad«. Seit dem Ausbruch des Aufstands gegen Baschar al-Assad berichtet sie u. a. für die *junge Welt* aus Damaskus.

Rüdiger Lohlker, geboren 1959 in Emden/Niedersachsen, ist Professor für Orientalistik an der Universität Wien. Er unterhält mehrere Blogs.

Gerhard Mangott, geboren 1966 in Zams/Tirol, ist Professor für Politikwissenschaften und Russlandexperte. Er lehrt an der Universität Innsbruck. Mitglied im Herausgeberkomitee der *Österreichischen Zeitschrift für Politikwissenschaft* sowie in der *Österreichischen Gesellschaft für Europapolitik*. Zahlreiche Veröffentlichungen.

Norman Paech, geboren 1938 in Bremerhaven, ist emeritierter Hochschullehrer, Völkerrechtsexperte und war von 2005 bis 2009 Mitglied des Deutschen Bundestages und außenpolitischer Sprecher der Fraktion »Die Linke«. Er ist Autor bzw. Herausgeber mehrerer Bücher.

Werner Ruf, geboren 1937 in Sigmaringen/Baden-Württemberg, ist Politologe und Friedensforscher. Er studierte Politikwissenschaft, Soziologie, Geschichte und Romanistik und absolvierte mehrjährige Forschungsaufenthalte in Nordafrika. Von 1982 bis 2003 lehrte er an der Universität Kassel mit den Schwerpunkten internationale und intergesellschaftliche Beziehungen.

Mit Beiträgen von Lise J. Abid, Nick Brauns, Ali-Cem Deniz, Joachim Guilliard, Karin Kneissl, Tyma Kraitt, Myassa Kraitt, Werner Ruf, Reza Nourbakhch-Sabet und Hans-Christof von Sponeck

Tyma Kraitt (Hg.)

Irak

Ein Staat zerfällt. Hintergründe, Analysen, Berichte

ISBN 978-3-85371-385-3, br.,
224 Seiten, 17,90 €

als E-Book erhältlich: ISBN 978-3-85371-827-8, 14,99 €